# 我的探索与收获

## ——姜言泉论文集

姜言泉 著

人民交通出版社股份有限公司
China Communications Press Co.,Ltd.

**图书在版编目(CIP)数据**

我的探索与收获:姜言泉论文集/姜言泉著.—北京:人民交通出版社股份有限公司, 2016.7

ISBN 978-7-114-13183-7

Ⅰ.①我… Ⅱ.①姜… Ⅲ.①高速公路-公路养护-文集②桥梁施工-文集 Ⅳ.①U418-53②U445-53

中国版本图书馆 CIP 数据核字(2016)第 154299 号

书　　名:我的探索与收获——姜言泉论文集
著 作 者:姜言泉
责任编辑:赵瑞琴
出版发行:人民交通出版社股份有限公司
地　　址:(100011)北京市朝阳区安定门外外馆斜街 3 号
网　　址:http://www.ccpress.com.cn
销售电话:(010)59757973
总 经 销:人民交通出版社股份有限公司发行部
经　　销:各地新华书店
印　　刷:北京鑫正大印刷有限公司
开　　本:787×1092　1/16
印　　张:13.75
字　　数:314 千
版　　次:2016 年 7 月　第 1 版
印　　次:2016 年 7 月　第 1 次印刷
书　　号:ISBN 978-7-114-13183-7
定　　价:48.00 元
(有印刷、装订质量问题的图书由本公司负责调换)

# 不忘初心方能不断进取

## （代序）

跟本书作者姜言泉相识20多年了，在我的印象中他一直那副坦诚、自信、务实的样子，讷于言而敏于行。最早在山东交通工程公司搞建设，后来在山东高速集团管养护，再后来受山高集团委派，转战青岛胶州湾大桥，以洪荒之力，在各方面的协同支持下，终于建成了这座举世闻名的跨海工程。

从1980年参加工作起，姜言泉就把修路架桥当作自己人生的坐标。三十六年如一日，尽管职务发生了多次变动，但是他对于专业的热爱却分毫未减。他先后参加了济南黄河公路大桥、济青高速公路、京福高速公路、青岛铁港立交桥、青岛胶州湾大桥等重点工程项目，主持或参与多项研究课题，多次获得国家和省部级科技进步、发明奖项，并于2012年荣获中国科协等部门颁发的“全国优秀科技工作者”光荣称号。

呈现在您面前的这本著作，便是作者在施工、养护、管理和桥梁建设等领域辛勤耕耘、艰难求索的真实写照。本书共分五个部分，是作者在紧张工作之余的心血之作，许多文章都曾经在报刊公开发表过。这也可以从另一个侧面，让我们对作者孜孜以求、精益求精的治学态度有深刻的了解。

本书第一部分是作者在从事高速公路建设和养护管理工作时，对相关问题的认识和求证。山东是我国高速公路起步较早的省份，因此在养护管理方面面临的问题自然也比别的地区为早，作者在实际工作中，针对这些问题进行具体分析，以解决现实问题为前提，以研究养护规律为根本，创造性地提出了许多养护管理的新想法。他还在养护市场化、专业化、机械化、规范化建设，养护工艺创新，基于路面再生的节能环保新技术等方面先行先试，为推动高速公路养护管理水平的提高发挥了积极作用。

本书的第二至第五部分是主体。忠实地记录了作者在2006至2011年期间，主持修建胶州湾大桥工作过程的总结，是作者毕生所学的应用实践。正如作者所言，能有机会主持这样的世界级工程，乃平生之幸事！

青岛胶州湾大桥是我国北方冰冻海域特大桥梁集群工程，是青岛市规划的胶州湾东西两岸跨海通道“一路、一桥、一隧”中的“一桥”，是山东半岛蓝色经济区战略的重要交通枢纽。胶州湾大桥在实现主体功能、科技创新、工程美学价值、资源节约与环境保护等方面实现了高度的统一。2013年6月，在美国匹兹堡举行的第三十届国际桥梁大会上，在激烈的竞争中脱颖而出，荣获年度综合大奖——“乔治·理查德森奖”，这是国际桥梁界对于桥梁工程的最高奖。迄今为止，我国只有四座桥获此殊荣。充分肯定了作者带领的胶州湾大桥建设团队在技术创新、工艺造型、工程、质量、人才培养等方面的卓越表现。

作者在主持胶州湾大桥建设期间，就施工测量、施工安全管理、北方冰冻海域桥梁全寿命周期管理和耐久性保障技术提出了自己独到的见解。尤其是对桥梁深水施工问题的深入思考，创造性地提出了桥梁“水下无封底混凝土关键技术”，这是我国桥梁技术重要的创新和突破，也是对世界桥梁建设技术的杰出贡献。该技术系统解决了跨海大桥非通航孔桥承台水下施工、防腐蚀、防撞等问题，改善了外部景观、提高了施工效率。桥梁水下无封底混凝土套箱技术在胶州湾大桥、港珠澳大桥等工程上得到成功应用，并荣获2010年中国公路学会科学技术奖特等奖和2011年国家发明二等奖。

本书的出版，将会使人们对高速公路养护管理、高等级公路建设、特大型桥梁集群工程建设等领域有着更多的认识，对相关基础理论研究是一个有力推动。书中所介绍的科研成果、施工工法、发明专利等将给我们以更多的启迪，并取得显著的经济效益和社会效益。在我国高速公路养护管理、高等级公路建设、特大型桥梁集群工程建设进程中，具有一定的参考价值。

姜言泉研究员现为中国公路学会理事和专家委员会委员。希望他在繁忙的管理工作中不忘初心、继续关注公路桥梁技术发展与创新，特别是更多关注长大桥梁的运营管理、安全防护、信息互通等问题，为我国交通运输事业的健康可持续发展，做出新的贡献！

国际路联执委、中国大使
中国公路学会副理事长兼秘书长　刘文杰

# 目　　录

## 第一篇　公路养护篇



## 第二篇　桥梁工程篇



## 第三篇　科研项目篇

## 第四篇 专利工法篇



## 第五篇 获奖成果篇

# 厂拌与现场热再生技术在高速公路沥青路面维修中的应用

**摘　要**:本文根据京福高速公路维修工程厂拌和现场热再生技术的应用情况,总结了沥青路面厂拌与现场热再生技术的工艺控制要点,提出了沥青路面厂拌与现场热再生技术需要注意的质量控制问题,对今后沥青路面热再生技术的推广应用具有积极的作用。

**关键词**:高速公路　沥青路面厂拌与现场热再生　路面维修

近年来我国建设的高速公路路面大多为沥青路面,在20世纪90年代以后陆续建成的高速公路大量已经或即将进入维修期,如果采用传统的维修方法,将会有大量铣刨的沥青混合料废弃。这一方面会造成环境污染,另一方面对于我国这种优质沥青资源较为匮乏来说是一种极大的浪费,而且,大量天然石料的需求势必将进一步引起植被减少、水土流失等生态环境问题。因此,近年来国内外对沥青路面厂拌与现场热再生技术进行了应用研究。

在京福高速公路路面维修工程中,我们结合工程实际情况在部分路段进行了沥青路面厂拌与现场热再生技术应用,经过现场的实际应用,取得了良好的效果。

## 1　沥青路面热再生技术

沥青路面现场热再生(HIR)技术是一种先进的沥青混合料再生技术,利用的机械一般为一列大型"沥青路面现场热再生联合机组"。沥青路面现场热再生机,按其设计理念的不同,有很多不同的种类。按加热器燃料种类,可分为柴油型和天然气型;按加热方式,可分为红外线加热型、循环热风加热型和循环热风与低度红外线结合型;按铣刨方式,可分为一次性铣刨型和分层铣刨型等。沥青路面现场热再生技术的有效处理宽度为3~4.5m,施工速度较快,根据在京福高速公路的施工经验,一般每天可完成4000~8000$m^2$。

沥青路面现场热再生技术是一种针对路面早期损坏的养护技术,主要适用于基层承载力良好,而面层出现各种不规则裂缝、脱皮、麻面、车辙或较浅层次的坑槽等病害的路面。损坏波及路面基层以下时,原则上不再适用,或必须首先进行处理。现场热再生一般不能纠正属于结构上的破坏,能达到最大深度在60mm左右。

沥青路面的厂拌再生技术,是将旧沥青路面经过翻挖、回收、破碎、筛分后,与再生剂、新沥青材料、新集料等按一定比例,在拌和站中重新拌和混合料,使之能够满足一定的路用性能,并用其重新铺筑路面的一套工艺技术。

在京福高速公路维修工程中,采用的是TSR3000双滚筒式旧沥青混合料再生设备。TSR3000与常规主机配套使用,以解决常规主机在使用再生料生产过程中出现的明火加热加速了再生料中沥青的老化、在筛分时因沥青使用造成的筛网堵塞、不经筛分造成集料配合比失调等问题。

## 2 厂拌再生沥青混合料(RAP)与现场热再生沥青混合料的设计

### 2.1 厂拌再生沥青混合料的设计

2.1.1 概述

RAP 的设计方法的基本概念是与 RAP 的用量有关：

(1)当 RAP 含量小于 15%时,胶结料等级不变。

(2)当 RAP 含量在 16.25%时,高低温等级均低一个等级,如原来使用 PG64-22,现在加了 RAP,胶结料是选用 PG58-28。

(3)当 RAP 含量大于 25%时,使用专门的混合图来确定高低温等级。

(4)混合新的集料和 RAP 集料性质、级配和体积性质必须满足混合料标准要求。

(5)使用 RAP 的有效相对密度。

(6)当 RAP 含量较大时,要考虑 RAP 中的沥青用量。

2.1.2 本工程中 RAP 的运用

当 RAP 含量低时(小于 20%时),RAP 对性质影响很小。小梁疲劳试验和间接抗车辙试验表明,含有 RAP 的混合料总的来说与新混合料有类似的结果,也就是疲劳性能和低温性能没有什么变化。实用上热拌再生 RAP 比例 13.20%是最普遍的,当 RAP 比例高时,RAP 集料的级配将限制 RAP 的用量。

RAP 中的集料性质可能会限制应用 RAP 的数量、RAP 集料性质,除了砂当量外,应视为一个新的料堆,这些集料性质或混合料性质过去都认为是满足规范要求的。在混合料设计中,RAP 中的胶结料也应该考虑在内,也就是新沥青胶结料用量必须减少。

2.1.3 RAP 材料质量控制

(1)RAP 变异性

许多单位关心的一个问题是 RAP 的变异性,因为 RAP 从旧路刨下之后,包括了原有路面材料和填补材料或其他养护自治材料,也可能表面层、中面层和底面层混在一起了,甚至若干个项目 RAP 堆在一起。对料堆进行适当的管理和自治是十分有益的。本工程规定在拌和场分类存放 RAP,严禁混放。

(2)RAP 取样

RAP 取样与以前的取样没有什么差别,取样方法可从路上取样、料堆取样和从卡车上取样。料堆取样与普通集料料堆一样,但 RAP 料堆会“结壳”,所以在取样时应铲除上面 150mm 的 RAP,并至少在料堆的 10 个位置取样,在每个随机取样点上面 150mm 的 RAP 都要铲掉。也可以从铣刨下来运回拌和厂的卡车上取样,从底部平均开三条沟,然后用铲取样。

样本的大小取决于取样的目的:为了试验 RAP 级配和沥青含量或质量控制试验监测变化,通常 10kg 足够了;如果要进行混合料设计,则要多一些,Superpave 比马歇尔或维姆要的样多,25kg 也足够了。

(3)从 RAP 中抽提和回收胶结料和集料

RAP 混合料设计过程中,我们不但要知道 RAP 中的沥青含量,有时也需要测试残存胶结料的性质,而集料级配是混合料设计的重要资料。

通常使用抽提或燃烧法测量沥青含量，用阿伯松 AASHTO 和旋转蒸发器法（AASHTO TP2）测量残存胶结料性质。对于 RAP，最好使用改进的 AASTHO TP2。燃烧法偶尔会使级配略有变化，应与当地的经验结合起来。

（4）测定集料性质

沥青含量测定后，剩下的集料用作筛分和测定某些集料性质。如果是抽提，那么一定要将集料彻底烘干或用电风扇吹干；如果用燃烧法，那么集料要彻底冷却。

（5）RAP 集料相对密度

为了计算 VMA 或用 Superpave 方法来估计混合料的胶结料用量，必须知道混合料的毛体积密度，混合集料的毛体积密度用各个集料堆，包括 RAP 集料堆的毛体积密度来计算。然而要精确测量 RAP 集料的毛体积密度是很困难的，测量 RAP 集料的毛体积密度要求把沥青抽提出来，然后分成粗、细两部分，然后测定各部分的密度。但抽提过程可能改变集料性质，也可能导致改变细集料的数量，都会影响相对密度。过去有使用 RAP 的有效密度来代替毛体积密度，而有效密度可以从 RAP 的最大相对密度来计算，最大相对密度可用 AASHTO T209 测定，RAP 的沥青用量可用溶剂法或燃烧测定。

对于某种集料来说，有效密度（$G_{se}$）总是比毛体积密度（$G_{sb}$）小，因此用 $G_{se}$ 代替 $G_{sb}$ 会导致超估混合集料的毛体积密度和 VMA，当 RAP 用量高时，这种误差会更大，因此可用改变最小 VMA 的要求来考虑这种误差。

RAP 集料与新集料一样也可测量它的认同性质，不过一定要记住，要测总的混合集料而不是单个集料的性质。

（6）RAP 中的水分

当我们在实验室进行集料设计时，RAP 已经彻底烘干，但现场 RAP 是不加热的，因此一定要知道 RAP 中水分是多少，然后在称量中扣除水分的质量。

RAP 含水率也是厂拌生产中的一个制约因素，含水率大、烘干时间长，消耗能量多，会影响生产率，由于生产时 RAP 不直接烘干而是靠新集料的热传递给它烘干，因此新集料必须加热到非常高的温度。另外水分高会产生大量的蒸汽，所以拌和锅要设有通风装置。

（7）混合料设计

RAP 用量可能受下列因素制约：混合料类型的规范范围，拌和厂类型或其他原因，级配，集料性质，胶结料性质，拌和厂加热、干燥和排气能力，RAP 和新集料的含水率，新集料必须深度加温，RAP 和新集料的大气温度等其他因素。

制约因素可以是与材料有关因素和与生产有关因素，与生产有关的因素例如 RAP 和新集料加热与干燥能量，如果气温低，含水率高，那么就需要更多的能量，否则会影响 HMA 的生产率。

（8）确定合成集料级配

一旦 RAP 级配测定与新集料混合的级配必须符合总的混合料级配要求，混合级配必须在控制点之间通过，建议避开限制区，Superpave 设计方法要求至少 3 种级配，也可固定 RAP 比例变化新集料，也可不同 RAP 比例，建议的混合物除了满足级配要求外还必须满足认同性质要求，另外，最后选择的混合料必须满足要求的体积性质，如 VMA、VFA 粉胶比和 4% 的空隙率，RAP 作为一个新的料堆来处理。

(9)实验室 RAP 的处理

RAP 必须加热使之能与新材料混合,一般加热时间越短越好,建议 1~2kg 的样品加热温度为 110℃,时间不超过 2h,温度太高、时间太长会改变某些 RAP 的性质。新集料应加热到比拌和温度高 10℃,拌和、摊铺、压实与平时相同。

(10)标准混合料设计方法的修

正加入 RAP 后的混合料设计过程与以前基本相同,但有一些不同包括。

①RAP 集料作为一个料堆来混合与称重,但加热时必须缓慢避免改变 RAP 胶结性质;

②RAP 集料的相对密度必须估计。

③RAP 中的胶结料质量必须在称量时考虑。

④总的沥青用量应减少,因为 RAP 中含有一定数量的胶结料。

⑤新胶结料等级可以按需要改变,取决于加入 RAP 的数量、要求的胶结料等级和 RAP 胶结料劲度。

## 2.2 现场热再生沥青混合料的设计

热再生混合料的设计主要有两部分:一是旧沥青的再生;二是再生混合料的配合比设计。所谓旧沥青的再生,是指将旧沥青从老化后的凝胶结构改善到溶凝胶结构。旧沥青的再生包括:旧沥青性能的试验。再生剂的添加量试验;再生混合料的配合比设计包括:旧沥青混合料的试验,新添加沥青混合料级配的确定,再生混合料的检验。

### 2.2.1 旧沥青的再生

(1)旧沥青的性能试验。根据现场调查的结果,将取来的路面芯样进行沥青抽提,回收旧沥青进行试验,以判定旧沥青混合料中的油石比和旧沥青的老化程度,试验内容可以采用目前常用的 3 个基本指标;针入度、软化点和延度。

(2)再生剂的添加量试验。根据旧沥青的老化程度,将回收的沥青分组按不同比例添加再生剂,然后再进行再生沥青的基本性能试验,并对各组的试验结果进行对比分析,以确定最佳的再生剂用量,使再生沥青的路用性能达到高速公路施工技术规范的要求。

再生沥青的性能如何,不仅要看基本指标的改善,同时要对再生沥青的抗老化能力进行检验,只有抗老化能力符合规范要求的再生沥青,才可应用于高速公路施工。

### 2.2.2 再生混合料配合比设计

(1)首先对抽提试验得到的矿料进行筛分,以判断旧路面的级配组成。一般情况,矿料在压实、车辆荷载、自然因素的联合作用下,容易破碎和磨损,使其级配发生变化,表现为粗集料减少,细集料增多。

(2)根据旧沥青路面的病害情况和初步拟订的施工方案,可以确定添加新混合料的比例,一般情况,这个比例不要低于 15%,因为如果添加新混合料的比例如果太小,对级配的改善效果就不会太明显,而且还可能会因原路面沉陷、车辙等方面的原因造成摊铺时缺料。根据这个比例,可以确定添加新混合料的级配。由于热再生机组上的搅拌锅搅拌能力并不是很强,因此新混合料的油石比一般按正常的混合料配合比来确定,以防搅拌不均匀。

再生沥青混合料的油石比由三部分组成:沥青混合料的油石比、添加的再生剂,新沥青混合料的油石比。当再生混合料的设计初步完成后,如果再生混合料的合成油石比还偏小,应考虑加入一部分新沥青，加入的新沥青量由马歇尔试验确定，一般应混入再生剂均匀地加入到旧沥青混合料中。

（3）再生混合料的检验。对已完成设计的再生沥青混台料应做水稳定性试验和抗车辙性能试验。需要注意的是，这样得出的只是实验室配合比，在具体施工前，应采用试验段的方式加以验证，最终确定施工配合比。

## 3　厂拌与现场热再生的施工工艺

### 3.1　厂拌再生沥青混合料（RAP）的施工工艺

3.1.1　拌和机操作

在调试生产配合比以前，对集料和沥青计量秤，都应进行了标定，符合招标文件的要求方可使用。

冷料仓流量的确定：拌和站有5个冷料仓，最靠近烘干筒的1号仓装最细集料，依集料粒径从小到大编号，5号仓装粗集料，5个冷料仓中装5种规格的集料用量比例在目标配合比设计中确定。生产时，5个冷料仓应按设计比例和一定速度向拌和机供料。

振动筛的选择：根据以往的经验和生产配合比的调试结果，振动筛的筛孔选定为35mm、20mm、11mm、6mm、3mm。筛网的布置方式为三层式布置法。

熟料仓供料比例的确定：此项试验在生产配合比的调试中已详细说明，在做试验段的拌和过程中如发现待料或溢料，再根据试验结果做出调整。

加热温度及拌和时间的确定：沥青加热温度150℃，集料加热温度180℃，铣刨料加热温度130℃，拌一锅需50s，搅拌最小拌和时间确定为30s。

3.1.2　沥青混合料拌和质量检查

拌和质量的直观检查：质检人员在料车装卸的过程中对每车进行目测，以便随时发现混合料中存在的问题。沥青混合料生产的每一个环节都特别强调温度控制。这是质量控制的首要因素，我们要求每车必测。

拌和质量测试：中心实验室分别在3、6、9车取样，做抽提试验、击实试验、理论最大密度试验、稳定度流值试验，路面压实情况采用压实度和现场空隙率两个指标控制。

3.1.3　厂拌热再生的摊铺工艺和压实工艺

施工准备：

（1）机械：提前做好机械的检修，确保所用机械以良好的状况投入施工。

（2）人员：实行定岗、定员，制订明确的岗位目标，开工前进行厂拌热再生技术人员培训。

（3）材料：材料充足，分类存放，管理得当，能保证沥青混合料的质量。

运输：拌和站拥有50多部大型自卸式运料车，每辆运输车的车厢打扫干净，在车厢板和底部涂1∶3的柴油水混合液。为减少混合料出现离析，装料的过程中，先前面，再后面，最后装中部。

用篷布覆盖沥青混合料，保温防雨。

施工：

（1）施工顺序：测量放样→挂线→沥青混合料拌和→运输→摊铺→压实→检测。

(2)沥青混合料摊铺。

沥青混合料摊铺采用一台 ABG-423 摊铺机摊铺,按基准线行驶控制高程、自动调节厚度和找平,在倒换车辆过程中能连续摊铺,并有足够的功率推动料车前进,具有可加热的振动熨平板及振动夯等初步压实、熨平装置,摊铺宽度可以调整。

下层摊铺时,摊铺机走基准线行驶速度用来控制高程、横坡度,明显高低不平的地方在下面层时就用人工筛洒细料找平,下面层平整度控制在 3mm 以内(用 3m 直尺测量)。

抗滑表层施工时,为更好地控制平整度,减少走基准线人为因素的影响,采用同已铺下面层保持一定高差的雪橇式控制方法进行摊铺,摊铺机安装美国 B-K 公司生产的均衡器,实践证明在多个重点工程建设中效果良好。摊铺机摊铺过程中以 3m/min 的速度匀速前进,不随意中途变速或停顿。拌和站的能力、运输能力同摊铺机的摊铺能力密切配合,选定合适的摊铺速度,注意松铺厚度及路拱,中途少做变更,必要时用细料加以调整,务求平顺,以求不影响平整度。

机械摊铺过程中,不用人工反复修整,但当出现断面不符合要求、局部缺料、局部混合料明显离析、摊铺机后有明显拖痕、表面明显不平整等问题时,在施工人员专门指导下认真调整,局部换料,仔细修补,同已摊铺混合料接顺,不留明显印迹和差异。如属摊铺机本身原因导致严重缺陷,及时停止摊铺。

(3)压实(略)。

### 3.2 现场热再生沥青混合料的施工工艺

3.2.1 现场调查

在沥青路面现场热再生正式施工以前,应进行详细的路况调查,以确定具体的工艺参数。调查的主要内容有:

对原路面的损害情况,包括各类病害的种类,数量,具体桩号,分布情况以及层位等进行详细的记录。按路段汇总成表,对于一些较深层位的病害,如坑槽、唧浆等,应作特别说明,以便提前进行局部挖补。

3.2.2 厚度确定

在病害具有代表性的路段分别取芯,取芯深度要比所要再生沥青路面的厚度略大,取芯时要尽量少破坏原沥青混合料的级配,以减少对试验结果准确性的影响。

3.2.3 现场施工

在京福高速公路路面维修工程中,热再生混合料是根据 Superpve 进行配合比设计,属于密实嵌挤结构。为克服内摩擦力和颗粒间的锁嵌力,用振动压实更有效。碾压紧跟摊铺机进行,按初压、复压、终压三个阶段进行。

初压:用 13t 振动压路机采用高频强振 2 遍,速度 3~5km/h,在 115℃以前完成。

复压:用 26t 胶轮压路机碾压 2~3 遍,复压温度不低于 100℃前完成。

终压:用 DD130 振动压路机静压 2 遍赶光。在 90℃以前完成。

碾压时,压路机驱动轮面向摊铺机,从低侧向路中心碾压,相邻碾压重叠 1/3~1/2 轮宽,最后碾压中心部分,压完全幅为一遍。不允许压路机在沥青混合料转向、掉头、左右移动位置、紧急制动或停在温度高于 70℃已压过的混合料上。振动压路机倒车时先停止振动,在另一方向正常运动后再开始振动,避免发生拥包。

沥青混合料随拌随用,储存时间不超过 24h,储存期间降温不超过 10℃。沥青混合料摊铺后,采用振动压路机压实时,压路机轮迹的重叠宽度不应超过 200mm。用静载钢轮压路机时,压路机轮迹的重叠宽度不应小于 200mm。

3.2.4　施工中平整度的控制

严格控制好底面面层的平整度,另外要尽量减少其他对平整度有影响的不利因素,如摊铺机的行进速度要均匀,保证摊铺的连续性,减少运料车载倒车时对摊铺机的撞击,压路机停止时要先停止振动,在减速慢停,启动时要慢启动,达到匀速后再开振动。

根据大量的应用经验,采用厂拌热再生方法施工,路面的厚度、路面的类型、交通负荷、以前的维修处理、路面现有条件和周围的环境温度必须都被考虑。其中新加沥青、再生剂与旧混合料的均匀充分融合是关键问题,在设计施工工艺中应充分考虑拌和机械设备。

## 4　厂拌与现场热再生技术应用中应注意的几个问题

### 4.1　厂拌再生现场质量控制(QC)—质量保证(QA)试验

含水率有 RAP 混合料的 QC/QA 与常规混合料相同,至于 RAP 的含水率或变异性问题,一般也可从再生混合料的 QA 试验检测某些料在混合料设计阶段或在施工中会要求做一些附加试验。

RAP 混合料应该与新混合料的性能一样好,过去的经验也证明,如果 RAP 混合料设计生产和施工得当的话,这个目标是可以达到的,RAP 最大的问题是变异性,但可以控制。

典型的 RAP 混合料试验,包括混合料组成试验(如胶结料用量、级配、最大理论密度)和体积性质(如空隙率、VMA、VFA 等),含有 RAP 混合料的这些性质不会变化,一个例外就是级配。要满足试验室含有 RAP 的级配不是一件容易的事,RAP 的变异将转化为混合料的变异,尤其是 RAP 含量高时。

4.1.1　厂拌再生料加热方式

为了避免明火加热造成的再生料中的沥青老化现象,在该工程设备中使用了 RFL-250 直燃型结构热风炉。热风炉的功能是保证火焰在炉内正常燃烧,形成高温烟气,由高温烟气进入再生料干燥筒对再生料进行加热,以保证再生料加热过程中避开明火和加热温度过热的特性,以减少再生料中沥青老化的程度。

4.1.2　厂拌再生料加热过程中有害气体的处理

因再生料在干燥筒内加热烘干时,再生料中沥青会产生大量的有害气体,这些气体随高温热气被排出干燥筒会造成对大气的污染,同时也浪费了高温气体中的热能,为此将这些有害气体直接引入主机干燥筒内,让主燃烧器对此烟气进行二次燃烧,以解决再生料干燥筒排出烟气中的有害气体和烟气中热能再利用的问题。

### 4.2　沥青现场热再生的施工需要注意的问题及质量控制方法

(1)在正式施工之前,要提前做好必要的准备工作,包括封闭交通,对层位较深的病害以及不适合热再生的部位提前进行处理,用风镐打出横向接缝,清扫路面,检查机械等。

(2)沥青热再生机组的运行速度以2.0.4.0m/min为宜,加热宽度以比铣刨宽度每边宽5~10cm为宜,以便于施工和保证纵向接缝的温度,使纵缝密实无松散,每台热再生机械的间距控制在2m以内。

(3)加热温度要适度,对旧路面加热既要达到一定的温度和深度,又不能过热。温度过低,再生剂和旧沥青融合困难,起不到再生作用,而且集料容易破碎,会改变原路面的级配组成,也无法达到摊铺要求;温度过高,而导致沥青老化,失去再生的意义。因此热再生机组的运行速度要均匀、适中。

(4)再生剂的添加量计量要准确,并与行走速度相协调。再生剂过多,再生路面容易泛油、发软;再生剂过少,又不能起到再生效果。在施工中要做好定量检测,同时多观察、多总结,使再生剂用量误差控制在原沥青含量的±1%以内。

(5)铣刨深度要确定,铣刨深度时深时浅,不仅影响路面的平整度,而且还将影响再生剂用量的准确性,铣刨深度要稍大与处理层的厚度,以免出现夹层现象,如济泰高速上面层厚4cm,此次工程实际铣刨深度为5cm,分3层,分别为:2.0cm、1.8cm和1.2cm。

(6)再生混合料的压实要采用一吨位较大的压路机,碾压时,压路机紧跟热再生搅拌摊铺机,以免料温下降过快。在该工程中先采用宝马双钢轮压路机稳压1遍,高频低幅振压2遍,然后用25t胶轮静压4遍,最后钢轮光面至无轮迹。

## 5 结语

沥青路面现场热再生技术,能保存集料的完好,保留沥青的组成及性能,有效地利用旧料。避免了沥青混合料的废弃污染和大量砂、石等原材料开采对环境造成的破坏。利用沥青路面现场热再生技术可以节约投资,旧路面混合料就地再生利用,不需要搬运废料过程及废弃物堆放场地,再生时只需添加再生剂和部分新沥青混合料,而且作业人员可节省1/2,使得路面维修的成本显著降低,根据在国内施工的经验,其费用仅占传统维修的70%左右。与传统维修方法相比,沥青路面现场热再生施工对交通的干扰较小,维修时只需封闭一个半左右的车道,冷却后就可以开放交通,能保证高速公路的正常运营,施工产生的振动、噪声比其他施工方法小,影响交通及沿途居民的程度小。

采用沥青路面现场热再生技术施工的路面,由于层间、接缝处的沥青混合料都被加热软化,因此层间结合牢固,接缝密实,不易渗水。

采用厂拌沥青再生技术,可以充分利用旧料,通过选择适当的配合比及新旧料掺和比例,可以得到性能稳定的再生混合料。初步的研究和实践表明,这种再生混合料可以使用于高等级公路的沥青面层。同时,利用沥青再生技术可以取得相当可观的经济效益和显著的社会效益,并在保护环境和节约资源等方面具有十分重要的意义。沥青路面再生技术作为一项新技术,从再生原理、再生剂的开发、再生路面的配合比设计,再生路面的质量标准、再生路面的施工工艺及质量控制等各个方面,都有大量的工作需要做,需要制订出一套符合我国沥青路面实际情况的现场热再生技术规范,以期带来更大的经济效益和社会效益。

### 参考文献

[1] 吕伟民,严家伋.沥青路面再生技术[M].北京:人民交通出版社,1989.

[2] 桂希衡,徐孝蓉,黄秀.废旧沥青的再生利用[J],中国公路,2003.
[3] 中华人民共和国行业标准.JTJ 032—1994　公路沥青路面施工技术规范.北京:人民交通出版社,1994.
[4] 中华人民共和国行业标准 . JTJ052—2000.公路工程沥青及沥青混合料试验规程.北京:人民交通出版社,2000.

# 先张预应力空心板梁早期裂缝成因与防治

摘　要：针对先张法预应力空心板梁在施工中出现的早期裂缝的成因，从内外因两个方面进行了全面分析，并提出了具体预防及处理措施。

关键词：早期裂缝　成因分析　防治措施

## 1　概述

近几年来，先张预应力空心板梁在高等级公路建设中广泛采用，特别是跨径在10~20m的简支梁先张预应力空心板梁与其他形式的简支结构相比，具有造价低、施工方便、外观美观等优点，因此有着极强的竞争力。但是，先张预应力空心板梁对施工质量、材料质量、气候环境和混凝土配合比设计的要求较为严格，否则易出现裂缝。本文主要结合近年的工作实践，对其裂缝成因及其防治，与同行们共同探讨。

## 2　裂缝部位及规律

(1)在施工期间，先张预应力空心板梁裂缝均发生在受压区；受拉区未发现裂缝。

(2)在空心板顶面，裂缝多发地段的位置在箍筋处，裂缝宽度目估为0.1~0.3mm，严重者超过0.5mm，且有时平面贯通，多数裂缝发生在中间1/3梁宽位置处。深度不大，一般在10mm以内。

(3)在顶面预留胶缝钢筋处，也是经常发生顶面裂缝的位置，这种裂缝长度一般在150mm左右，且深度极小，对构件基本上没有影响。

(4)在梁体立面，裂缝上宽下窄，其上与顶面裂缝相接，同一片梁体的裂缝具有规律性，间距一般在1.5~2.0m，裂缝长度一般为梁高的1/2，严重者为梁高3/4。

(5)裂缝易发生在温差变化大的季节。

(6)混凝土水灰比越大，浇筑时发生离析现象的主心板顶面越易发生裂缝。

(7)较长的上面层裂缝，多发生在侧模板接缝处。

(8)纵向裂缝较少见，但也曾出现过整槽发生纵向裂缝的现象。纵向裂缝发生时，一般其横向裂缝也较为严重，纵向裂缝一般不贯通，间隔出现。

## 3　早期裂缝内部原因分析

### 3.1　水泥的水化热作用

水泥混凝土在拌和、运输、振捣、凝结、硬化的过程中，水泥与水发生水化反应，水化过程中释放出大量的热能，水化反应有两次升温和两次降温过程，内部温度升高，而板面温度因外界气温有所降低，升温使混凝土内部体积膨胀。降温使混凝土表面收缩，膨胀时混凝土内部产生压应力。收缩时混凝土表面产生拉应力，当压应力和拉应力超过其抗压强度和抗拉强度时，空心板表面将发生裂缝现象。

### 3.2　矿物成分与水起水化反应

水泥与水接触后，其矿物成分与水起水化反应生成水化物，水化物的体积是水泥的2倍多，同时水化物的。生成在混凝土中产生大量的热量，当内外差形成时，裂缝便形成。

### 3.3　碱集料反应

在施工中，多数为硅酸盐集料，它是活性集料中含有无定型氧化硅成分，或在碱环境下石料本身会产生膨胀，当混凝土拌和后，水泥中的碱不断溶解，这时碱液与活性集料中的硅酸盐物质产生化学反应，析出胶状的碱——硅胶，硅胶从周围介质中吸取水分而发生的拉应力超过其抗拉强度时，将会出现裂缝现象。

### 3.4　混凝土的干缩作用

混凝土在凝结、硬化过程中，仅很少一部分水参加水化反应，而大部分水逐渐蒸发，使混凝土体积产生干缩变形。由于水泥浆形成水泥石，其极限干缩接近3000με。干缩作用使混凝土内产生不同程度的拉应力。由于混凝土硬化初期抗拉强度小，如果干缩产生的拉应力超过其抗拉强度时，将会出现裂缝现象。

## 4　早期裂缝外部原因分析

### 4.1　混凝土配合比设计不合理

预应力空心板混凝土设计强度等级较高，20m跨径约为C50，10m、13m和16m跨径为C40。在混凝土配合比设计时，一般施工人员偏于保守，水泥用量超过高限，特别是在新的混凝土评定标准提高以后，其水泥用量较以前增加了5%左右，由于水泥用量的增加使混凝土凝结缩量大，造成表面产生裂缝。

### 4.2　水灰比过大

在拌制混凝土过程中，有的拌和设备计量不准，特别是用水量控制不准，随意性较大，由于水灰比过大，而造成离析现象，其结果粗集料沉于下部，多余水分上升，振捣后水泥浆上浮到顶板，从而使混凝土强度不均匀，下部分强度大，顶板强度低，混凝土强度较弱区往往是裂缝容易发生的部位。底板浮浆过多发生沉缩现象较为明显，在每根箍筋处顶板横向裂缝较为严重。

### 4.3　砂、石料含泥量超限

在施工过程中，有时砂、石料含泥量超限，这样它们与水泥之间的胶结力有所降低，造成混凝土的强度和抗渗性降低并且产生网状裂缝。

### 4.4 内模胶囊上浮

在混凝土浇筑过程中,混凝土对胶囊有较大的浮力,如果胶囊固定不牢,就会发生胶囊上浮现象,造成顶板厚度减小,这种情况也极易造成裂缝。

### 4.5 抽拔胶囊过早

抽拔胶囊的时间与养护温度和混凝土的质量有关,一般控制混凝土强度在 0.6~0.8MPa 间为宜。抽拔过早会出现“黏皮”现象,对混凝土质量有影响,当顶板厚度减小或是顶板浮浆过厚时,裂缝容易发生,这种原因出现的裂缝多为纵横裂缝。

### 4.6 保护层厚度不均匀

在钢筋成型时,有时尺寸控制不准确,造成威板保护层过小或过大,这种情况下也常常出现裂缝。

### 4.7 胶囊漏气

内模胶囊因为制造质量或在施工中有所损坏,造成在混凝土浇筑过程中漏气,气压降低。在混凝土几乎没有强度的情况下,如果发生漏气现象,顶板混凝土将会下漏,造成难以补救的事故。

### 4.8 侧模拆除时间过早

在混凝土抗压强度达不到 2.5MPa 时,拆除侧模板,由于操作时发生振动,侧面常常出现较窄的竖裂缝。

### 4.9 预埋铰缝钢筋被碰撞

当混凝土抗压强度很低时,在养生或操作中,碰撞空心板顶预埋钢筋,这时混凝土基本没有抵抗外力的能力,从而发生裂缝。

### 4.10 气温剧变

气温的急剧变化或大风,造成混凝土表面急剧冷缩或干缩,从而增大了混凝土的拉应力,加速了混凝土早期裂缝的形成。

### 4.11 养生不当

过多的增加水泥用量,在满足混凝土坍落度要求的前提下,尽量采用可靠的减水剂,合理调整配合比,降低水泥与水用量,以减少混凝土的凝结收缩量。养生不及时,混凝土表面水分蒸发过快,从而形成干缩裂缝;外界温度在 5℃以下时,如果不及时覆盖保温材料,也容易出现裂缝。

### 4.12 松张过早

预应力钢绞线松张时,混凝土强度设计规定:一般不低于强度等级的 85%,同一槽浇筑的空心板,由于第一块和最后一块浇筑相隔时间较长,松张时每块板混凝土抗压强度有较大差异而发生裂缝,也会造成空心板出现的裂缝扩大。

## 5　早期裂缝防治

### 5.1　合理进行混凝土配合比设计

在混凝土配合比设计中,不要为了提高保证率而过多地增加水泥用量,在满足混凝土坍落度要求的前提下,尽量采用可靠的减水剂,合理调整配合比,降低水泥与水用量,以减少混凝土的凝结收缩量。

### 5.2　严格控制原材料

按照质量要求,严格进行选料,不符合要求的砂、石料和水泥不许进场。对含泥量较大的集料要用水冲洗,严禁使用过期和不同强度等级水泥,尽量采用发热量及收缩量较小的水泥。

### 5.3　选择好的天气浇筑混凝土

注意天气预报,尽量选择较好的天气浇筑空心板,尽量避开下雨和温差较大的天气浇筑。在夏天浇筑混凝土时,不宜在白天进行,冬季宜在温度较高的时间浇筑混凝土,并要采取冬季施工措施。

### 5.4　浇筑混凝土应连续进行

在开盘前,要有专人严格进行检查设备,严禁机具带病上岗;严禁在浇筑空心板过程中间断施工,确保混凝土浇筑的连续性。

### 5.5　缩短施工缝浇筑时间差

铺底混凝土振平以后,应立即放胶囊内模,并浇筑第二层混凝土,尽量缩短施工缝处上下两部分混凝土的施工时间差。

### 5.6　适时收浆二次抹平

混凝土在初凝前往往会出现裂缝,这时应及时收浆二次抹平。这样处理,一是增加了混凝土表面的密度;二是使混凝土表面产生的裂缝愈合,这是消除早期裂缝最行之有效的措施。

### 5.7　严格检查胶囊严禁漏气

对使用的胶囊要经常打压检查,发现漏气时应及时修补。

### 5.8　胶囊定位钢筋要牢固,防止胶囊上浮

胶囊定位钢筋下料要准确,生根要牢固,一般固定在钢绞线上为好,防止胶囊上浮,出现顶板厚度小,最终引起早期裂缝。

### 5.9 加强混凝土养生

混凝土浇筑完毕,及时盖草或塑料膜,并经常洒水使之保持湿润。气温低于10℃时,要加盖保温材料,进入冬季应采用蒸气养生。在早期养生时不要碰预留胶缝筋,更不要在板上行走。

### 5.10 严格控制拆模时间

抽胶囊的时间要根据现场混凝土强度而定,最好通过试块来确定,严禁过早抽胶囊。侧模也要待混凝土达到一定强度后方可拆除。

### 5.11 严格控制放张时间

每槽梁中的每块板浇筑的时间都不一样,松张时要以最后浇筑的混凝土强度来控制,控制松张的混凝土试块要与梁体采用同等的养生条件,混凝土强度低于85%时严禁松张。

### 5.12 空心板裂缝的补救

空心板出现较小的早期裂缝一般不必处理,但裂缝宽度较大、深度较深时,应做些处理,对较严重的裂缝可以凿成三角槽,用环氧树脂砂浆修补。空心板裂缝最大的危害就是渗水使内部钢筋锈蚀而减少使用寿命。因此,出现裂缝的空心板,最好集中在一孔上安装,桥面铺装防水混凝土,桥面钢筋适当增加,这样会补救裂缝对空心板的影响。

## 6 结语

先张预应力混凝土空心板的早期裂缝,对结构的使用寿命有一定影响,只要我们在施工中严格控制,精心操作,是可以预防的。

# 我国公路桁架桥的发展状况

桁架桥与其他桥型相比，具有自重小、结构轻巧、造型简洁特点，它由上弦、腹杆和下弦组成的桁片、各杆件共同受力，因而具有有效地利用材料、便于节段拼装和施工快捷等优点。近几年，桁架桥在我国有了较大的发展。1985 年贵州建成的悬臂桁架拱桥主跨已达 159m，在世界各国桁式桥梁中，其跨径居第三位。正在施工的贵州江界河大桥，是一座特大跨径的预应力混凝土桁式组合拱桥，主跨径为 324m，建成后将居于世界混凝土桁式桥梁之首，这标志着我国建造桁架桥的技术已跨入了世界先进行列。即将竣工的昆山周庄大桥，是一座敞口预应力简支桁架桥，对减小建筑高度，改善桥下净空，降低桥头路堤填土高度是一种新的尝试。但桁架桥的节点构造比较复杂，施工比较麻烦，人工费一般比其他桥型高 20%～30%，在我们劳动力资源丰富的国家，这种少用材料的桁架桥将有着广阔的发展前景。桁架桥与其他桥型的经济指标比较见表 1。

**桁架桥与其他桥型经济指标比较**　　表 1

| 桥型 | 桥　名 | 建造日期（年） | 结构类型 | 跨径（m） | 每平方米桥面上部构造用材 | | | |
|---|---|---|---|---|---|---|---|---|
| | | | | | 混凝土（$m^2$） | 普通钢筋（kg） | 预应力筋（kg） | 钢材小计（kg） |
| 连续梁 | 伏尔加河桥（苏联） | 1902 | 结构桁架连续梁 | 主跨 166 | 0.95 | | | 256 |
| | 田草 3 号（日本） | | 连续梁箱 | 主跨 160 | 1.38 | | | 214 |
| | 拜廷根（德国） | | 连续梁箱 | 主跨 148 | 0.84 | 44.20 | 65.60 | 109.8 |
| | 常德沅水大桥（中国） | 1985 | 连续梁箱 | 主跨 120 | 0.907 | 104.25 | 71.79 | 176.04 |
| T 构 | 黄陵矶（中国） | 1979 | 桁架 T 构 | 主跨 90 | 0.61 | 30 | 61 | 91 |
| | 伊泼涕施（苏联） | | T 形刚构 | 主跨 110 | 1.00 | 49 | 80 | 129 |
| | 泸州长江（中国） | 1982 | T 形刚构 | 主跨 170 | 1.15 | 57.6 | 96 | 153.60 |
| | 重庆长江（中国） | 1980 | T 形刚构 | 主跨 174 | 1.30 | 37 | 70.5 | 167.50 |
| 拱桥 | 剑河大桥（中国） | 1985 | 桁架拱 | 主跨 150 | 0.69 | 77.21 | 17.59 | 94.80 |
| | 赤谷川桥（日本） | 1979 | 无铰拱 | 主跨 116 | 0.98 | 88 | | 88 |
| | 马鸣溪（中国） | 1979 | 箱形拱 | 主跨 150 | 1.14 | 94 | | 94 |
| | 前苏联资料 | | 箱形拱 | 主跨 150 | 0.92 | 242 | | 242 |
| | 贵州江界河（中国） | 建造中 | 桁式组合拱 | 主跨 324 | 1.29 | | | 115 |
| 简支梁 | 钱塘江（中国） | 1985 | 桁架桥 | 55 | 0.53 | 54.8 | 36.0 | 90.8 |
| | 昆山周庄（中国） | 建造中 | 桁架桥 | 36 | 0.43 | 42.2 | 19.2 | 61.4 |
| | 济南黄河（中国） | 1980 | 槽形梁 | 30 | 0.40 | 32 | 18.4 | 50.4 |
| | 东营黄河（中国） | 1987 | 箱形梁 | 30 | 0.34 | 31 | 18.9 | 49.9 |
| | 60m 简支梁箱梁 | | 箱形梁 | 60 | 0.78 | 107.8 | 60 | 167.81 |

## 1 我国公路桁架桥的发展及特点

1965 年以来,我国大跨径预应力混凝土主要采用箱形悬臂 T 构,根部梁高有时超过 10m,结构自重大,耗料多,下部基础占投资比例较大。1966 年,上海市在软土地基上建造拱桥,感到双曲拱等拱式桥自重大,推力也大,地基承载力不够,进而发展了轻型钢筋混凝土桁架桥,并在之后使用预应力使其更加完善。1975~1977 年,河南省结合 T 构悬臂施工与桁架的优点,以龙驹沟 25m 桁架悬臂桥为试验桥,并推广于灵村 41.5m+70m+41.5m 桁架悬臂 T 构桥,进而又在蒿县的伊河建造 9×50m 连拱桥,以后又建成浙江宁海、安城等桥。1977 年,四川也建成江津系杆拱悬臂 T 构桥。1979 年,湖北又建成黄陵矶桁架 T 构桥,跨径 90m。1985 年 10 月广东建成的清远北江大桥,主桥为 8 孔净跨为 70m 的刚架拱桥,是我国目前最长的刚架拱桥。1988 年浙江建成的杭州钱塘江桥跨径为 55m,是我国目前跨径最大的预应力混凝土简支桁梁桥。1985 年建成的主跨为 150m 的预应力混凝土悬臂桁架拱桥——剑河大桥,正在施工的主跨为 324m 的预应力混凝土桁式组合拱桥——江界河大桥,都已达到世界先进水平。

随着设计水平和施工技术的不断提高,桁架桥已大部分采用预应力混凝土桁架桥。预应力混凝土桁架桥克服了钢筋混凝土桁架桥拉杆因受拉力而出现裂缝的不足,使拉杆在外荷载作用下仅产生很小的拉应力,甚至不出现拉应力,以保证在设计荷载下不出现裂缝。目前我国发展起来的预应力桁架桥主要有桁架悬臂 T 构、系杆悬臂 T 型刚构、桁架拱、简支桁架梁和桁式组合拱 5 种基本形式,其中有悬臂间加拉梁的静定体系,有拱悬臂铰接连续 T 构体系和两铰拱体系。除简支桁架桥一般为等高外,其余 4 种形式的下弦曲线,一般接近二次抛物线。桁架桥在横截面上具有桁架 2~4 片,弦杆截面有 L 形、矩形、I 形、凹形,可以是等截面的也可以是变截面的。桁片间设横系梁及剪刀撑,纵向常以预应力混凝土空心板,微弯板或现浇混凝土桥面板作板面联系。

## 2 桁架桥的设计计算

桁架桥虽然有多道横向联系把各片和桁架组成一个空间结构,但是为了便于计算,在工程设计中都以一片桁架作为计算单元,也就是将空间桁架结构简化为平面桁架进行计算。而荷载在各桁架片的不均匀分布,将按荷载横向分布系数来反映。对于一般桁架桥,常按偏心受压法计算横向分布系数,并以受力最大的边桁架片进行设计,在进行桁架计算时通常作如下基本假定:①桁架主结构的截面内力作为含有次内力的刚性节点的框架来计算;②桥面板及横向连系的自重作为集中荷载作用在节点上;③将预应力作为外力作用在相当于锚固位置的节点上来求得预应力次内力;④徐变产生于架设完毕后,由于徐变而产生内力认为是在自重、预应力及预应力次内力作用下产生的。节点刚度产生次应力是预应力混凝土桁架计算的特点。有时节点固端弯矩使短杆出现很大应力,须在其端部设置半铰。过去手算刚性节点的桁架比较困难,一般都按铰接来计算,随后估算一个次应力的比值,或采用一个工作条件系数来考虑。然而,现在有了电算工具,按刚性节点计算高次超静定结构并不困难。同济大学桥梁教研室 1988 年 10 月改进的平面杆系结构计算程序,具有计算各施工阶段的结构内力、运营后活载内力、预应力二次力、徐变二次力、温度二次力和支座位移二次力等功能,对于施工各阶段和施工预应力各阶段形成的总的内力叠加值,作为设计依据是十分方便的。

## 3　桁架的施工

桁架桥的施工程序是分块预制桁架，微弯板（或预应力空心板）及横向联系。然后按顺序安装拱片、桥面板，最后浇筑桥面铺装。桁架一般采用平卧预制，采用托板滚筒轨滚道平车、龙门架和驳船等方法运输。桁架安装目前已采用的方法有两种：有支架施工和无支架施工。本文仅对无支架施工加以说明。无支架施工目前已采用的有塔架斜缆安装、天线吊装悬臂拼装和多吊机安装。①塔架斜缆安装：塔架斜缆安装就是在墩台顶部设一塔架，将架片边段吊装后用斜向风缆稳住，再安装中段。塔架可用 A 字形钢塔架，也可用圆木和钢管组成人字扒杆。②天线吊装：天线吊装就是在河岸分别设置索塔，安装缆索，将桁片固定在滑车上，滑车在天线上操向移动安装桁架。③悬臂拼装：就是将桁架分成若干单元，在上弦杆设置预应力索筋，逐段向跨中拼接，于最后合龙。④多吊机安装：多吊机安装就是一片支架的每一段各用一台吊机吊装，一起就位合龙。当桁架为等高连续梁时，可在两岸路堤上将桁架片和横向联系各构件拼装成整体，用顶推法将梁顶推到位。

## 4　建桥实例

（1）剑河大桥（1985 年 10 月）。剑河大桥（图 1）为主跨 150 m 的预应力混凝土悬臂精架拱桥。该桥位于贵州省黔东南苗族侗族自治州剑河县城，跨越清水江，是目前国内最大跨径的桁式桥梁。在世界各国桁式桥梁中，它的跨径仅次于澳大利亚的利普桥和苏联的伏尔加河桥，居世界第三位 。

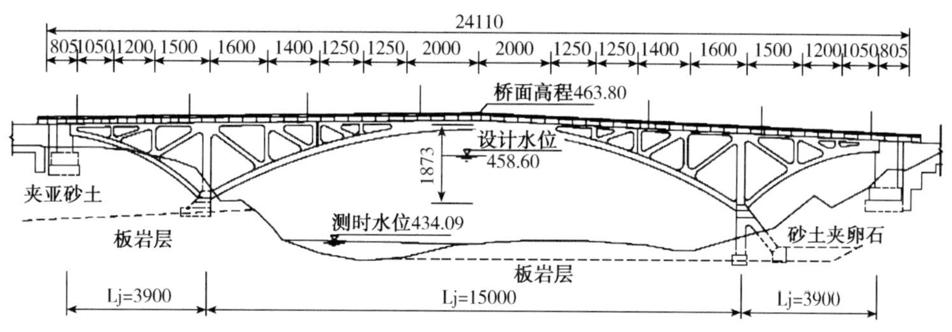


图 1　剑河大桥桥型布置图（尺寸单位：cm，高程单位：m）

该桥孔径布置为 39m+150m+39m，全长 241. 1m，主孔计算跨径为 150m，计算矢跨比为 1/8，下弦拱轴线为二次抛物线，设计荷载为汽车-20 级，挂车-100，人群荷载 350kg/m，桥面宽度为净 7m+2×2m 人行道，桥面全宽 11. 8m。混凝土总用量 3989m3；结构用钢 336. 37t，主桥决算投资金额为 1823947 元，每延米造价 7565. 11 元。每平方米桥面造价 641. 11 元。主桥工程施工历时两年半，共用劳动力 125774 工日。该桥主孔上部构造的圬工数量仅为同跨箱形拱桥的 67%。与一般桁架拱桥相比拱脚负弯矩可减少 51%，与拱桥相比，上弦拉力可减少 87%。主孔共分 9 个节间，自拱脚起分别为 16m、14m、12. 5m 和 40m（跨中实腹段，所有构件都采用箱形薄壁截面，提高了圬工材料的有效利用率，减少了工程数量，而且箱形截面抗弯和抗扭刚度大，力学性能也较好。该桥采用的是斜拉杆式结构，施工方法采用 80t 人字梳杆悬臂拼装。这样斜杆或上弦杆自身强度和预应力钢筋得到了充分利用，无需过多设置临时杆件。实践表明这两种方法具有制作简单、操作方便、使用灵活和安全可靠等优点，是大跨径桥梁悬拼施工的一种比较理想的稳定的统工方法。

(2)杭州钱塘江桥(图2)。建于1985年，该桥是杭州市京杭运河钱塘江沟通工程上修建的桥梁。主跨为55m的豪氏下承式预应力混凝土桁架桥，桁架高度5.5m，桥面净宽4.5m，按汽车-10级荷载计算。它是我国第一座豪氏下承式预应力混凝土桁架桥。这种桥型具有以下特点：①结构刚度大，自重轻，适应软土地基建桥。②该桥恒活载应力比为4∶1，特别对活载小、跨径大的桥梁尤其适应。③建筑高度小，大大降低了桥头填土高度。④预应力钢筋直线张拉，工艺简单，应力损失小。⑤用料省、工期短、造价低。该工程利用先建桥后挖河的特点，桁架片预制就在桥位两侧进行，并在桥位处进行组装。考虑起重能力，整片分五段组成。对下弦杆分段施加预应力进行组拼，竖杆的预应力即在预制场上进行。下弦杆断面取50cm×60cm(上弦杆取50cm×50cm)，下弦杆预应力钢筋配置10根(采用精轧螺纹钢筋的配置8根)，4根$\phi$25(采用精轧螺纹钢筋的配置2$\phi$32)的预应力筋，在拼装中间三段时进行张拉。构件出坑时，将平卧的节段以下弦杆为轴，旋转90°竖起，并用吊机吊装两桁架片。下弦杆的张拉需对称同时选行或两根弦杆交替进行，预拱度按$L/1000 \sim L/2000$考虑。预应力筋张拉后跨中预拱度为39mm，桥面板安装后跨中预拱度为6mm。

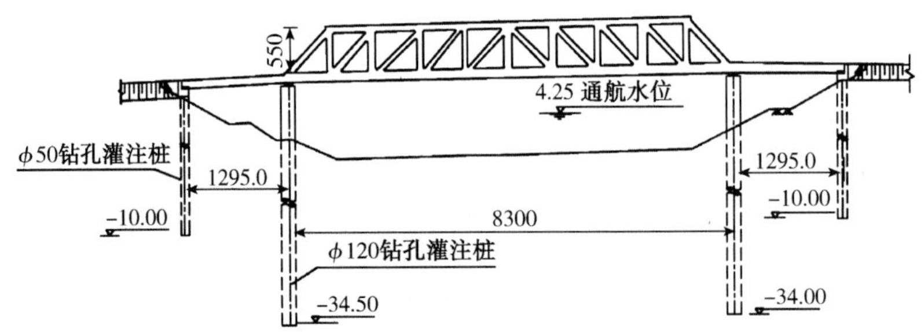


图2 钱塘江桥立面图(尺寸单位：cm；高程单位：m)

(3)贵州江界河大桥。该桥位于当年红军长征强渡乌江的渡口上游，是一座特大跨径的预应力混凝土桁式组合拱桥，主跨为324m。建成后将居于世界桁式桥梁之首，在混凝土拱式桥中仅次于南斯拉夫的克尔克桥，居世界第二位。该桥桥位处均为悬崖峭壁，采用单孔跨越，避免深水墩，经济效益十分显著。孔径布置：18m+25m+20m+324m+30m+20m+12m，全长459m。计算矢跨比为1/6，矢高54m，下弦拱轴线为二次抛物线。设计荷载：汽车−超20级，挂车−120。桥面净宽：净9m+2×1.5m人行道，桥面全宽12.9m。主要工程数量：全桥圬工总数为10877$m^3$(其中上部结构7764$m^3$，下部结构3113$m^3$)，结构用钢994t(其中：上部结构869t，下部结构125t)，施工悬挂需用临时预力应力钢筋200t。上部结构每平方米桥面圬工1.29$m^3$，钢筋115kg，全桥每平方米桥面圬工1.8$m^3$，钢筋166kg。主体工程概算总额为1089万元，每平方米造价1815元。较之墩顶断开的普通桁架拱桥，其恒载引起的拱脚负弯矩可减少50%，拱脚推力可减少20%~30%，上弦根部拉力可减少80%。

该桥设计采用平面杆系有限单元法计算结构的恒载及活载内力；用内力叠加法进行结构的阶段施工内力计算。对上弦和斜杆按部分预应力混凝土构件进行正常使用极限状态及承载能力极限状态计算。用SAP-5程序和DDJ-W程序对桥梁按空间组合结构造进行静力、动力和抗震计算。该桥桁拱片为两片，中距为7m，其上下弦在两桁片间加盖了顶底板，组成三室单箱断面。

施工工艺设计及实施要点：下部构造采用明挖基础、现浇桥台及拱座，50 多米高的墩上立柱，系箱形截面，采用提升模板现浇，上部构造采用无支架施工，两岸边孔为直接吊装，主孔采用桁架伸臂拼装，预制场布置在两岸引道上，全桥共分 14 段，山两岸桥墩向跨中逐段安装至全桥合龙。

（4）湖北黄陵矶桥（图 3）。建于 1979 年，该桥为桁架悬臂静定 T 形刚构桥，桥面宽度为净 7m+2×0.75m，主孔 90m 由两个悬臂加挂孔形成，臂长 37m，挂孔 16m，沉井基础，箱式墩，横桥向由两片桁架组成，其上为 C40 预应力混凝土空心板简支桥面，用横向预应力钢束与桁架构成整体。桁架节点间横向以拉杆剪刀撑相连，顺桥向上弦纵向联结即为桥面板。下弦无纵向联系。主桁用 C50 混凝土。悬臂根高 9.05m，端高 1.3m，纵向上弦为 70cm×120cm 等截面，下弦曲线为等宽度，高由 60cm×120cm 变至 24cm×120cm。上弦竖杆受拉配置预应力钢筋，下弦及斜杆受压配置普通钢筋。计算时按铰接进行笔算，并按刚性节点进行电算，两种方法计算出的杆轴力相差甚小。按静定柔度矩阵分析各施工阶段的垂直位移，预拱度为 6.5cm，考虑了腹杆的剪切变形。荷载试验表明桁架 T 构桥刚度足够大，明槽穿丝方便，悬臂施工法速度快。

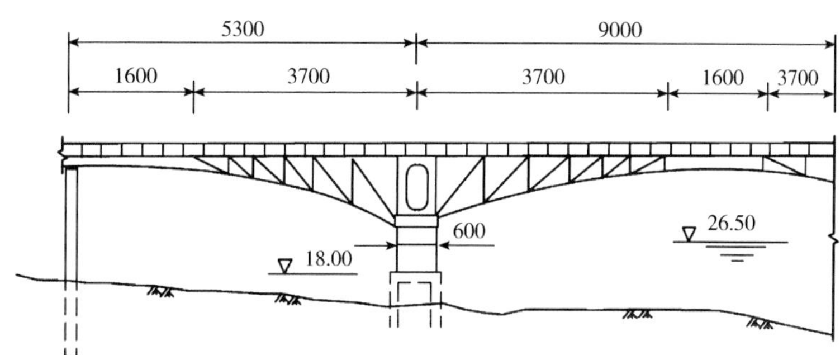


图 3　黄陵矶桥（尺寸单位：cm；高程单位：m）

## 5　结语

综上所述，我国桁架桥的发展趋势主要有以下几个特点：

（1）要求降低恒载，如对于桁架拱桥中要充分发挥拱上建筑的联合作用，使下弦杆的负担大为减轻，从而可以大幅度减小拱圈高度，减少工程数量和结构自重，另一方面提高材料强度，如混凝土提高到 60~70MPa。

（2）要求各杆件充分发挥承受荷载的作用。

（3）要求活载作用下满足刚度要求。

（4）在构造上力求简单，减轻节段质量，上部构造尽量采用无支架施工，加快施工进度，不影响交通。

（5）要求施工过程中的悬拼稳定工艺安全可靠，尤其在悬拼施工中，结构将产生弹性和非弹性变形，其影响因素十分复杂，要用专门的施工控制程序加以计算控制。

（6）要求建筑高度小，增大桥下净空，减少桥头填土高度。

## 参 考 文 献

[1] 中国土木工程学会桥梁及结构工程学会第八届年会论文集,1988,5.
[2] 中国公路工程桥梁工程学会论文集,1985.
[3] 范立础．桥梁工程（下册）,1987.
[4] 印定安．节段式预应力简支梁桥设计中的几个问题探讨,1986.
[5] 铁路工程建设科技动态报告文集,1987.
[6] 预应力混凝土桥梁,1987.

# 热再生种类与适用病害研究

随着高等级公路里程的增长，沥青路面的再生得到了越来越广泛的认识。通过热再生，沥青的性能得到一定程度的恢复，原有路面材料能够得到重复利用，既提高了道路的技术状况，又降低了对环境的污染，同时大大降低了成本，是一种应用前景广阔的先进的养护技术。

## 1　就地热再生

就地热再生是一种通过再生老化的沥青铺层，从而降低新料的用量并恢复路面性能的现场施工方法（图1）。一般来讲，就地热再生包括以下几个步骤：

(1)通过加热的方式软化沥青面层；

(2)翻松或通过机械移除面层材料；

(3)将旧的面层材料与再生剂、沥青黏结形成新的沥青料混合；

(4)将混合料铺筑于工作面上。

就地热再生的主要目的是校正非结构性的路面病害，如面层剥落、裂缝、车辙、坑槽、推移、垄起等。热再生可通过一步操作或多步操作来完成。一步法指的是旧料与新料混合后一次摊铺成形；多步法指的是再生层之上加铺一层新的磨耗层。

### 1.1　就地热再生的优点

(1)可保持原有高程与净空不变；

(2)良好的经济性；

(3)相对容易的交通控制；

(4)良好的环保性。

这种施工方法还可以用来罩面（处理集料外露）、修复路拱与排水性能、改进集料级配与沥青含量、提高路面抗滑性能。就地热再生的再生深度可达20~50mm，通常为25mm。

实践证明，就地热再生是一种通过重新利用原有材料，对道路进行维护的、经济的养护技术。然而，就地热再生不适用于具有多种混合比设计的道路。三种热再生工艺面层再生、再铺法、复拌，可以用来达到不同的再生效果。面层再生用来校正细微表面裂缝和不规则病害；再铺法用来消除车辙，收缩裂缝和剥落现象；复拌通过添加新集料或热沥青料使道路在更大的深度内得到再生。不管使用哪种工艺，只要能够正确应用，就地热再生均能达到节约成本、消除非结构性面层病害、达到对交通的较小影响和保持路面现有高程的目的。如图1所示。

图　1

### 1.2 质量控制要点

(1)就地热再生适用于处理非结构性、不需要大量添加新料的病害,它不能显著地改变混合料的配合比。对于存在基层结构性病害、不规则修补或需要较大程度地改善排水、级配的铺层,不适用就地热再生工艺。

(2)试验数据表明,就地热再生后,再生层硬度会增加,针入度指标降低,证明材料相对变硬变脆。车辙试验表明,就地热再生后,再生层硬度指标比传统的加铺方法有所增加,抗车辙能力增强。再生混合料中原有材料比例过高时,再生后易出现反射裂缝。当使用就地热再生方法处理裂缝时,建议降低原有材料的比例并使用低黏度沥青黏结剂。

(3)再生剂的添加受限于旧沥青的孔隙率。当旧沥青的孔隙率很小,在搅拌不充分的情况下,混合料不能够容纳再生或软化旧沥青料中的黏结剂所必需的再生时,则需要加入新集料或新的沥青混合料。新集料或新沥青混合料的选择与添加量应通过 Marshall 混合比设计方法确定。如果为达到要求黏度所需添加的再生剂过多(超过混合料重量的 1%),不宜采用就地热再生。

(4)就地热再生前,应对要再生的铺层上不同于原结构的补丁、裂缝等进行处理,确保再生配合比,添加再生剂时,再生剂应均匀添加、充分搅拌。

(5)再生剂不仅应含有降沥青黏度的软沥青质成分,还应确保能够形成稳定的高分子浓溶液,使加入的油分能够稳定地存在于再生混合料中,确保沥青再生的效果。乳化沥青不宜直接用作再生剂。

(6)虽然就地热再生设备的加热方式不同,但热效率受环境温度、风速、路面温度等影响较大,应结合施工时的具体条件进行及时调整,以确保对路面的加热效果。

### 1.3 适用范围

就地热再生可用来处理表面病害、波浪、表面车辙、纵向裂缝和滑移裂缝。它适用于面层松散、泛油、打滑、波浪、较陡的车辙、纵缝(上面层)、滑移裂缝(处理至滑移层以下)、纵向接缝(上面层)以及行驶质量差的情况,如平整度低、沉降、起拱等。对于波浪及比较浅的车辙、路基引起的沉降以及起拱,如果不进行较彻底的处理,就地热再生只能起到临时修复的作用。

当道路交通量大、交通控制困难,需要在短时间内修复面层病害时,就地热再生工艺具有明显的优势。

## 2 厂拌热再生

厂拌热再生技术是指先将旧沥青路面铣刨后运回工厂,通过破碎、筛分(必要时),并根据旧料中沥青含量、沥青老化程度、碎石级配等指标,掺入一定数量的新集料、沥青和再生剂(必要时)进行拌和,使混合料达到规范规定的各项指标,按照与新建沥青路面完全相同的方法重新铺筑。通过回收沥青料生产传统意义上的再生拌和料是最为普遍的沥青再生方式,并且被认为是标准的施工工艺。

### 2.1 厂拌热再生的优点

大量的技术数据表明,按标准程序生产的厂拌再生料在抗车辙、剥落、风化和疲劳裂缝方面与传统的沥青料有相同的质量与结构性能。一般来讲，厂拌再生料与传统的沥青料相比，在抗老化与抗水损害方面具有更优的性能。在厚度不变的情况下，厂拌热再生可以显著提高路面的结构性能，矫正面层和基层病害。

## 2.2　质量控制要点

（1）由于受厂拌设备的加热能力与气体碳氢化合物排放量的限制，一般来讲，在间歇式拌和设备中，回收吹切沥青料在再生料中的比例不能超过50%。在撞筒式拌和设备中，这一比例可达到60%～70%。基于微波技术的特殊拌和设备可以降低气体排放物的数量，从而大大提高了回收沥青料的比例（甚至可以达到100%），但加热成本比传统的再生设备大大提高。

（2）回收沥青料在进行热拌和前必须处理成颗粒状材料。典型的回收沥青料处理设备由破碎、筛分、传输和存储等装置组成。厂拌再生中所使用的回收沥青料，应含尽可能多的粗集料和尽量少的细集料。破碎过程应尽量不破坏粗集料，避免产生大量的细集料。

（3）不同料源的回收沥青料应分别存放，以免相互混合，影响到试验数据的准确性和再生混合料的质量。

（4）回收沥青料应尽可能采用圆锥形料堆储存，高度不要过高（小于3m），以免材料结块。

（5）回收沥青料堆可采用敞篷覆盖的方式存放，储存时间应尽可能短，以免含水率过高。

（6）当使用间歇式厂拌再生设备时，应适当延长新料与旧料的拌和时间，以确保新旧沥青的混合和沥青在集料间均匀分布。《公路沥青路面养护技术规范》（JTJ 073.2—2001）规定，旧料与新集料应干拌15s，加入新沥青后再拌和30～45s。

# 3　适用范围

同就地热再生相比，厂拌热再生可以适用于更多的情况。它可以用来处理面层病害、变形、荷载或非荷载因素引起的裂缝以及原有的补丁。除了可以用就地热再生处理的路面病害外，厂拌热再生可应用于较深的车辙、龟裂、啃边、横缝、收缩裂缝、反射裂缝以及较深的坑槽补丁等。与就地热再生类似，当沉降与起拱是由于路基的原因引起时，厂拌热再生只能起到临时修复的作用。

# 高速公路绿化带减噪效果的研究

**摘　要**:本文介绍了噪声污染对生活环境的严重影响,提出了公路绿化对控制噪声的重要作用,同时就京福高速公路(山东段)的中央分隔带、空闲地、互通匝道、服务区等不同绿化模式的减噪效果进行了测定和分析,优选出减噪效果最佳的绿化模式。

**关键词**:高速公路　绿化减噪

随着社会经济的不断发展,人们对交通运输方面的要求越来越高,快捷、舒适、安全正成为人们出行追求的目标。高速公路建设飞速发展,顺应了时代发展的潮流。但在给人们带来方便、快捷的同时,车辆产生的噪声也对沿线居民的日常生活产生了很大的影响。

噪声污染早已成为城市环境的一大公害。国外早就出现"噪声病"一词,世界卫生组织最近进行的全球噪声污染调查认为,噪声污染已经成为影响人们身体健康和生活质量的严重问题。

在城市中,噪声可谓无孔不入。近年来,城市机动车辆的剧增已成为城市的主要噪声源。来自机动车、飞机、火车等交通工具的噪声是流动的,干扰范围大。而建筑施工现场的噪声污染相对"静止",但噪声的强度和持续性令人难以忍受。建筑施工现场的噪声一般在90分贝以上,最高达到130分贝。与交通噪声和建筑施工噪声相比,来自于室内的生活噪声往往容易被忽略。家庭中的电视机风扇、电脑、洗衣机所产生的噪声可达到50~70分贝,电冰箱为34~45分贝。

世界卫生组织研究表明,当室内的持续噪声污染超过30分贝时,人的正常睡眠就会受到干扰。而持续生活在70分贝以上的噪声环境中,人的听力及身体健康都会受到影响。

噪声对人体健康的危害是多方面的。容易受到关注的是对听力的损害,引起耳部不适如耳鸣耳痛和听力下降,若在80分贝以上的噪声环境中生活造成耳聋者可达50%。

除此之外,噪声还可损伤心血管、神经系统等。长期在噪声中,特别是夜间噪声中生活的冠心病患者,心肌梗塞的发病率会增加。噪声还可导致女性生理机能紊乱、月经失调、流产率增加等。噪声的心理效应多反映在噪声影响人的休息、睡眠和工作从而使人感到烦躁萎靡不振,影响工作效率。

对于正处于生长发育阶段的婴幼儿来说,噪声危害尤其明显,经常处在嘈杂环境中的婴儿不仅听力受到损伤,智力发展也会受到影响。

噪声会严重影响听觉器官,甚至使人丧失听力。然而,耳朵与眼睛之间有着微妙的内在"联系",当噪声作用于听觉器官时,也会通过神经系统的作用而"波及"视觉器官,使人的视力减弱。

研究指出,噪声能使人眼对光亮度的敏感性降低。有人做过试验,当噪声强度在90分贝时,视网膜中的视杆细胞区别光亮度的敏感性开始下降,识别弱光反应的时间也延长,当噪声在 95 分贝时,有 2/5 的人瞳孔放大。当噪声达到 115 分贝时，眼睛对光亮度的适应性降低 20% 。噪声还能使视力清晰度的稳定性下降，比如噪声在 70 分贝时,视力清晰度恢复到稳定状态时需要 20 分钟,而噪声在 85 分贝时至少需要一个小时恢复。

另外,噪声可使眼睛对运动物体的对称性平衡反应失灵。科学研究发现,噪声可刺激神经系统,使之产生抑制。长期在噪声环境下工作的人,还会引起神经衰弱症群(如头痛、头晕耳鸣记忆力衰退、视力降低等),比如在乘务员中对运动物体的对称平衡反应敏感者少,迟钝者增多。

再者噪声还可使色觉、色视野发生异常。调查发现在接触稳态噪声的 80 名工人中出现红、绿、白三色视野缩小者竟高达 80%,比对照组增加 85%。

噪声对视力的影响在日常生活中随处可见,且大部分人都有亲身感受。比如在安静明亮的商店购物时显得愉快和镇静,买东西能做到挑选精细、购买齐全。而在高音喇叭大声播放快节奏的流行音乐(一些所谓的流行音乐只不过是震耳欲聋的强噪声)时,购物往往烦躁不安、眼花缭乱,甚至会胡乱交易。该买的未买,买了的因识别不细也不满意。其中的主要原因就是噪声影响视力造成的。

控制噪声污染需要全社会的努力,高速公路在设计、建设及运营管理中,也一直将控制噪声问题进行重点研究并取得了初步成果。运营管理期的噪声控制有时采用附属设施,如交通干道上设置隔音板,不过这样做即便可以降低底层的噪声,也会将噪声反射到高层,噪声的总量并没有得到减少。所以有效治理噪声污染,首先应在公路上增加绿地绿带以起到隔声的作用。本文对京福高速(山东段)在近期进行的绿化改造中采用的不同绿化模式的减噪效果进行了总结。

## 1　试验方法

### 1.1　中央分隔带

在京福路济南—泰安段上选择有代表性的中央分隔带不同绿化模式,于 2003 年 11 月上旬分快车道前(a)、快车道后(b)、绿化带前(c)、绿化带后(d)4 个部位，噪声计间隔距离均为 30m，使用 Model4110 噪声计从每天上午 9 点到下午 6 点同时进行连续观测。

### 1.2　空闲地

在测定中央分隔带不同绿化模式减噪效果的同时,选择距路面外缘 10m 的空闲地测定其噪声状况,以快车道前、后测定值为对照。

### 1.3　互通匝道

金牛山互通立交桥是京福—京沪高速公路的交会处。在金牛山互通立交桥下绿化区内测定其噪声状况,测定位置距路面远端测定点 10m,路面下 4m,以快车道前、后测定值为对照。

### 1.4　服务区

曲阜南服务区地处鲁南,在服务区绿化带内测定其噪声状况。测定位置距路面远端测定点 10m 以快车道前、后测定值为对照。

## 2 结果与分析

### 2.1 中央分隔带

噪声计能够自动记录、处理测定结果。不同绿化模式在不同部位的测定结果如图 1 所示。

中央分隔带的绿化模式:1 为紫叶李+蜀桧,隔株栽植,株距 10m 平均高为 1.5m。2 为龙柏+月季,龙柏高 1.55m,月季高 0.5m。3 为蜀桧+木槿隔株栽植,株距 0.5m,平均高为 1.58m。

由图 1 可以看出在第 1 种模式中,快车道前后噪声减少 4.8 分贝,3m 的距离噪声降低 5.4%,绿化带前后噪声减少 8.5 分贝,噪声降低 9.8% 。在第 2 种模式中快车道前后噪声减少 4.1 分贝,3 m 的距离噪声降低 4.6%,绿化带前后噪声减少 5.7 分贝,噪声降低 6.4%。在第 3 种模式中,快车道前后噪声减少 4.5 分贝,3m 的距离噪声降低 5.8 %,绿化带前后噪声减少 8.2 分贝,噪声降低 9.9%。

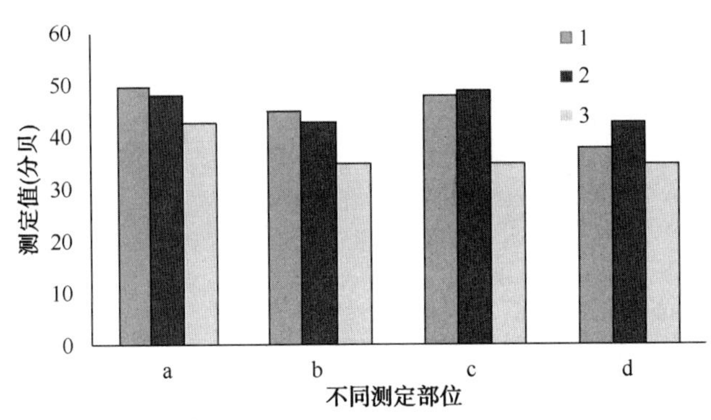


图 1 中央分隔带不同绿化模式减噪效果

从上面结果可知,第 3 种模式的减噪效果最好,第 1 种模式稍差,第 2 种模式的减噪效果最差,而第 1 种模式与第 3 种模式的效果非常接近。这可能是因为第 2 种模式中月季比较矮小,形成的隔音墙墙体薄、强度差,月季叶片表面光滑,吸音效果差等。而紫叶李和木槿的树体较高大,单位土地面积上总的叶面积较大,形成的隔音墙墙体厚实以及叶片被毛易于吸收声音等。

### 2.2 空闲地

空闲地上的植被主要是龙柏和马唐、茅草等杂草,龙柏平均高 10m, 散状栽植, 覆盖度为 0.6 。测定结果如图 2 所示。

P1 为快车道前,P2 为快车道后,P3 为空闲地。由图 2 可以看出,空闲地上的噪声显著降低,与快车道前测定值相比降低 21.5 分贝,与快车道后测定值相比,降低 17.6 分贝。这里既有距离的因素,又有绿化区的效果。

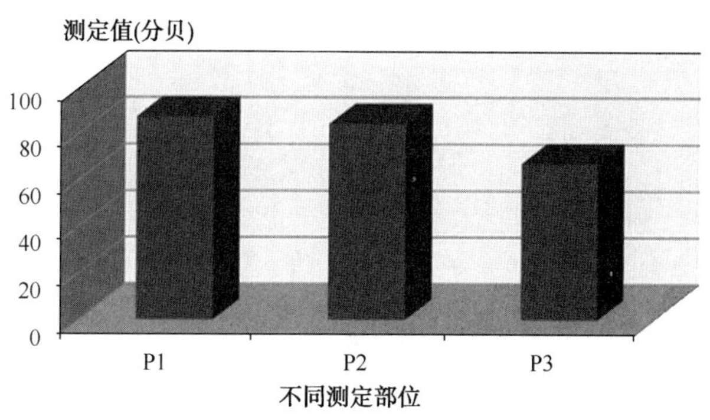


图2　空间地建造效果

## 2.3　互通匝道

互通立交桥下的植被主要有龙柏、紫叶李、蜀桧、木槿、月季等树木还有马尼拉等草坪草。龙柏等平均高1.0~1.5m,呈散状栽植,覆盖度为0.8,测定结果如图3所示。

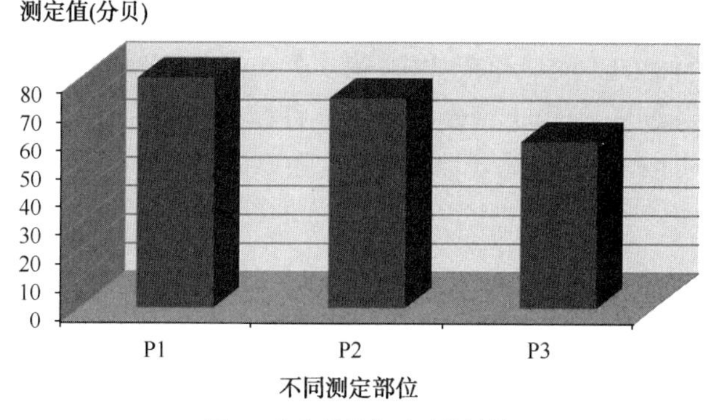


图3　立交桥绿化区减噪效果

P1为快车道前,P2为快车道后,P3为互通立交桥。由图3可以看出互通立交桥的噪声显著降低,与快车道前测定值相比,降低19.5分贝,与快车道后测定值相比,降低14.7分贝,分别降低25%和20%。这里测定的噪声值与前面的相比普遍较低,主要是因为立交桥上行车速度较慢,但绿化区的减噪效果仍是不可忽略的。

## 2.4　服务区

服务区的绿化面积较大,植被主要有柳树、龙柏紫叶李、雪松、蜀桧、木槿、月季等树木,还有马尼拉等草坪草。柳树高6m,龙柏等平均高1.0~1.5m,呈散状栽植,覆盖度为0.7,测定结果如图4所示。

与前面类似,P1为快车道前,P2为快车道后,P3为服务区。由图4可以看出,服务区处的噪声显著降低,与快车道前测定值相比,降低20.6分贝,与快车道后测定值相比,降低15.3分贝,分别降低31%和25%。这里测定的噪声值与前面的相比各个部位都是最低的,主要是因为服务区行车速度更慢,车辆减少而绿化区的面积增大,所以绿化区的减噪效果更好。

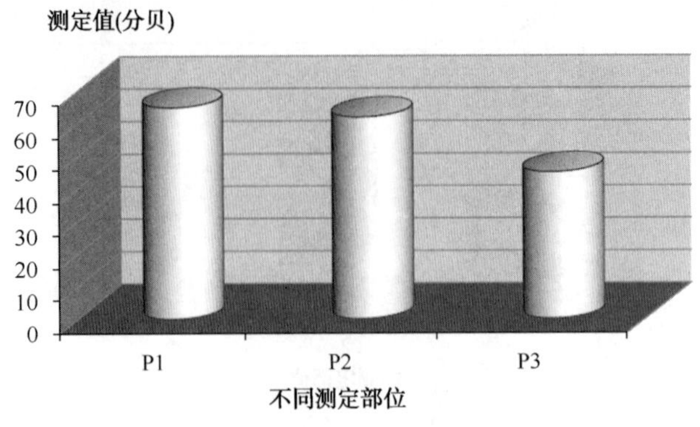


图 4　服务区绿化减噪效果

## 3　结论与讨论

根据在不同位置、不同绿化模式下测定的噪声状况可以看出,任何的绿化模式都能够发挥减噪效果,服务区处测定的噪声值最低,其次是互通立交桥。其后分别是空闲地和高速路面。最大的减噪效果可达 31%(服务区处),最小的也为 4.6%(中央分隔带的绿化模式 2)。

在测定的中央分隔带的不同绿化模式中,第 3 种模式的减噪效果最好,第 1 种模式稍差,第 2 种模式的减噪效果最差,而第 1 种模式与第 3 种模式的效果非常接近。这可能是因为第 2 种模式中月季比较矮小,形成的隔音墙墙体薄、强度差,月季叶片表面光滑吸音效果差等。而紫叶李和木槿的树体较高大,单位土地面积上总的叶面积较大,形成的隔音墙墙体厚实以及叶片被毛,易于吸收声音等。

第 1 种模式与第 3 种模式在快车道后的噪声降低均接近 10%(分别为 9.8%和 9.9%),这是非常重要的。因为,从本次的测定结果看高速公路上的噪声一般在 80 分贝左右。国家规定的城市最高噪声限度为 70 分贝。显然,超过 70 分贝的噪声对人的影响是很大的。所以,在高速公路上通过种植绿化带,能够有效地减弱噪声。

当然仅靠种植绿化带进行减噪还是不够的。近来德国工程师们正在开发“悄声混凝土”,这种混凝土吸收轮胎噪声的性能特别好。

德国的一条高速公路中有约 1km 的路面车辆的噪声明显降低。原因是这一带的高速公路铺的是开孔型沥青。它之所以能降低噪声是因为在公路表面有许多微小的空隙,它们可以“吞食”车轮滚动时发出的声音。

试验表明,使用这种带孔的沥青路面,可以达到大幅降低噪声的效果。但它们也有一个很大的缺点即时间一长,沉甸甸的载重卡车会在路面上压出一道道的轮缘槽。与此相比,混凝土铺成的路面就结实多了。可迄今为止尚无一项混凝土技术可达到类似的降低噪声的效果。

因此,德国联邦交通局科研人员开始寻求新的途径,试图让混凝土也学会“细声细语”。它们利用的原理与开孔型沥青相似,也是微小的空隙。

这种开孔型混凝土是一块由许多相互联结在一起的小石子组成的灰色小方块,在石子与石子之间有许多空隙。之所以形成这些空隙,是因为建筑工人在生产混凝土时去掉了一定的成分。开孔型路面无论是沥青的,还是混凝土的,其作用和原理都是一样的。一方面它们在公路空间起着一种吸音材料的作用,即它们可以吸收声波。用这材料铺成的路面,车轮滚动的噪声,尤其是高频率部分的噪声根本就不会生成。在声学上有所谓的排气效应。即当一只轮胎在路面上滚动时会排挤和路面接触点上的空气,发出声响。假如道路的表面有许多半露出来的空隙那么排气效应就不再发生了。这样也就达到了避免噪声的目的。相反,如果路面铺料非常紧密,就会生成这些噪声。

技术人员利用这种开孔型混凝土,可以减少大约6个分贝的噪声,降幅相当于一半。然而声学专家们之所以青睐混凝土,并不仅是因为混凝土的使用寿命长,而且它降低噪声的效果可能持续时间更长。一般来说,时间一长,路面的空隙会封塞,长久下去,公路上的噪声又会再次加大。就开孔型沥青路面而言,差不多8年后就与普通的沥青路面没什么区别了。

目前,开孔型混凝土路面还不允许使用到高速公路上。技术人员还必须首先在次要公路上进行长期试验,以确保它足够长的使用寿命。但他们对另外一种降噪声混凝土的使用效果已经相当有把握了。那是一种经过特殊处理的水铣混凝土。

具体生成过程是先铺成普通的水铣混凝土,再用刷子刷其表面,将上面的添加物刷掉。经过这般处理后,便会出现一个平整的路面,没有很明显的上下起伏或者是坑坑洼洼。随后,筑路工人再在这样的表面上纵向铣出一道道的细槽。这些沟堑的作用是,车轮滚压过来的时候空气可以流进去。车轮滚走后,又可以再放出来。这样生成噪声的排气效应便有所缓解,这样的路面也就起到了降低噪声的作用。

除此之外,假如能够得到一个很平整的路面,它对轮胎的负荷就小。发现沟堑通风问题,特别是对载重汽车的轮胎来说非常重要。换句话说,就是这种纵向沟堑的筑路方式,对载重汽车运输特别有利。与开孔型混凝土相比,这种混凝土的优势是易于生产,而且成本较低。科研人员计划在试验路段上进行最后的试验,完毕之后便可以实际应用到高速公路上。

# 橡胶制品在桥梁工程中的应用

近几年来橡胶制品在桥梁工程中得到了广泛的应用。我国从20世纪70年代初开始将板式橡胶支座用于桥梁工程上,从而代替了原来的钢制支座。到70年代末又将盆式橡胶支座用于大跨径桥梁上,结束了我国大跨径桥梁一直使用铸造钢支座的历史。随后又将橡胶止水带和橡胶伸缩缝用于桥梁工程上。橡胶制品用于桥梁工程上具有造价低、加工简单、施工方便、工作性能可靠、耐久性能好、运营效益好、易维修等优点。为使橡胶制品更好地在桥梁工程上得到应用,交通运输部对工程用制品制订了"部标",目前上海工程橡胶厂、西安自力橡胶厂和常熟橡胶厂等已能生产标准化系列产品,能够满足各种结构桥梁的要求。

## 1 桥梁板式橡胶支座

板式橡胶支座与钢支座相比具有以下优点:

(1)构造简单,易于制造,造价低,节省钢材。

(2)材料来源充足,易于定型成批生产并逐步向标准化、系列化迈进。

(3)橡胶具有优良的弹性与阻尼性,具有良好的吸振性能,可减少动载对桥跨结构及墩台的冲击,从而改善桥梁的受力情况。

(4)板式橡胶支座在使用期间,养护工作量很少,不像钢支座需要定期除锈、涂漆、加油等维修保养工作。

①建筑高度低,用于中小跨径桥梁上的钢支座高度一般为90~180mm,而相应的板式橡胶支座仅28~56mm。

②橡胶支座对水平推力作用下发生的剪切变形可在水平面内任何方向发生,因而适用范围极广,能适应宽桥、曲线桥、斜交桥。

③橡胶支座工作性能可靠。根据桥梁已经使用十多年的支座进行剖析,以及国外有关试验与实用资料的报道,使用寿命至少可达50年以上,完全有可能达到与建筑物相同寿命。

支座的弹性模量与支座的形状系数S有关,其计算公式为:

$$S=\frac{a\times b}{2(a+b)t}$$

式中:$a$——板式橡胶支座短边尺寸;

$b$——板式橡胶支座长边尺寸;

$t$——中间层橡胶片厚度。

形状系数不同,支座的平均容许承压应力也不同。此外,抗压强度也与利用的加劲钢板厚度有关。加劲钢板越厚,其抗压强度就高,反之则低。各种桥梁因其结构形式不一,所选择的支座形式、规格尺寸也就不同。

板式橡胶支座的安装方法:对于预制梁,将橡胶支座直接旋转在墩台的顶面支撑垫石上,预先应用水平尺平整混凝土表面，然后将预制梁直接安放在支座上。就地浇筑梁的橡胶支座安装也非常简便，仅将支座直接放在墩台盖梁上，但要注意到混凝土的顶面必须保持平整、干燥和清洁。

当桥面有纵坡时，可以调整支座或在梁体上加楔块，以适应纵坡的需要。当梁体纵坡 $i \leq 1\%$时，支座与梁体设有同样纵坡。当梁纵坡 $1\% < i \leq 3\%$时，支座水平设置，在梁体下设楔块调整纵坡。

聚四氟乙烯板式橡胶支座系将一块平面尺寸和板式橡胶支座相同，厚度 1.5.3mm 的聚四氟乙烯板，使用特殊胶黏技术使其与橡胶支座表面黏结在一起形成新的支座。它除了具有板式橡胶支座的优点外，对于支座反力中、小吨位，但水平位移较大的桥梁使用优越性更显著。因而适用于简支但桥面连续的桥梁和连续梁桥等。四氟板式橡胶支座在橡胶内加劲钢板层数与结构上作适当的调整后，还可以作为桥梁顶推施工用的滑块。

圆形橡胶支座系由圆形胶片与圆形钢板经硫化黏合而成的另一种板式支座，主要适用于圆形柱墩的立交桥和其他同样桥墩形式的桥梁。与普通板式橡胶支座的结构原理相同，不同的是形状由原来的矩形改成圆形，它除了具有矩形板式橡胶支座的一些优点外，还具有以下主要特点：

(1)可弹性吸收上部结构的任何方向的变形。

(2)形状为圆形，可有效运用橡胶的同向性。

(3)圆形承压面与矩形相比，没有应力集中现象。

(4)圆形支座在安装时，没有方向性问题。

(5)圆形支座具有剪切变形等向性，因而特别适用于立交桥、斜桥及曲线桥。

## 2　盆式橡胶支座

近年来，随着桥梁技术的发展，新建桥梁的跨径不断增大，设计支座反力愈来愈大，以及柔性墩等新型结构形式的采用，要求支座的允许位移量不断增加，因此，迫切需要一种新型的支座来代替已往的铸钢支座。在国外从 1962 年开始使用盆式橡胶支座，到目前为止已用到了 10000t 左右。我国于 1975 年开始研制盆式橡胶支座，1977 年和 1979 年分别应用于唐山滦河公路桥和柳州红水河铁路斜拉桥。1981 年山东省在济南黄河公路大桥上开始使用盆式橡胶支座，随后又在青岛预应力弯桥和东营钢斜拉桥上使用，效果良好。

盆式橡胶支座一般由上支座板、密封圈、聚四氟乙烯板、中间支座板、橡胶块、钢盆、支座锚栓等组成。目前我国的盆式橡胶支座有交通运输部公路规划设计院设计的 GPZ 系列；铁道部科学研究院设计的 TPZ 系列；上海市政工程研究所设计的 SY-1 系列。这三种系列的盆式橡胶支座各有特色，完全适合于公路、铁路、城市的各种跨径桥梁使用。盆式橡胶支座的基本工作原理是利用被密封在钢盆内的橡胶块，被约束而处于三向应力状态，因而承载力大为提高。同时，在钢盆内的弹性橡胶有类似液体的功能，保证梁可以竖向移动。依靠四氟乙烯板与不锈钢板之间的低摩擦系数($\mu \leq 0.005$)来实现梁的水平位移对于下部结构的水平力将大为减少，这就对桥梁下部结构具有明显的经济效益。

### 2.1　GPZ 系列盆式橡胶支座

GPZ 代号是取“公路盆式支座”公、盆、支三个字汉语拼音的第一个字母。“DX”、“ZX”、

“GD”,分别取“多向”、“纵向”、“固定”的汉语拼音的第一个字母代号按使用地区温度的不同,又分为常温、负温(低温)亦分别用汉语拼音的第一个字母“C”、“F”表示。支座反力的大小则以随设计荷载的能力(kN)作为标记,为便于识别,现举例如下:

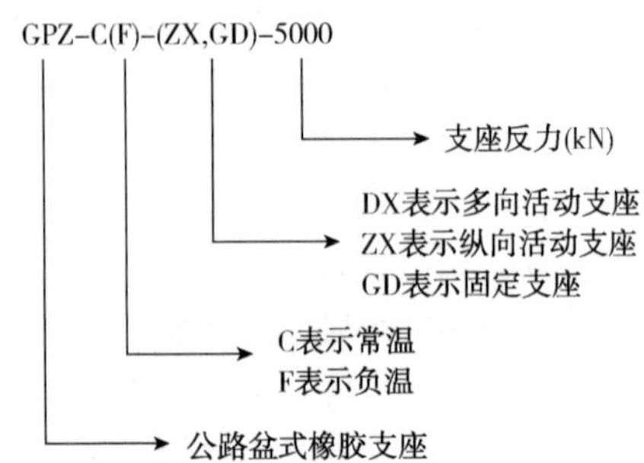


(1)GPZ 系列盆式橡胶支座力学性能

①垂直承载力:GPZ 系列盆式橡胶支座的竖向承载力(即支座反力)分为 21 级:1000~40000kN。

②水平承载力:支座可随的水平力按类型不同而不同。ZX 型(纵向活动支座)的横桥向和 GD 型(固定支座)各向的水平承载力为支座垂直承载力(支座反力)的 10%,其他类型和方向为垂直承载力的 5%。

③转角:GPZ 系列盆式支座容许的转动角度为 40。

④位移量:各型支座容许的最大位移量见表 1。

**各型支座容许的最大位移量** 表 1

| 系列 \ 类型 \ 桥名 | 顺桥向最大位移(mm) | | | 横桥向最大位移量(mm) | | |
|---|---|---|---|---|---|---|
| | DX | ZX | GD | DX | ZX | GD |
| PGZ:1000~1250 | ±40 | ±40 | 0 | ±4 | 0 | 0 |
| PGZ:1500~2000 | ±50 | ±50 | 0 | ±5 | 0 | 0 |
| PGZ:2500~3000 | ±75 | ±75 | 0 | ±7.5 | 0 | 0 |
| PGZ: 3500~5000 | ±100 | ±100 | 0 | ±10 | 0 | 0 |
| PGZ:6000~8500 | ±125 | ±125 | 0 | ±12.5 | 0 | 0 |
| PGZ:10000~12500 | ±150 | ±150 | 0 | ±15 | 0 | 0 |
| PGZ:15000~17500 | ±175 | ±175 | 0 | ±17.5 | 0 | 0 |
| PGZ:20000 | ±200 | ±200 | 0 | ±20 | 0 | 0 |
| PGZ:25000 | ±225 | ±225 | 0 | ±22.5 | 0 | 0 |
| PGZ:30000 | ±250 | ±250 | 0 | ±25 | 0 | 0 |
| PGZ:35000 | ±275 | ±275 | 0 | ±27.5 | 0 | 0 |
| PGZ:40000 | ±300 | ±300 | 0 | ±30 | 0 | 0 |

⑤摩擦系数:$\mu \leqslant 0.05$(常温型),耐寒型 $\mu \leqslant 0.10$。

⑥支座顶:底板与混凝土接触的平均应力不超过 C25 混凝土的容许应力。

⑦适用温度范围:常温型:+60℃~-25℃,耐寒型±61℃~+40℃。

(2)GPZ 系列盆式橡胶支座与桥梁的连接

①电焊连接:在施工桥梁上、下部构造时,在支座位置上预埋比本系列盆式橡胶支座顶板,底板大的钢板,并设有可靠的锚固措施。支座就位生将支座顶板、底板与预埋钢板焊接在

一起。

②地脚螺栓连接:用地脚栓与螺母将支座与桥梁上下部构造连接起来。

(3)GPZ 系列中三种形式的选用

GPZ 系支列盆式橡胶支座分为固定支座(GP)、纵向活动支座(ZX)、多方向活动座(DX)。这三种形式支座各有各的特性。固定支座概念明确,与桥梁结构计算图式中同类支座一样,这种支座的选用不成问题。问题就是活动支座如何选择。选择的主要依据是横向水平力的大小。经过计算后,如果上部构造在支座摩阻力作用下,能保证横向有足够的滑移稳定系数,以选用多方向活动支座为宜。当上述条件不能满足时,选用纵向活动支座也可解决桥梁上部构造的横向滑移问题。公路桥涵设备规范所列的各项荷载,产生作用在桥梁上部构造的横向水平推力项目少,且往往数值不大,因此,活动支座大部分都可选用多方向活动支座。当桥梁位于平曲线上、汽车离心力较大或桥的横向风力过大时,则水平力可能使桥梁上部构造横向滑动稳定不能满足,这时必须选用纵向活动支座。

### 2.2　TPZ 系列盆式橡胶支座

TPZ 系列盆式橡胶支座系根据铁道部科学研究院科研成果研制设计而成,于 1970 年年底经铁道部科学委员会组织全国铁路、公路、城建共计 24 个单位鉴定通过的 900t 和 250t 反力的盆式橡胶支座首先用于广西红水河预应力混凝土铁路斜拉桥,成为当时全国最大吨位的橡胶支座,从 1979 年至今,性能良好。这种系列的盆式橡胶支座适用于铁路、公路桥梁和特种工程。

### 2.3　Sy-1 系列盆式橡胶支座

Sy-1 系列盆式橡胶支座是上海市政工程研究所在原设计的盆式橡胶支座的基础上,参考国内各种盆式橡胶支座的特点和国外先进经验设计而成。1500t 以下的盆式橡胶支座在哈尔滨松花江大桥的南岸引桥上使用,经过荷载试验证明支座性能完全正常。Sy-1 系列盆式橡胶支座适用于城市桥梁、公路及铁路桥梁、跨径越大,Sy-1 系列的优点越显著。与其他系列同类产品相比,它的主要特点有:摩擦系数更低,在下支座板圆筒与底面连接处,设有圆弧过渡,避免了钢盆的应力集中,具有一定的抗震能力,一般可抗震度为 7 级地震。而且,用钢量少,造价低。

## 3　桥梁橡胶伸缩缝

过去我国修建的大部分桥梁都是采用铁皮伸缩缝和钢板伸缩缝,由于这些伸缩缝易损坏且维修不便,因此会直接影响桥梁的使用效果与寿命。橡胶伸缩缝是桥梁伸缩缝的一种较好的形式,它主要利用橡胶的高弹性来适应温度变化时桥梁所产生的伸缩变形,具有防水、防尘、噪声小、质量轻、造价低、安装方便、车辆行驶性能好等优点。

### 3.1　橡胶板式伸缩缝

橡胶板式伸缩缝是由上海市政工程研究所研制而成,1984 年初开始由上海工程橡胶厂生产,并于当年在山东省青岛市杭州路立交桥上首次使用,1986 年 10 月在上海通过了技术鉴定。橡胶板式伸缩缝由耐老化性能优良的橡胶与加强钢板组合而成,是一种刚柔结合的装置。能承受各种车辆荷载,有一定的垂直刚度,桥梁因温度变化所引起的伸缩依靠橡胶剪切和拉压变形来适应。

3.1.1 橡胶板式伸缩缝的优缺点

(1)车辆行驶性好,它由钢板做骨架,施工后接缝平整美观,有良好的呼吸作用与变形适应性。

(2)耐久性较好,橡胶材料采用耐老化的合成橡胶,其耐磨性好,故使用寿命长。

(3)防水、防尘性能较好,螺栓孔内灌注密封胶、螺栓外涂防蚀脂,每段橡胶板并接时由企口形连接并涂密封胶,从而使结构不漏水,并可防水防尘。

(4)结构简单,经济价廉,如100型橡胶板伸缩缝与相应的钢板梳形伸缩缝的价格比是1∶2。

(5)施工安装、维修养护、更换均方便。在正常行驶情况下,对橡胶板伸缩缝两端所作用的水平冲击力较小,安装时在主梁端只需预留较小的空间和钢筋或铜板,该伸缩缝的预埋件均在桥面铺装层内完,安装比较方便。在运营过程中,可在不影响通车的情况下进行局部调换。

(6)适用面广,易于系列化,这种伸缩缝也能用于斜桥和弯桥。我国的桥梁一半以中小跨径居多,梁的伸缩量大多在10~30mm范围,因此橡胶板式伸缩缝十分适用。

(7)安全度:30mm伸缩量的产品经实测,在设计荷载下的最大伸缩量达40mm,60mm伸缩量的产品经实测,在设计荷载下最大伸缩量达76mm,有一定安全度。但是,当伸缩缝达到设计拉伸值时,它对桥台产生6kN/m的线分布拉力。

橡胶板式伸缩缝的薄弱环节是螺栓连接件的损坏,主要原因是达到伸缩量时螺栓受力过大,其次安装不良或螺帽、螺栓的锈蚀而造成破坏。

3.1.2 橡胶板式伸缩缝的安装施工

伸缩缝的安装是施工中一个重要的问题,施工安装的好坏,直接影响其耐久性、平整性及不透水,绝不能草草了事,导致伸缩缝过早破坏,影响车辆行驶性,后患无穷。因此必须精心施工,以保证其良好的性能。橡胶板式伸缩缝的安装,主要是利用预埋在桥面铺装中的螺栓把橡胶板式伸缩缝锚在上部梁体上或桥面上,并在板式伸缩缝的两边各设30cm的钢筋混凝土作过渡段。安装工艺主要有在过渡段中布置钢筋网架设槽钢或碾压后锯缝等多种方法。伸缩缝的安装在一般情况下不需要预压缩,只是在夏天施工时才有必要进行预压缩。在施工时要特别注意伸缩缝底面混凝土的平整段,安装后的板式伸缩缝应比桥面高出2mm左右。图1为青岛铁港立交桥曾采用的方法。

## 3.2 空心板型橡胶伸缩缝

空心板型橡胶伸缩缝装置,适合于中小跨径的桥梁,构造简单、伸缩性好、防水防尘、经久耐用。如果安装得当,其效果还是比较好的。这种形式的伸缩缝主要是利用一条富有弹性、抗老化性能较好的橡胶条,嵌在型钢制成的槽,使橡胶条在气温升降变化时,始终保持受压状态,并在型钢与橡胶接触面上用胶黏剂胶结。橡胶条根据伸缩虽不同的需要做成二孔或三孔的形式,橡胶条中孔上部胶层较厚,下部较薄,使用橡胶条受压时不会产生向上拱起现象。甲种一般适用于10~40m跨径,仰缩量为10~30mm的桥梁。乙种一般适用于40~60m跨径,伸缩量为40~60mm的桥梁。

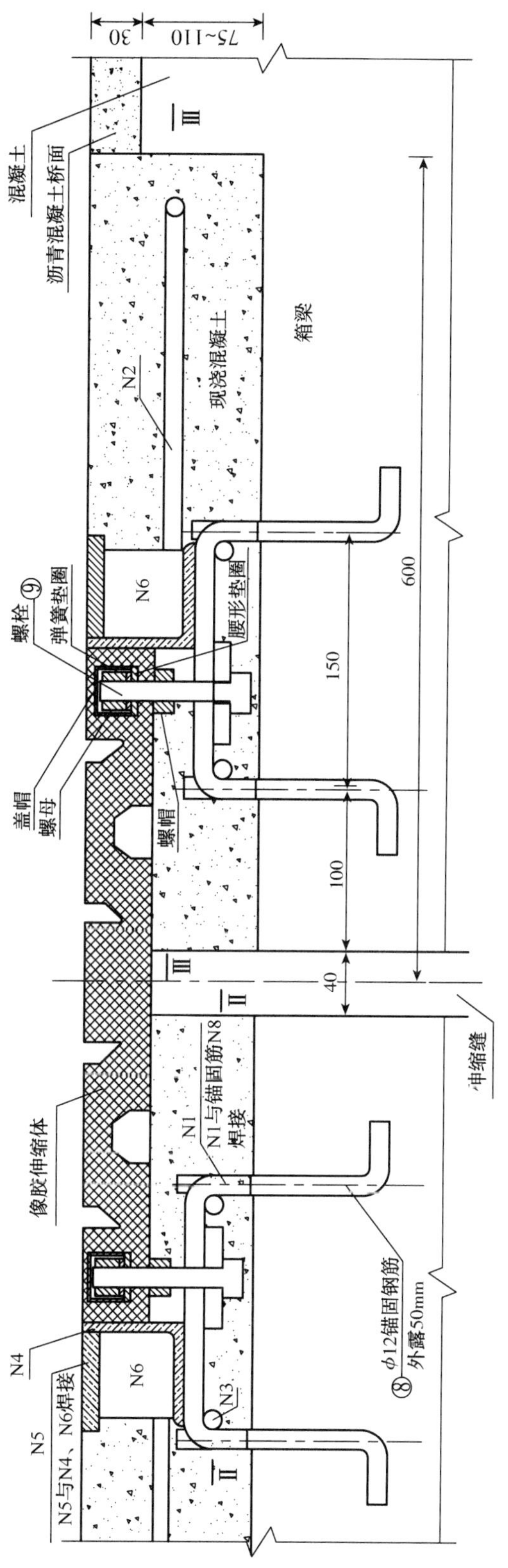


图1 青岛市港铁立交桥伸缩缝载面图(尺寸单位：mm)

## 3.3 其他类型的伸缩缝

3.3.1 M形橡胶伸缩缝

这种伸缩缝装置由M型橡胶条和定位性钢构件组成,其伸缩量为3~4cm,使用效果的好坏主要是定位型钢的尺寸和位置的确定。

3.3.2 管形橡胶伸缩缝

管形橡胶伸缩缝装置由管状橡胶条和定位角钢、扁钢和紧固螺栓等钢构件组合而成。其伸缩量为1~3cm,依靠橡胶条的管状部分的拉伸、压缩来适应梁因气温变化而引起的伸缩,主要用于小跨径桥梁。

3.3.3 Ω形橡胶仰缩缝

Ω形橡胶伸缩缝主要是一条Ω形橡胶条,依靠其拱形部分的伸缩来适应桥梁因气温变化而引起的缩短和伸长,最好在年平均气温条件下安装,在高于或低于年平均气温时安装,则需要进行预压或拉伸,伸缩量13cm,也可运用于小跨径桥梁。

### 参考文献

[1]《中国公路工程》1980年第一期,国内桥梁橡胶支座,伸缩缝的发展概况及其一般性能.

[2]《四氟板式橡胶支座研究报告》——上海市政工程研究所桥梁室1980年12月.

[3]《聚四氟乙烯与盆式橡胶组合文座的试验研究》——铁道部科学研究院铁建所桥科学研究院.

[4]《PZ系列盆式橡胶文应介绍》一交通部公路规划设计院、PZ盆式支座设计1986年8月.

[5]《PZ系列盆式橡胶支应》、《TPZ系列盆式橡胶支座》、《SY-1系列盆式橡胶支座》——交通部新津筑路机械厂.

[6]《橡胶伸缩缝在桥梁上的应用》上海市城建局科技情报站“城建技术通讯”1979年3月.

[7]《工程橡胶制品应用参考》——上海工程橡胶厂.

# 天然岩沥青在京福高速公路维修中的应用

2005 年 6 月，京福高速公路济南至泰安段 K133 ~ K136 大上坡路段修筑了青川天然岩沥青改性沥青试验路段，并进行了长期观测，效果较好。在此基础上，2006 年，京福高速济南至枣庄段路面约 $380m^2$ 的维修工程，新建项目菏泽至关庄高速公路约 160 万 $m^2$ 路面也应用青川岩沥青进行了铺设。

京福高速公路试验维修路段是国内具有代表性的、工作条件非常恶劣的路段，此路段夏天持续高温、交通量大、重载车辆较多、连续大上坡，非常容易产生车辙破坏。该路段从竣工通车至今，在近 6 年的时间里，进行过两次大的维修。维修中，我们使用了 SBS 改性沥青和天然岩沥青改性沥青等材料，通过这些材料的使用效果对比，我们发现天然岩沥青改性沥青混合料在抗高温、抗车辙能力等方面有着突出的作用。

## 1　项目概况

京福高速公路泰安—济南段全长 57. 8km，双向六车道，是国道主干线京福高速公路与京沪高速公路在山东境内的重合段，设计轴次为 20. 13×106 轴次。泰济南段 1999 年 10 月建成通车，是山东省高速公路交通量最大的路段，日交通量达 40000 辆，重载车辆比例高达 51%。泰济南段为山岭重丘区，路线坡度较大、坡长较长。此段路面原结构层设计厚度为 77cm，上面层按照 SUPERPAVE 方法进行设计，为 4cmAK－16AB，中面层为 5cmAC-20I，下面层为 6cmAC-30I，基层为 28cm 水泥稳定碎石，底基层为 34cm 石灰土。

通车后，泰济南段许多上坡路段出现严重的高温车辙变形，尤其是济南境内 K132+900 ~ K 138+710 大上坡路段车辙较为严重。2002 ~ 2005 年，针对该路段出现的车辙病害，我们对其进行了两次大的维修。

## 2　采用 SMA 沥青混合料进行处理路面病害

京福高速公路通车后，随着重载车辆的急剧增加，济南境内大上坡路段路面出现严重车辙。据调查，到 2002 年 7 月（通车不足 2 年的时间），该路段路面平均车辙深度达 32mm，整个沥青路面发生变形，K134+000 ~ K134+650 和 K135+180 ~ K136+220 两处严重路段深度达到 50mm 以上，部分位置最大车辙深度达到 71mm，且推拥、波浪现象严重。

从病害调查结果来看，尽管此路段沥青混凝土三层都采用了 AH-70 重交通道路沥青，没有采用改性沥青，但在重载交通作用下，表面层的流动变形并不大，变形最严重的位置发生在下面层。级配试验表明，下面层混合料中粗集料已经很少，且粗集料在同一断面上出现横向蠕动等情况。经各层混合料抽提筛分及空隙率测定，三层的空隙率已小于原结构层设计空隙率。为了对此路段车辙进行彻底维修，原沥青混凝土面层全部铣除，三层沥青混凝土路面全部采用 SMA 混合料，其路面结构设计为：4cm 厚 AK-16AB 上面层、5cm 厚 SMA-19 中面层、6cm 厚 SMA-19 下面层，各层沥青均采用青岛埃尔夫 SBS 改性沥青。

此次维修中使用了沥青玛蹄脂碎石混合料（SMA），这种混合料的特点是粗集料多、矿粉多、沥青用量多、细集料少、骨架结构紧密，克服了以前普通沥青路面耐久性差的缺点，提高了此段路面抗高温车辙的能力,延缓了路面车辙、推拥等病害的形成。

## 3 采用岩沥青改性沥青混合料处理路面

在应用SMA混合料处理路面车辙的当年,山东出现连续高温天气,修补过的路面很快又出现了车辙病害。通过追踪观测,到2005年6月,此路段平均车辙深度为22mm,K135+500~K135+900路段最大车辙深度为60mm。在上坡路段,尤其是接近坡顶近1km长度上,车辙病害相当严重。运行期间,有些车辙深度在40~50mm之间,个别地方甚至出现60mm左右的车辙,路面局部还出现了严重推移、波浪现象。通过钻取芯样观察发现,沥青混合料路面出现车辙变形主要集中于中下面层。弯沉检测发现,由于面层出现病害,路面强度也随之降低,基层也产生松散、沉陷、纵向裂缝等严重病害。

基于此种情况,在山东省交通科研所岩沥青改性沥青性能研究的基础上,充分考虑岩沥青软化点高、耐高温性能强、抵抗变形能力优、高温稳定性好等特点,我们决定采用青川天然岩沥青改性沥青处理该路段。采取的维修方案是基层产生病害的路段全部铣刨,采用沥青碎石柔性基层代替原半刚性基层;完整基层路段保留原有半刚性基层;三层沥青混合路面全部采用岩沥青改性沥青,其中岩沥青改性剂添加量为7%,基质沥青为加德士-70A级沥青,沥青混合料结构设计为SUPERPAVE设计。维修路段从坡脚K133处西侧南行段开始,一直到接近坡顶K136+150处。与此同时,在东侧北行方向K137~K136缓坡段,也修筑了岩沥青试验路段。为了与聚合物类改性沥青混合料性能对比,其他路段结构形式不变,沥青种类为SBS改性沥青。此次维修时间选在2005年6月初,由于该路段交通量大,无法继续封闭交通进行施工,铺筑完成后马上开放交通。

经过2005年夏季与冬季连续运行后,我们对维修的路段进行了严密的跟踪观测。2005年12月和2006年3月,我们分别进行了两次现场观测,目前该工作仍在继续进行中。在观测过程中,我们发现,岩沥青改性沥青路段与SBS改性沥青路段相比,路面均出现变形,尤其在坡顶阶段。在岩沥青与SBS沥青接头处,车辙深度出现明显变化,弯沉检测则没有出现明显变化,这说明路面结构强度并没有出现大的变化。取芯观察发现,采用岩沥青改性沥青的路段,沥青混合料路面变形主要出现于上面层。相应观测数据见表1。

现场车辙测试数据 表1

| 时间 | 2005年12月 | | 2006年3月 | | 2006年3月 | |
|---|---|---|---|---|---|---|
| 比较项目 | 平均车辙深度(mm)(上坡) | | 最大车辙深度(mm)(西侧) | | 最大车辙深度(mm)(东侧) | |
| | 岩沥青 | SBS沥青 | 岩沥青 | SBS沥青 | 岩沥青 | SBS沥青 |
| | 1.86 | 1.28 | 12.1 | 21.1 | 5.1 | 11.2 |
| | 1.55 | 1.08 | 10.2 | 24.2 | | |
| | 0.94 | 0.84 | 14.6 | 20.4 | | |

从以上检测数据看,虽然天然岩沥青使用在最不利路段,但其表现出了较强抗车辙的能力,这说明其在高温稳定性等方面的性能是优于SBS改性沥青。

# 自然与人文融为一体

山东省高速公路已建成 2411km，到 2008 年可实现 3800 多公里，届时将形成全省县县通高速的高速公路网。前几年由于山东省高速公路建设任务繁重，高速公路的环保生态配套建设没有同步跟上，尤其是高速公路的生态环境恢复和绿化美化方面相对滞后。国务院关于建设绿色通道的通知下发后，山东省政府和交通厅十分重视，要求用 3~5 年时间将全省高速公路全部建成绿色通道，并确定从去年到今年首先将京福（山东段上京沪（山东段）、济青—济聊高速公路列入重点，形成山东省南北贯通东西横跨的十字架形绿色通道骨架。山东抓住了这一有利时机，投入两亿多元资金，加紧建设山东高速绿色通道。

## 1　山东省高速公路绿化模式的构思

在研究确定高速公路绿化模式时，山东省学习借鉴了有关省市的成功经验，对省内的绿化现状进行了充分的调查分析，提出了初步规划方案，经专家多次论证和修改，形成了山东高速公路绿化的模式。

首先是厘清思路，树立正确的理念。这就是围绕"还账提升、满足功能、结合特点、营造创新、整体效果"的大思路，树立一个体现以人和车为本的服务思想，实现车在绿中行，人在画中游，绿在路中，路在绿中的"人、车、路、绿色、调和"的理念。

第二，结合实际，营造山东高速公路绿化特色。结合实际，就是一要立足省情，充分考虑山东省地理气候、自然条件、历史人文背景以及树种资源；二要针对高速公路绿化具有长距离内的点面相连、平视角下的动静态并存，大空间里的立体面交叉的物景特点。营造特色，就是要突破过去的常规模式，立足营造创新，在营造中求变，在变中出新，为此提出了"因地制宜、适地适树整体绿化、分类实施、常青为主、间栽花灌、适量雕砌、突现人文"。实现四季常青、三季有花、景观丰富、齐鲁风情的新环境，体现出不是江南、胜似江南的山东高速公路绿化特色。

第三，绿化模式的具体体现需要编制科学的规划设计方案。山东省统一制订了全省绿色通道建设整体规划方案。一是坚持"三性"：全面性——不是一条路而是全省高速公路，不只是路线绿化，还包括广告、灯光等景观在内的全方位规划；科学性——方案应符合实际，突出山东高速公路绿化特色，达到交通功能性、景观舒适性、生态适应性、经济效益性相统一；功能性——不但要满足交通安全功能需要，还应更好地具有为人和车服务的功能。二是坚持高起点、高标准。规划设计采用大手笔、大线条、大色块，要有颜色变换感、部位层次感和层面立体感，力争一步到位，一次成功，不低于周边兄弟省市的标准，做到领导、群众、社会三满意。三是处理好几个关系：①建设期和运营管理期的关系。高速公路绿化作为公路建设的一项重要内容，应纳入公路发展的统一规划。今后在新建、改建高速公路时，按照同步规划、设计、施工的原则，使绿化工作一步到位，避免先期不足。运营管理期做好管护，巩固成果，并不断改进提高高速公路沿线的景观生态环境及功能绿化效果。②规划和实施的关系。好的规划设计是绿化成功的一半，山东省坚持先规划设计、后实施，在实施中不断微调完善方案，使其更科学,进一步提高效果。③数量和质量的关系。整体全方位绿化就要小间距,多栽树,广覆盖,形成线和面都饱满的大绿量,但保证不了质量就不能巩固数量,实现绿化效果。设计方案围绕保质量在树种选择、挖坑换土、浇水抗旱、支撑防风等主要环节都做了具体规定。④重点和一般的关系。对全国交通主干道和山东省内的经济、旅游交通干线,以及靠近大城市、旅游城市、收费站、服务区的重点路段要提高绿化档次,重点规划,加大投入,在搞好生态功能绿化的同时,突出景观效果,⑤绿化与效益的关系。高速公路绿化工作在突出社会效益的同时,还应结合实际情况考虑经济效益。方案既要考虑先期投入成本,又要考虑后期管养费用。其次要通过以圃代林、以绿养绿的形式,增加绿化经济收益,同时依靠科技进步,减少绿化管养成本。另外还要将绿化长期效益与短期效益相结合,促进持续发展。⑥路内与路外的关系。隔离栅外的绿化也是高速公路绿色通道建设的一个重要组成部分,这一部分建设不好,就实现不了整体效果。解决的途径是紧紧依靠当地政府,充分发动沿线群众,按规划同步进行建设,今年山东省几条重点高速公路路外由当地政府全部按 50~100m 的宽度栽植了常绿和速生树相结合的绿化带。

## 2 山东高速公路绿化的具体做法

具体做法以保护路基边坡,恢复生态环境,减少水土流失,丰富公路景观为主要功能,以生态防护为目的,兼顾美化环境。主要采取土质边坡栽植耐旱、耐高温的草本植物(如狗牙根、结缕草、野牛草等)与当地适应性强的低矮灌木(如紫穗槐、连翘、沙地柏等)相结合,起到较好的固坡作用。边坡栽植采用常春藤等攀缘植物,以期快速覆盖坡面,减少水土流失。如图 1 所示。

a) b)

图 1

挖方路段的石质边坡是绿化、美化工程的难点,主要采用三种营造形式。一是沿碎落台砌花槽。花槽共采用 8 种造型,内栽常绿树、花灌木形成立体绿化以减少构造物的压迫感和粗糙感,靠坡脚栽植攀爬植物,覆盖坡茵,增加绿量,路堑顶部栽植根系发达的花灌植物,以减少水土流失,并与原有山体环境达成一致。二是对少量攀爬植物难以覆盖的坡面采用客土湿法喷播的先进技术,使裸露山岩快速绿化。三是借用工艺美术手法,在部分高坡面上采用,节省投资成本,提高美化效果。

高填方路段坡脚为解决行车视觉,保证能观赏到绿体,主要种植高大乔木,树种选择与周围环境相协调,低填方路段坡脚则主要以低矮花灌木为主。

边沟外侧与隔离栅的空地绿化,增加常绿植物数量,间植花灌木,使之与周围环境相协调,营造出优美景观,起到较好的生态效益。如图 2 所示。

a)　b)　c)　d)

图　2

中央分隔带是行车过程中视线触及最多的景色,目的是防眩、安全美化,在绿化过程中,注重以下几点:

(1)主体主要栽植 1.8~2m 高的蜀桧、龙柏等常绿植物,满足生物防眩功能,并间植不同颜色的花灌木,附以地被覆盖避免裸露,力争做到三季有花、四季常青。

(2)因中央分隔带为快速动态的景观,种植形式的变换按 10~15km 进行设置。

(3)种植间距根据苗木种类、规格和树冠形状以及雏形变化,以保证防眩效果又使绿体饱满,一般为 4~6m。

(4)处理好绿化和保护路面的关系,中央分隔带的水对路面侵害较大,施工时全部用土工布进行防渗处理,保证路面不受到破坏。

对于互通立交绿化,总体上是以栽植高大常绿乔木为主,乔灌结合,不做或少做草坪突出季相效果和景观效果,力求做到生态性与效益性的有机结合。

地处主要城市和旅游胜地的出入口立交,为突出当地的人文景观和历史内涵,可建设成代表地域特征,又展现高速公路的绿化美化景点。如省会济南市的几个出入口立交,就突出了泉水和垂柳的泉城特色。曲阜市出口结合孔子故地的历史文化背景,栽植了碧桃、李树,寓"桃李满天下"之意。青岛市出口以碧海蓝天,绿树红瓦风格突出海滨旅游城市特色。不属于重要出入口,但场地条件较好的立交匝道,可将绿化、美化与经济林、用材林及苗圃地相结合。在绿化美化立交匝道的同时又能生产大量的可供高速公路使用及对外经营的优质苗木,以绿养绿,提高经济效益。

在取土厂、拌和厂等不适宜绿化的立交匝道,通过开挖整填,形成鱼池、经济林、畜牧养殖相结合的立体生态经济体系,产生了较好的匝道经济效益。

地处丘陵山区的互通立交一般土层薄、水源匮乏、绿化条件较差。借鉴荒山绿化的经验，栽植了抗干旱的常绿树和山果树，形成林果混交，脱离了原来的荒凉景象，呈现出一片“花果山”的优美景观。

服务区和收费站的绿化围绕“以人为本”的服务理念，按照城市园林标准实施，加强美化效果，使整体环境舒适宜人，起到良好的休闲目的。

## 3 高速公路绿化的管护保障措施

俗话说，植树造林是三分栽七分管，这说明后期管护的重要性。事实也证明，提高成活率、确保绿化效果是应切实解决大问题，山东省主要采取如下几条措施：

### 3.1 实行市场化、专业化、群众化相结合的经营管理模式

高速公路绿化管护日常工作量大，难度大。结合养护体制改革，山东省试行了多种形式的管护经营方式，对绿化施工实行招投标制度，引进社会化、专业化的绿化队伍，建立和完善适应市场运作的管理模式，降低施工成本，提高管护质量。同时，积极配合各级政府和群众，搞好用地范围外的绿色通道建设，发动沿线群众建立护林分段责任制，发动收费站、服务区的员工，分片包干，自己动手，美化家园，使绿化工作更具群众性。

### 3.2 加强管理，提高经济效益，充实加大管护资金的投入

抓好绿化管理日常工作，及时对苗木进行补植、修剪，切实做好防治病虫害、浇水、更新、采伐等工作，确保苗木生长旺盛，提高效果，节约资金，降低成本，同时采用以圃代林，加大苗圃建设的投入，提高苗木出圃率，除满足高速公路养护的补栽和新建绿化的需要外，还积极开拓对外销售苗木市场，开辟景观旅游和渔牧养殖业，尽可能增加收入，走“以绿养绿，自我发展”的道路。

### 3.3 依靠科技进步提高管护水平

绿化管护工作，也必须依靠科学技术，在工程施工、选种育苗、栽植管护、植物病虫害等方面加强科研工作，提高技术含量，加快新技术、新材料、新工艺的推广应用，借鉴国内外先进经验和技术，推进科技成果向高速公路绿化实际工作的转化。加强绿化人员的技术培训，适应绿化管护工作的需要。

### 3.4 建立物质装备保障体系

根据山东省干旱缺水的自然特点，水成为苗木成活生长的主要制约因素，加强干旱季的浇水，通过喷施抗旱剂等药剂和采用节水，保水剂等新型保水材料研究，安装节水喷灌，使用循环用水，对生活区、服务区的污水加以净化处理，并用于苗木灌溉，同时尽量配备防火救火、除草灭虫等设施，全面建设管护的物质装备体系。

经过近两年的努力，山东省高速公路绿色通道建设现已初见成效，高速公路的生态环境开始改善和恢复，景观环境有了明显的提高，四季常青，三季有花的景象已经出现，再有 2~3 年，建成路与路旁的自然景观、人文景观融为一体，人、车、路与大自然相协调的生态、旅游、文明大通道的计划完全可以实现。如图 3 所示。

a)

b)

图　3

# 高速公路养护机械设备的现状与发展趋势

**摘　要**:本文对我国高速公路养护机械设备的现状进行了分析,同时对其发展趋势进行了展望,提出了我国高速公路养护机械设备的发展与国际接轨的对策。

**关键词**:高速公路　养护　机械设备

## 1　概述

随着我国高速公路建设事业的飞速发展,高速公路的通车里程不断增加,2000 年已达 16000km,按照我国高速公路发展规划,2010 年将达 36200km,2050 年达 50000km。随着通车里程的增加,高速公路养护的地位日益重要,养护机械发挥着越来越重要的作用。统计资料表明,近几年国产工程机械的市场占有率一直在 65%左右徘徊,1996 年为 65.6%,1997 年为 63.7%,1998 年为 68.3%,1999 年为 65.3%。2000 年为 69.2%;而养护机械设备的形势却不容乐观,在我国目前的高速公路养护机械中,进口机械占了大多数,国产设备还处于初级发展阶段,技术水平较低,需要不断加大科研开发力度,生产出技术水平高、质量好的产品,以适应我国高速公路快速发展的需要。

## 2　我国高速公路养护机械设备的现状

### 2.1　进口设备

在我国目前的高速公路养护机械设备中,进口设备占了大多数。发达国家自 20 世纪 60 年代以来大力修建高速公路,使公路运输率先实现了现代化。为了保持良好的高速公路状况,充分发挥其效能,养护机械设备得到了大力发展,技术水平较高,产品已形成系列,形成了世界范围的产品市场,而且生产养护机械的著名厂商为了在日益激烈的竞争中占据优势,都在不断地推出新机型,淘汰旧产品,技术进步一日千里。

### 2.2　国产设备

2.2.1　概述

我国高速公路养护机械从 20 世纪 70 年代起开始实现自行开发,经过几十年的发展,目前已初步形成规模。但由于起步较晚,发展缓慢,难以满足我国高速公路快速发展的要求,不能与进口产品展开有效的竞争。高速公路养护技术含量高,质量要求严格,工作条件苛刻,为了满足养护工作的需要,高速公路管理、经营单位不得不花费巨额资金大批购置进口设备,国产设备的市场占有率较低。

2.2.2　现状

(1)设计制造水平较低,且存在空白

目前,我国专门生产养护设备的厂家较少,且各自为政,大而全、小而全的模式较多,使有限的资源分散,用于技术开发与创新的资金少,与国外相比差距很大;设备的早期故障率高,平均无故障工作时间短,耐磨件、易损件寿命短,工作可靠性差,维修保养比较困难。如,综合养护车,国内仅有鞍山森远、沈阳北方交通等少数几个厂家生产,而且与国外同类型的产品相比,性能差距较大。

路面再生设备在提高效率、降低成本、环保等方面都有非常重要的意义,在发达国家,路面再生机械发展十分迅速,如日本沥青混合料拌和设备中有一半以上是再生设备。在我国,路面再生设备基本上是空白,亟需加大科研开发的力度,生产出适合我国高速公路实际需要的路面再生设备。

(2)成套性较差

世界发达国家每年都要拨出巨资用于公路的维修,其中20%以上用于购置养护机械设备,所用的设备发展时间长,技术水平高,品种类型齐全,而国产养护设备由于起步晚,发展缓慢,产品功能单一,成套性差,没有形成系列,设备的能力得不到充分利用,综合效率低下,经济效益较差。

(3)大力引进了国外先进技术

进口设备的价格昂贵,资金占用大,有时企业难以承受,而通过引进先进技术,一方面可以在短时期内提高产品质量,提高设备的可靠性,另一方面也大大降低了产品价格,并且可以根据我国高速公路的实际需要加以改进。如徐工集团引进Wirtgen技术生产的2000DC路面冷铣刨机、引进英国ACP公司的技术和关键部件生产的LQC系列沥青混凝土搅拌设备,技术指标接近或达到进口设备的水平,价格比进口设备更有竞争力;重庆迪马公司引进德国SCHMIDT公司的技术,直接采用SCHMIDT公司的公路养护设备,充分考虑国内道路环境等因素,开发出了清扫车、养护车、推雪车、除草车等高速公路养护设备。

(4)部分产品较有竞争性

虽然进口设备在养护机械市场中占据多数,但与国外厂商相比,国内企业更熟悉我国高速公路的现状和技术标准,占有地利、人和之便,而且通过国内厂家多年来的不懈努力,一些国产设备在高速公路养护市场中也占据了一席之地。如扬州船舶集团、长沙中标实业有限公司等企业生产的清扫车,其产品性能价格比优于进口产品,综合效益较好,在国内占有一定的市场;四川公路机械厂引进德国Zettelmeyer的技术,多功能工程机械80%以上外销。

## 3　养护机械发展趋势

### 3.1　总述

从2000年开始,公路建设投资每年都在1800亿元以上,“十五”期间建设高速公路1万km。随着高速公路通车里程的增加,养护任务越来越重,对高速公路养护的要求越来越高,养护机械的重要地位更加突出。为了适应高速公路养护需要,养护机械必须不断改进和发展,并逐步发展成为技术先进、品种多样、成套性好、产品系列化的重要行业,实现养护作业机械化。

### 3.2　养护机械发展的趋势

3.2.1　*机动灵活*

养护作业不同于新建工程,作业点多、线长,工作量分散,这就要求养护机械能够迅速完成养护作业,并能方便、快速地转移,把对道路通行状态的影响降至最低。目前,养护机械快速自行趋势明显,出现了从履带式向轮胎式发展倾向,如轮胎式挖掘机、铣刨机、起重机、推土机等。另外,小型养护机具的研制与开发也日益受到重视。

3.2.2　大型化与小型化各自发展

根据工程性质、规模大小、技术难易程度,养护工程分为维修保养、专项工程、大修工程三大类。一般来说,维修保养和部分专项工程规模较小,工作量分散,工期短,这时采用小型、超小型的养护机械,可以发挥出机动灵活的优势,适应工程的需要,提高工作效率,降低养护成本,而且施工作业时可以不中断交通。对于工程量较大的专项、大修工程,中、小型机械难以满足工程需要,采用大型机械能够提高效率,缩短工期,保证施工质量,取得良好的经济效益。

3.2.3　机电液一体化

随着技术水平的提高,养护机械设备机、电、液一体化的趋势更加明显,自动化水平将大大提高。通过机、电、液技术的综合运用,机械的主要技术指标将得到很大的提高。如 Bitelli 摊铺机,电子找平由 MoBA 提供,主要液压工作系统由 8 个泵组成,左右输料带和左右螺旋输料器分别由 4 个液压泵单独控制,系统可靠性大大提高;熨平板加热采用电脑温控,自动点火。再比如 WirtgenwR2500 型路面再生机,采用灵活、轻便的液压四轮转向系统,始终与工作方向相协调,3 个独立的液压系统用于牵引驱动、控制功能和冷却系统。在再生施工时,所有初始参数的输入以及添加剂(稳定剂)的控制均通过 CGC(驾驶室数据系统)的显示器完成,工作参数可以在此阅读并可选择打印输出。近几年我国在机电液一体化方面取得了很大进步,但参数间的匹配仍需要进一步提高,如沥青混凝土搅拌设备,国内的生产厂家有 30 余家,1996 年原交通部筑路机械测试中心对 17 家企业抽检了 17 个型号的产品,其中沥青含量能满足高等级公路标准的只有两个型号。

3.2.4　功能多样化

养护作业的内容包括路基、路面、桥涵、隧道、交叉工程、绿化、沿线设施、清障等,功能单一的养护机械利用效率低,难以取得良好的经济效益,因此,高速公路养护机械将逐步向功能多样化方向发展。

多功能的养护机械应满足以下要求:

(1)能够满足高速公路养护多项养护作业的需要。

(2)工作装置可快速换装。

(3)不同的工作装置均应满足节能、高效的要求。

(4)通过该机械的应用可以节约劳动力,降低养护成本。

(5)兼容性好,用户可以根据不同的需要进行二次开发。

养护机械功能多样化的形式主要有:

(1)开发配有机械、液压、电力等动力输出接口,工作装置快换机构,具有 0.1~80km/h 行驶能力的综合养护车专用底盘,以大、中型设备为主。目前常见的有以装载机、拖拉机和汽车为底盘的多功能养护机械。如美国的 bobcat 装载机和挖掘机,有 40 多种作业匹配附属装置,能够完成水泥类、沥青类路面破碎、铣刨、挖掘、装载、搬运和开沟、除草等多种作业,专有的"山猫附件快速安装系统"和"X 型挖掘机附件快换装置"可保证快速、可靠地更换附属装置。

(2)厂商提供基础工作站,用户根据自身不同的需要配置不同的作业装置单元,多为小型机械。如美国 stanley 液压站,配置有系列园林工具、液压镐、系列锯、磨削器、系列钻、系列泵、打拔桩机等组合液压工具,体积小,易运输,能够满足高速公路日常养护的要求。

3.2.5　产品更新周期缩短

随着高速公路事业的发展,养护的标准越来越高,对养护机械也提出了更高的要求,世界各国的生产厂家都不断加大科技投入,大量采用新技术、新工艺、新材料,研究开发新产品,推出新型的养护机械设备,以更好地适应各项养护作业需要。产品的更新周期大大缩短,技术性能不断提高。

3.2.6　注重环保性与人机工程学

自 20 世纪 80 年代,人类开始形成可持续发展的概念,对环境保护越来越重视。养护机械设备在正常工作条件下,会产生粉尘、噪声、废气和废料,造成严重的环境污染,各国都在积极研究降低、消除环境污染的方法,有些国家还以法规的形式对机械设备的设计标准作了明确的规定。我国已着手贯彻 ISO14000 标准,并开始研究解决工业污染问题,发展绿色建筑机械设备。如德国 Wirtgen 推出的 4500 型热再生机,可以把已损坏的耐磨层加热软化、耙松并输送到机器中部,在此材料进入双轴搅拌锅与新添加的材料进行充分均匀的拌和,再经带有压实作用的熨平板均匀地摊铺到规定的纵、横坡。通过沥青路面旧料再生技术,既可以充分利用旧料,降低养护成本 30%左右,取得较好的经济效益,又可以减少废弃沥青料对环境的污染,有良好的社会效益。

人机工程学是 20 世纪 40 年代末出现的一门新兴学科,人机工程这一名词是 1949 年英国牛津大学首次提出的,70 年代正式成立国际协会。人机工程研究的是人与所使用的机器设备及其所处的工作环境之间的关系,通过研究来改善机器设备的设计,以及创造最佳的环境条件,达到提高生产效率、经济效果,减少疲劳,避免事故的目的。养护机械驾驶室日益体现了以人为本的人机工程学的思想,越来越重视宜人设计,向着更安全、更舒适、操作更方便可靠、外形更美观、结构更合理的方向发展,工程机械驾驶室总成的概念日益完善。

3.2.7　大量采用新技术、新工艺与新材料

随着科学的发展和技术的进步,新技术、新工艺与新材料将越来越多地应用于养护机械设备,如驱动桥桥壳采用球墨铸铁,加工成本低,铸造及加工后外观质量均优于铸钢桥;驾驶室板材的 F 料和成型广泛地采用了智能化的数控激光切割机下料、数控步冲机以及数控折弯机成型的制造工艺。新技术、新工艺、新材料的采用,一方面大大缩短了养护机械设备更新的进程,另一方面可以取得良好的经济效益。

3.2.8　向自动化、智能化方向发展,最终实现机器人作业

现代养护机械在行走、转向方面,普遍采用自动、半自动变速、换向、制动、多模式转向,从而使机械大大提高了自动化和智能化,同时更加注重机械状态实时监测、在线反馈、故障自行诊断、提供维护决策、出现故障自行保护等,在设计时倾向于无维修设计。如日本神户制钢推出的 21 世纪挖掘机采用人工智能控制系统,可自行检测、显示电子系统异常状态 33 项,具有维护诊断功能 35 项,可存储故障模式 100 项;德国 O&K 公司率先采用卫星通信,将机械的状态故障信息由机载发射机发射到同步卫星上去,再由卫星的转发器发回维修中心,维修中心的计算机屏幕上实时显示机械的运行状况;在开发振幅调频无级可调、压实质量实时监测、工作参数调节方面具有自适应、自学习能力的智能型压路机方面,BOMAG、DYNAPAC 等公司已

有了很大进展。在国内,遥控推土机已在山东问世,国防科大与江麓工程机械有限责任公司联合开发的W11020Z高性能无人驾驶振动式压路机也已研制成功。

在一些工作条件恶劣、危险的环境中,机器人将得到越来越广泛的应用。日本电信电话公司(NTT)已开发出一种挖掘机器人,可以代替公路挖掘人员安装地下电缆,减少交通事故,工作噪声更小,效率更高,而且成本只有传统设备的一半。

## 4 对策

(1)整合养护机械设备生产企业,形成规模。我国已加入世贸组织,面对激烈的市场竞争,对工程机械行业进行结构调整迫在眉睫。我们应以基础较好的企业为中心,通过收购、兼并、联合、重组,在全国范围内建立起若干个规模大、技术强、实力雄厚的大型企业,同时细化行业分工,杜绝大而全、小而全的现象,提高竞争能力。在企业内部,要实行科研、设计、生产的有机结合,提高企业技术开发水平。要选准意义重大的一些高新技术项目,集中人力、财力、物力,重点攻关,力争有所突破。

(2)加大科研开发力度。创新是一个民族进步的灵魂,是一个国家兴旺发达的不竭动力。技术创新,主要是企业应用新知识、新技术和新工艺,采用新的生产方式和经营管理模式,提高产品质量,开发新的产品,增强市场竞争的能力和抵御风险的能力。要根据高速公路养护机械设备的发展方向,立足本国实际,由国家有关部门确定研究方向并加大资金投入,鼓励企业与高校联合进行课题研究,本着责、权、利相统一的原则,不断研究、推广、应用新材料、新技术、新工艺。企业要建立自己的技术开发中心,加强技术开发力量和资金投入,抢占技术制高点,增加技术储备,保持发展后劲,不断推动技术进步,使我国的养护机械设备的制造水平不断提高。

(3)加强人才的培养。科技进步以人为本,市场竞争归根到底是人才的竞争。要通过多种形式培养技术人才和管理人才,同时制订优惠政策,积极引进国外优秀人才,为我国的技术进步服务。同时努力创造公平的竞争环境,建立有效的激励机制,制订合理的分配制度,使各类人才进得来,用得上,留得住。

(4)引进国外先进技术,同时重视消化吸收。我们要积极吸取世界各国科学技术发展的先进成果、先进经验,引进技术,引进人才,从我国实际出发,进行消化、吸收、提高、创新。引进先进技术应避免盲目引进、重复引进。在引进时注意技术的先进性,要从较高的起点出发,不能走引进落后、再引进再落后的老路子;引进后应注意消化吸收,掌握关键技术的设计思路,并根据我国的实际情况进行二次开发与独立开发。

## 5 结语

在国家经贸委制定颁布的《工程机械行业"十五"发展规划》中,提出了行业发展总量目标:到2005年,我国对工程机械的需求量在760亿元左右,争取国产工程机械在国内市场占有率达到80%,为610亿元,出口额达到40亿元人民币。国内的工程机械行业应抓住机遇,加大科技开发力度,在引进先进技术的同时大力培养自主开发能力,制造出技术先进、经济合理、符合我国高速公路实际需要的养护机械设备,提高国内市场的占有率,并大力开拓国际市场。

## 参 考 文 献

[1] 中国公路学会筑路机械学会.公路筑养护机械机务管理手册[M].北京:人民交通出版社,2001.

[2] 张铁.工程建筑机械管理[M].北京:石油大学出版社.

# 高速公路半刚性基层沥青路面主要早期病害及预防

**摘　要**:本文分析了高速公路半刚性基层沥青路面早期主要病害及原因,结合实际并借鉴国内外有关先进技术和工艺,提出在重交通荷载作用下,半刚性基层沥青路面的结构组成设计和大修方案,以及养护方面有关新工艺及新技术。

**关键词**:半刚性基层　超载　水损坏　反射裂缝　柔性基层

## 1　早期破坏主要病害及原因

### 1.1　半刚性基层板体断裂导致反射裂缝

由于受优质石油沥青缺乏及经济不发达等因素的限制,我国长期以来奉行"强基、薄面、稳土基"的设计原则,具有承载能力强、造价低等特点的半刚性基层在高速公路中得到广泛应用。但是,由于半刚性基层非常致弹性密、强度高,与面层和土基层相比,弹性模量相差很大,在路基发生不均匀沉降或在超载作用下,都极易导致弹性模量很高的板体断裂。再加上我国路面设计以弯沉作为承载能力设计最主要的指标,对半刚性基层的强度要求不断提高,施工中,也往往只控制强度下限而不控制上限,使半刚性基层强度越来越高,但又达不到混凝土的强度。从养护维修工程实践来看,半刚性基层的强度过高将使基层开裂及反射裂缝的问题更加严重。同时,由于半刚性基层材料本身的特性决定了其收缩开裂是不可避免的,并且往往在铺筑沥青路面前就会因温缩或干缩而出现横向缩缝。随着半刚性基层的开裂,在裂缝顶部、下面层的底部处形成薄弱区,在行车荷载和温度应力的作用下,裂缝逐渐扩展到面层,并向上发展直至穿透面层,形成反射裂缝。反射裂缝破坏了沥青路面的整体性,当在车辆荷载,尤其是重载或超载车辆作用下,裂缝两侧产生很大的竖向剪切力,再加上渗水等因素的作用,使该处半刚性基层弹性模量迅速降低,板体松散,弯沉增大,加速了路面的破坏。对裂缝采取的常规养护处理手段是封缝,但封缝仅仅起到了防水作用,对巨大的竖向剪切力作用下的破坏起不到任何保护作用。并且,在温度应力和动载的共同反复作用下,反射裂缝处逐渐发展为啃边、缝隙加宽甚至局部网裂、破碎等现象,导致封缝失效,降水极易渗入,在交通荷载作用下,进而发展成网裂、坑槽、沉陷、唧浆、车辙等病害。从沥青路面早期病害调查情况来看,半刚性基层破坏是导致沥青路面早期损坏的重要原因之一。

### 1.2　重载超载作用下的破坏

近几年,高速公路上超限运输车辆急剧增加,据调查,在京沪、京福高速公路上通行的车辆,货车占了70%以上,其中超限车辆达60%以上。货车以大货车为主,其轮胎额定的最大充气压力单轮组为0.84MPa,双轮组为0.77MPa,与路面设计规范中采用的轮胎接地压力值基本相当。由于车辆超载,轮胎的实际充气压力均不小于1.2MPa,最大达到1.45MPa,实测单轴最重300kN。一些汽车改装厂受利益的驱动,置国家规定于不顾,迎合运输业主的需求,在车辆生产、改装或申报产品时,故意采用大吨小标的方法,使标定的出厂装载质量大大低于设计的承载能力,或者采用非法加高、加长货箱拦板,增加钢板弹簧片数等手段加固车辆,致使超载屡禁不止。根据试验数据,设计荷载10kN的货车若装载20kN(100%超载),每通行一次,沥青路面受压相当于通行295次,加速了路面的疲劳破坏,大大缩短了高速公路的使用寿命。另外,装载高度大的超载车因路拱坡度形成偏载,加上路面渗入的水在路面结构层间沿横坡向低处汇集,造成行车道外侧轮迹处的病害普遍比内侧严重。从路面大修过程来看,超载严重路段,行车道轮迹处半刚性基层基本碎裂,形成面层反射纵向裂缝、车辙或局部沉陷。

## 1.3　水损坏

(1)由于半刚性基层非常致密,透水性很差,大气降水、冬融水、超载车加水、中央分隔带绿化浇水、挖方路段裂隙水等进入路面后,不能从基层迅速排走,在基层与下面层间形成部分滞留水,浸泡和冲刷二灰碎石混合料,造成基层强度下降,形成龟裂、沉陷等病害。

(2)在行车荷载作用下,层间水沿层间薄弱处横向渗透,使基层与沥青面层的层面间逐渐成为不连续的状态,使路面处于不利的受力状态。

(3)由于沥青面层孔隙率较小,渗入面层中的水分不能形成径流,不易排出,在行车荷载,尤其是重车荷载作用下,对沥青混合料进行冲刷,造成沥青膜剥离,混合料松散脱落。

(4)由于半刚性基层收缩裂缝或在重荷载作用下发生破碎,导致面层形成反射裂缝或局部网裂,雨水下渗到基层甚至底基层,冲刷二灰碎石表面的细料,在动水压力下从路面裂缝中唧出(唧浆)。

## 1.4　交通量大大超过预测交通量

随着高速公路的贯通和联网,促进了社会经济的快速增长。而社会经济的快速增长,又促进交通量飞速增长,部分国、省主干线通车6年左右,其实测交通量即已超过路面设计寿命期末预测交通量。以京福高速公路德齐段为例,其工可报告预测的日交通量(汽车交通量)见表1。

京福高速公路日交通量　表1

| 路　段 | 1997年 | 2000年 | 2010年 | 2016年 |
|---|---|---|---|---|
| 德州—平原段 | 6210 | 7923 | 12368 | 15589 |
| 平原—禹城段 | 6636 | 8465 | 13227 | 16604 |
| 禹城—齐河段 | 7224 | 9113 | 14128 | 17603 |

而根据实际观测结果,德齐段2003年交通量(17391辆/日)已超过2012年预测交通量,2004年交通量(19717辆/日)已超过2016年预测交通量。

其他诸如施工质量(如拌和、摊铺、碾压等)等问题造成的病害,大多属于可控因素。随着施工设备、技术的进步,只要按照规范要求严格操作,不难解决或可控制在允许范围之内,在此不再赘述。

## 2 主要防治措施

### 2.1 结合实际加快理论创新步伐

应结合实际,优化设计,不断探索符合实际的新的设计理论。

(1)《公路沥青路面设计规范》(JTG D50—2004)的结构设计以弹性层状理论为基础,在设计结构厚度和验算沥青层底拉应力时,假设路面各层面之间的界面处于完全连续状态。而实际上层面间往往处于连续和滑动之间的边界条件下,使设计和验算力学结果失去意义。

(2)按照《公路沥青路面设计规范》(JTG D50—2004)中弹性层状体系理论和完全连续状态的假设进行计算,沥青面层底部始终处于受压状态,其弯拉应力验算失去了意义,弯沉成为路面设计唯一指标,这不能正确地反映路面的使用状况。

(3)随着交通量的增长及路基路面各结构层剩余沉降量的变形积累,一般通车 2~3 年后,面层平整度值就会开始明显增大,此时,重车及超载车行驶过程中所产生的冲击荷载对路面寿命影响不可忽视,按照规范的规定计算荷载应力、反算路面寿命已没有实际意义。

(4)随着土工织物类材料的广泛应用,为了防止半刚性基层产生反射裂缝,许多新建工程和大修工程常采用土工格栅等材料进行处理,这与规范中的层间界面接触条件不完全一致。

(5)Superpave 等新的路面结构形式已在国内部分高速公路上得到应用,并取得较好效果,但现行规范中却没有相应内容。

(6)由于工可设计时交通量的预测与通车后实际情况相比,往往发生较大变化,如根据山东省几条主要干道交通量调查情况来看,高速公路通车后 2~3 年交通量增长十分迅速,5 年后的实测交通量远远大于路面设计寿命末期时预测交通量,在这种情况下,即使设计和施工质量不存在任何问题,路面寿命也将远远低于设计寿命。建议在《公路养护技术规范》(JTJ 073—1996)和《高速公路养护质量检测评定标准》(JTJ 075—1994)中增加根据交通量反算路面使用寿命部分的内容,以科学合理地预测路面使用寿命,确定合适的大修、中修期限。诸如此类问题都需要进一步加强研究,不断完善设计理论,为病害预测提供理论上的依据。

### 2.2 改进沥青路面设计方案分类指导

从工程实践来看,采用柔性基层虽然初期投资大,却可从根本上解决路面早期损坏问题,避免了半刚性基层路面使用寿命有限、出现病害需要挖除重修路面的弊端,节约大量的养护维修费用,这应该是路面结构设计的发展方向。但是当前我国经济总体还不发达,地区间差异大,并且半刚性基层路面经过十几年的应用,形成了较成熟的理论和技术,并且其造价低的特点是其他形式路面结构所不能比拟的。因此,建议在当前阶段应根据地区、路段、工程形式(大修或新建道路)、交通量等具体情况,选择经济、合理的设计方案。

(1)在交通量较大,但重载交通较少,基本无超载车,预计沥青路面使用寿命可达到设计年限(约 10 年后进行大修)的地区,仍可采用目前规范中推荐的路面结构形式,即半刚性基层+沥青面层结构。但半刚性基层要严格控制材料质量、级配、含水率、碾压及养生等各工序,并采用切缝措施。日常维修保养中重点是及时进行灌缝。到大修期后,对沥青面层和半刚性基层铣刨后一同进行现场冷再生处理(建议以泡沫沥青稳定)作为新的基层,新摊铺 2 层或 3 层沥青面层。此方案优点:新建工程技术成熟,造价较低;大修工程工期短,新的基层为柔性基层,可有效防止反射裂缝,且符合环境保护要求。此方案为加拿大等国当前常用的方案。

(2)在交通量较大,超载、重载车多的地区,根据经济条件可选择全厚式路面或常规三层式沥青面层加一层Lsm(沥青大碎石)基层(约12cm)加SBS改性沥青防水层加一层半刚性基层(12~16cm)路面形式。此结构的优点:裂缝等病害基本出现在沥青层,可依情况进行微表处或上面层热再生处理,工期快、投资少、符合环境保护要求。

(3)在石料丰富及潮湿多雨地区,推荐采用级配碎石作为高速公路基层,但在重交通路段要注意验算其顶面弹性模量,确保基层强度;或与水稳类材料配合使用。当单独使用级配碎石基层时,其上需要铺筑较厚沥青面层,国外一般为22~39cm。

## 2.3　解决水损坏问题

(1)加强表面防渗,采用密级配沥青混凝土上面层,或采用SMA或Superpave等结构,使路面范围内的降水分散或集中排出路面,在平曲线超高段或纵曲线凹弯段,应采用集中排水,并根据具体情况适当加密泄水槽。

(2)加强路面各结构层间结合处理,在半刚性基层上表面或中、上面层之间做SBS改性沥青防水层,各沥青混凝土层间(含Lsm基层)喷洒黏层油,确保层间结合力。

(3)做好基层排水设计。从实际调查来看,进入面层的水在竖向的渗透程度要远大于横向,水分大多汇集于半刚性基层上表面,故应在做好半刚性基层上表面防水层基础上,在硬路肩外侧(若是大修工程,且仅处理行车道基层时,应在行车道外侧位置)设碎石或单一大粒径Lsm盲沟,根据具体排水量,在横向每隔一定距离用PVC管排出路外。京福路德齐段大修工程中采用此方案,经观测,可有效排出路面渗透水。

(4)设置中央分隔带防渗墙。为防止中央分隔带降雨或浇灌水横向渗入路面层,可在中央分隔带两侧设置防渗墙。一般在中央分隔带路缘石内约5cm开槽,成槽宽度为2.5~3.5cm,深度不小于60cm,居中插入塑料膜,沿膜两侧均匀灌注防裂水泥浆密封即可。2003~2004年在京福路德齐段大修工程中使用此法,实践检验效果良好。

## 2.4　积极采用新技术、新工艺与新材料

### 2.4.1　再生技术的应用

(1)发展热再生技术。在路基和基层无大的病害,而面层主要是大面积的疲劳损坏情况下,应用再生技术处理路面病害,可极大恢复路面技术状况,有效延缓大修期限,节约大量养护维修资金(与传统方法相比,可节约30%~50%资金)。目前一般采用地热再生或厂拌再生工艺。就地热再生(Hotin Place Recycling)工艺具有加热效率高、节省能源、流水作业、施工速度快的特点;并且废旧沥青利用率高,施工成本低;便于现场调度,对交通干扰小等优点。厂拌热再生具有拌料效率高、质量可靠等优点,适用于基层有大面积处理路段。

(2)推广应用冷再生技术。冷再生技术一般应用在大修工程的基层处理中,通常是将原沥青路面和半刚性或柔性基层铣除后,渗入泡沫沥青等稳定剂进行稳定,重新摊铺作为新的基层,其上按常规做2~3层沥青路面。此方法特别适合我国当前高速公路半刚性基层多的现状,改造后的新基层具备柔软性基层的特点,在防止裂缝等方面的性能有较大提高。2004年

京福路德齐段路面大修中,在局部路段做了厂拌热再生试验,旧料掺加比例为15%~30%;并在济南段做了50000m$^2$的就地热再生(HIR)试验段,经检测和行车观察,效果较好。

2.4.2 微表处(Micro-surfacing)技术的应用

微表处是指由改性乳化沥青、集料、矿粉、水和添加剂等按设计配合比拌和并摊铺在原有沥青路面上形成的薄层罩面。该技术在欧美国家已得到广泛应用。由于该技术具有成本低(20元/m$^2$,是常规4cm罩面成本的一半)、施工简单、路面性能恢复好,开放交通快(施工后3~4h)、防水性和抗滑性好等明显优点,且比普通的稀浆封层具有更高的抗磨超能力和使用寿命,近年来在国内各高速公路养护中开始得到应用。该技术主要应用于重交通荷载少,半刚性基层基本没有大的病害,整体强度较高,沥青面层主要因疲劳而大面积破坏情况下的路面补强处理,以及柔性基层或全厚式路面面层功能恢复时,一般可延长路面使用寿命3~5年。2004年,在济青高速青岛段做了单幅50km的微表处处理段,从检测情况来看,在防水和恢复面层性能等方面起到了很好的效果。

2.4.3 改性沥青的应用

(1)采用SBS改性沥青等材料,提高路面沥青混凝土的高温稳定性和低温抗裂性,有效地延长路面的使用寿命。同时,结合SMA、Superpave等结构的应用,可有效提高路面抗车辙能力。目前,SBS改性沥青已广泛应用于新建、大修工程中,积累了大量经验,取得了良好效果。

(2)积极研发并推广应用物理改性沥青。国内外实践证明,纤维改性沥青具有良好的耐磨性、密水性、耐久性,特别在薄层沥青面层中具有独到的优势,是其他改性沥青难以比拟的,在欧美等国家应用较为广泛。聚酯纤维改性沥青和聚丙烯纤维改性沥青已开始在国内应用。应该说在我国当前“强基、薄面”设计思想的指导下,纤维改性沥青在国内有广阔的应用前景。

### 2.5 建立路面养护管理系统,动态管理准确预测科学决策

随着计算机智能化技术的发展,加快了路面管理系统的建设,可以建立由计算机管理的各项设施功能的评价与决算系统,采用先进的计算机多媒体技术和自动识别等技术,定期采集科学评价路面的原始数据并输入数据库,通过计算机产生路面状况评价各项指标,对路面进行综合评价和预测,从而可以预先采取养护措施,延长路面使用寿命。可以看到,通过路面管理系统实现对路面养护的动态管理、准确预测和科学决策,将是养护管理发展的主要方向。同时,由于养护施工的最大特点是病害情况和处理方案的不确定性,以目前计算机的智能化水平,尚不能真正起到科学决策作用。因此,有必要建立大中修工程实测病害数据库。在施工过程中,必须对发现的新问题、新情况及时进行技术研讨,及时修正和完善设计、施工方案,及时总结经验,以使病害维修方案更加切合实际,更好地保证养护维修工程的质量。应注意收集和总结不同地质情况,路基填土类型,填方高度,气候,路面基层、面层结构类型及厚度,交通量等条件下出现路面病害类型和破坏程度,逐步建立和完善大中修工程实测病害数据库,为今后类似条件下病害的预测提供类比资料,并逐步纳入路面养护管理系统,进一步完善专家系统。

### 2.6 加强法治建设,严控超载车辆

鉴于半刚性基层路面具有较高的轴载敏感性的特点,保证路面处于其正常使用状态,延

长路面维修时间的最直接、最有效的措施是限制车辆超载。当前,山东省已在高速公路全面实行计重收费,目前来看,超载车数量有明显下降,超载比例有明显减轻,取得了较好的治超效果。但是,随着运输市场的重新洗牌和运价的提高,可能会出现超载100%甚至以上时仍有利润的现象。这将对规范设计和养护管理工作带来新的挑战。因此,在实行计重收费的同时,仍要采取通过制定、颁布相应法规加强“源头治理”等措施,真正从根本上彻底治理超载。

## 3 工程实例——2003年京福路德齐段路面大修工程

### 3.1 工程概况

京福高速公路德齐段位于华北平原的德州市,全长94.8km,是国道主干线“五纵七横”中“一纵”京福路和京沪路在山东的重合段,也是山东省“五纵四横一环”综合交通网中“一纵”的北段。该段1994年11月开工建设,1997年11月建成通车。全线采用平原微丘区高速公路标准,路基宽26m,设计车速120km/h,双向四车道,每车道宽3.75m,中间带宽4.50m(其中中央分隔带宽3.0m),硬路肩2.50m(包括右侧路缘带0.75m,土路肩0.75m)。

沿线自然条件:沿线为鲁北冲积、洪冲积平原地貌,干渠发达,土质一般由粉砂、亚黏土、黏土组成,表层为耕植土,含植物根茎,地下水位在1.0~4.0m之间,年平均降雨量为540~650mm,主要集中在7月份和8月份,其5年一遇10min降水强度可达到2.5mm/min,强度超过了东南沿海。

交通条件:根据2002年全年的统计,德齐段平均日自然车交通量为13190辆,其中轴载较重的中型货车以上车辆数占到全部自然车辆的55.4%,日交通量折合小轿车约22844辆。左右两幅重车比例基本相当,南行方向重车以钢材、机械设备、煤炭等为主,北行方向主要以沙石建材为主。京福高速公路德齐段自京沪高速公路通车以来,交通量迅猛增加,2003年年平均日自然交通量为17390辆,折合小客车为30761辆。

原路面设计结构:德齐段路面设计为双向四车道,路面设计允许弯沉为0.33mm,设计面层为15cm沥青混凝土(4cmLH-20II+5cmLH-25I+6cmLH-35II),基层为26cm二灰碎石,底基层为29cm二灰土。

### 3.2 路面主要病害及原因

京福路德齐段建设时处在我国高速公路建设的早期,在当时条件下对于Ⅱ料作为抗滑磨耗层结构的认识和应用经验尚不成熟,路面通车第二年的雨季,路面开始出现了坑槽等破坏。

2000年至2001年冬季,随着半刚性基层的反射裂缝的出现,重交通荷载作用下,加快了路面水对路面内部的侵蚀,路面出现了局部的坑槽、沉陷、唧泥、网裂、车辙等多种形式的破坏,主要集中在行车道的右轮侧。另外,约从2001年1月开始大量出现横向裂缝,2001年调查时,面层裂缝位置基层往往开裂到1~2cm.裂缝的发展越来越趋向严重,有的已贯穿整个上基层。经科研、设计、检测部门的现场勘察与分析,认为德齐段路面损坏主要是在大交通量、超载车、半刚性基层裂缝积水相互作用下综合形成的。

### 3.3 维修方案设计

将行车道、超车道的沥青层和上基层铣刨,在原下基层上表面做1cmSBS改性沥青下封层,其上做 12cmLsm-30+8cmAC-25I 沥青混凝土+7cmAC-20I 沥青混凝土+4cmAK-1A 抗滑表层。路面高程提高 4cm,靠近结构物处,路面高程平顺过渡至构造物沥青铺装层的现有路面标高。此方案优点在于:

(1)可有效防止或延缓反射裂缝的发生,并且通过对 2002 年试验路段的检测,柔性基层的承载能力也满足要求。

(2)能利用铣刨下来的旧沥青混合料,符合环保要求。

(3)使用柔性基层减少了半刚性基层养生期,大大缩短了施工周期,避免了长时间封闭交通造成不良的社会影响和导致安全事故的发生,符合大修工程尽快开放交通的要求。同时采取了下列排水、防水措施,避免路面水损。

①在内侧路缘石以内设防渗墙,防止中央分隔带的水分渗入路基。

②在平坡路段加密急流槽,减少路面水滞留时间。

③基层全幅处理路段在硬路肩做碎石盲沟排水。

④仅对行车道基层处理路段,在开槽外侧用单一级配大粒径沥青大碎石设纵向盲沟,并在横向设 PVC 排水管,将渗透水引到路基外。

### 3.4 实践效果

德齐段路面大修工程(一期)于 2003 年 6 月开始,10 月底完成主体工程,经过一年的通车实践,基本达到预期效果。

## 4 结语

(1)改革开放以来,尤其是 20 世纪 90 年代以来,经过短短十几年时间,我国高速公路得到飞速发展。截至 2003 年年底,全国通车高速公路里程已达到 2.98 万 km。与此同时,各省市、各级公路建设、设计、科研单位不断引进国外新技术、新材料、新工艺,并用之于实践,取得良好效果。但是,我国公路设计规范的修订却相对缓慢(4~5 年更新一次)。设计规范的相对滞后与新技术的快速引进和更新,是当前公路建设的主要矛盾。

(2)我国富源辽阔,东西、南北气候、地质等条件差异很大,不可能找到一种通用模式。建议可借鉴美国、加拿大等国家经验,由国家出台相关设计、施工指南,由各省、直辖市、自治区结合实际制定自己的设计、施工规范。

(3)高速公路的发展正从以前的建设新路为主向新建与大修并举方向转变,应积极吸收国内外的先进技术经验,提前做好技术储备工作,积极而又慎重地引进先进技术、设备。良好的生产设备和工艺才能保障良好的质量。

(4)随着社会经济的快速增长,高速公路的地位和作用越来越重要,并成为交通形象的对外窗口,应大力提升公路养护的科技含量,积极推广和采用成熟的新技术、新材料、新工艺,加大现代化养护设备的投入,采用高效先进的技术和新型的机械化设备,逐步实现养护作业的机械化,并积极探索预防性养护措施,推动养护工作由传统养护向现代化养护发展。

## 参考文献

[1] 中华人民共和国行业标准.JTJ 014—1997 公路沥青路面设计规范[S].北京:人民交通

出版社,1997.
[2] 中华人民共和国行业标准.JTJ 073—2001　公路沥青路面养护技术规范[S].北京:人民交通出版社,2001.
[3] 沙庆林.高速公路沥青路面早期破坏现象及预防[M].北京:人民交通出版社,2001.
[4] 沈金安.解决高速公路沥青路面水损害早期损坏的技术途径[J].公路,2000.

# 高速公路沥青路面热再生技术应用与展望

**摘　要**:沥青路面热再生工艺在高速公路养护实践中得到了越来越广泛的应用。通过对就地热再生和厂拌热再生工艺的介绍与分析,总结了该工艺的优点与应用的限制条件,提出了应注意的问题,并对这一工艺在中国的应用前景进行了展望。

**关键词**:热再生　就地热再生　厂拌热再生　RAP

## 1　引言

沥青的再生可大体分为现场热再生、厂拌热再生、现场冷再生和厂拌冷再生。沥青冷再生和热再生并不是一个新概念,可以追溯到20世纪初。然而,直到20世纪70年代,沥青再生技术才得到重视,并取得了长足的进步。随着高等级公路的增长,沥青热再生技术得到了日益广泛的应用,在环境保护、节约资源、降低成本方面取得了明显效果。沥青的热再生可大体分为厂拌热再生和就地热再生。

## 2　厂拌热再生

厂拌热再生技术指先将旧沥青路面铣刨后运回工厂,通过破碎、筛分(必要时),并根据旧料中沥青含量、沥青老化程度、碎石级配等指标,掺入一定数量的新集料、沥青和再生剂(必要时)进行拌和,使混合料达到规范规定的各项指标,按照与新建沥青路面完全相同的方法重新铺筑。通过回收沥青料生产传统意义上的再生沥青拌和料是最为普遍再生方式,并且被认为是标准的施工工艺。大量的技术数据表明,按标准程序生产的厂拌再生料在抗车辙、剥落、风化和疲劳裂缝方面与传统的沥青料有相同的质量与结构性能。一般来讲,厂拌再生料与传统的沥青料相比,在抗老化与抗水损害方面具有更优的性能。

### 2.1　设计时应考虑的因素

混合料设计中的主要步骤包括回收沥青料与新材料性能的确定,为满足级配所需的回收沥青料与新料的比例,为满足黏度和针入度所需的沥青黏结剂的选择,为达到稳定度、流值、孔隙率和软化现有黏合剂所需的再生剂的确定。美国沥青协会建议:当再生料中回收沥青料比例低于20%时,沥青黏结剂的等级无需调整;超过20%时,沥青黏合剂应降低等级。

为满足再生料的级配需求以提高稳定度以及限制回收料的比例,有时需要添加新的集料。在热拌过程中,新集料应被加热到非常高的温度,从而既能间接提供加热回收沥青料的热量,又可以避免产生蓝烟。

### 2.2　回收沥青料(RAP)的技术指标

#### 2.2.1　化学性能

RAP中,矿物集料占绝大多数(93%~97%),沥青黏合剂占3%~7%,因此,RAP的整体化学组成与其主要组成部分的天然集料基本相似。沥青黏结剂主要由高分子中脂肪族碳氢化合物组成,还有少量的其他材料,如硫磺、氮气以及化学反应性低的多元碳氢化合物(如芳香烃、环烃等)。沥青黏结剂是由沥青质以及溶于低分子饱和烃的成分(胶质和油分)组成的化合物。沥青质的黏性优于胶质和油分,是决定沥青黏度的主要因素,老化的沥青的氧化作用使油分转化成胶质,进而转化成沥青质,使黏结剂硬化,黏度增加。

2.2.2 力学性能

RAP 的力学性能取决于原始沥青路面类型、回收材料的方法以及对 RAP 所做的处理程度。因为多数 RAP 被重新用于道路铺筑,在 RAP 的其他的可能的应用方面普遍缺乏数据。

RAP 压实后的单位质量随着单位质量的上升而降低,最大干密度值在 1600~2000kg/m$^3$ 范围内变化。RAP 的加州承载比为 20%~25%,但当 RAP 与天然集料混合用于基层时,随着时间的增长,RAP 中的沥青黏结剂有明显的增强效果:40%的 RAP 与 60%的天然集料混合铺筑一周后,其加州承载比超过了 150%,见表 1。

回收沥青料的物理与力学性能　表 1

| 性能种类 | RAP 性能 | 典型值域 |
|---|---|---|
| 物理性能 | 单位质量 | 1940~2300kg/m$^3$ |
| | 含水量 | 正常:≤5%<br>最大:7%~8% |
| | 沥青含量 | 正常:4.5%~6%<br>最大范围:3%~7% |
| | 沥青针入度 | 正常:10~80,25℃ |
| | 黏度 | 正常:4000~25000,60℃ |
| 力学性能 | 压实后单位质量 | 1600~2000kg/m$^3$ |
| | 力州承载比(CBR) | 100%RAP:20%~25%<br>40%RAP 和 60%集料:150%或更高 |

2.2.3 回收沥青料的典型粒度范围

回收沥青料的典型粒度范围,见表 2。

回收沥青料的典型粒度范围　表 2

| 筛分尺寸(网孔) | 处理或铣刨后的百分率 | 筛分尺寸(网孔) | 处理或铣刨后的百分率 |
|---|---|---|---|
| 37.5mm | 100 | 2.36mm | 25~60 |
| 25mm | 95~100 | 1.18mm | 17~40 |
| 19mm | 84~100 | 0.60mm | 10~35 |
| 12.5mm | 70~100 | 0.30mm | 5~25 |
| 9.5mm | 58~95 | 0.15mm | 3~20 |
| 75mm | 38~75 | 0.075mm | 2~15 |

注:①通常少于 30%;②通常少于 20%;③通常少于 15%;④通常少于 10%。

## 2.3 施工过程

2.3.1 材料处理与储存

回收沥青料是通过铣刨、剥离、破坏、破碎或研磨的方式得到的。为确保回收沥青料的性能,应对回收沥青料进行检验,剔除不合要求的材料(如粒料过多、表面处治、补缝材料等)。一些建议单位还规定,不同项目的回收沥青料不能混合。有关机构建议:在储存过程中,为防止结块现象,回收沥青料堆的高度不应超过3m;储存时间应尽量缩短,以免回收沥青料含水率过高。

经验证明,圆锥形储料堆能较好地防止大规模的结块现象。料堆表面20~25mm易结成硬皮,可以起到防水作用,还能防止下面的回收料结块。回收沥青料容易积水,而且不能像集料堆一样排水。当采用较低的水平料堆储存时,有时含水率会达到7%~8%。

当用防水布覆盖料堆时,料堆表面易出现凝固现象,含水率也会增加。因此,回收沥青料堆一般不用覆盖,可采用敞篷覆盖储存的方式。

2.3.2 混合、摊铺与压实

当把回收沥青料与热沥青料混合时,应避免将回收沥青料加热到427℃以上,否则会产生蓝烟现象。在间歇式再生设备中,回收沥青料通常在搅拌器中与新集料混合。在滚筒式再生设备中,回收沥青料通常通过双重给料装置进入滚筒与集料混合。新集料在滚筒前段进入,回收料在滚筒中后部进入,从而避免过度加热回收沥青料。

在间歇式再生设备中,回收沥青料的比例受限于加热能力,一般为10%~30%;在滚筒式再生设备中,回收沥青料的比例可达30%~70%,但为防止产生过多的碳氢化合物气体,这一比例一般控制在50%以下。

2.3.3 质量控制

为生产出均匀优质的厂拌热再生料,需要对回收沥青料进行系统的质量控制。回收沥青料的含水率、级配、沥青含量应受到严密的监控。监控级配与沥青含量的抽提试验、再生沥青黏结剂的针入度与黏度试验均应严格按照要求进行,从而可以及时进行调整以确保沥青再生料的性能。

## 2.4 应注意的问题

由于受厂拌设备的加热能力与气体碳氢化合物排放量的限制,一般来讲,在间歇式拌和设备中,回收沥青料在再生料中的比例不能超过50%。在滚筒式拌和设备中,这一比例可达到60%~70%。基于微波技术的特殊的拌和设备可以降低气体排放物的数量,从而大大提高了回收沥青料的比例(甚至可以达到100%),但加热成本比传统的再生设备大大提高。

回收沥青料在进行热拌和前必须被处理成颗粒状材料。典型的回收沥青料处理设备由破碎、筛分、传输和存储装置组成。厂拌再生中所使用的回收沥青料应含尽可能多的粗集料和尽量少的细集料(200目)。破碎过程应尽量不破坏粗集料,避免产生大量的细集料。

## 2.5 施工实例

工程名称:京福高速德齐段路面大修工程(表3)

设备名称:TSR3000双滚筒式旧沥青混合料再生设备。

主要技术参数　表3

| 集料含水率(%) | 集料添加比例(%) | 回收旧料含水率(%) | 回收旧料添加比例(%) | 生产能力(t/h) |
|---|---|---|---|---|
| 3 | 83 | 2 | 17 | 200 |
| 标准版和周期(s) | | | | 60 |
| 标准每锅质量(kg) | | | | 2800 |
| 小时锅数(h) | | | | 70 |

## 3　就地热再生

就地热再生是一种通过再生老化的沥青铺层,从而降低新料的用量并恢复路面性能的现场施工方法。一般来讲,就地热再生包括以下几个步骤:①通过加热的方式软化沥青面层;②翻松或通过机械移除面层材料;③将旧的面层材料与再生剂、沥青黏结剂或新的沥青料混合;④将混合料铺筑于工作面上。

就地热再生的主要目的是校正非结构性的路面病害,如面层剥落、裂缝、车辙、坑槽、推移、隆起等。热再生可通过一步操作或多步操作来完成。一步法指的是旧料与新料混合后一次摊铺成形,多步法指的是再生层之上加铺一层新的磨耗层。

### 3.1　就地热再生工艺

美国沥青再生协会(ARRA)认可了三种就地热再生工艺:①面层再生;②再铺法;③复拌法。恢复沥青黏结性能的再生剂在这三种工艺中都可以添加,但新沥青混合料只应用于再铺法和复拌法两种工艺中。

3.1.1　面层再生

ARRA把面层再生定义为:将易脆裂的、存在裂缝及不规则面层恢复原有性能,并为最终铺筑较薄的磨耗层做好准备的再生过程。面层存在病害但基层性能良好的道路可采用这种工艺。面层再生后有单独加铺新的沥青层的工艺称为两步法,否则称为一步法。

面层再生的主要目的是消除表面不规则变形与裂缝。通过面层再生,可将面层恢复到理想的线形、等级、纵横坡度,从而保证路面的排水性能。短期内还能在一定程度上提高路面的抗滑性能。在热拌加铺工序前进行路面再生可以成功地消除反射裂缝;缩短路面再生与加铺工序之间的时间间隔并确保施工温度可以使两层之间更好地连接。

3.1.2　再铺法

再铺法指的是面层再生与加铺新的热沥青混合料层同时进行,从而在再生层与新面层之间形成热连接的过程。一般来讲,面层再生过程紧接着就是加铺过程。这一工艺用来校正面层25~50mm深度的病害。面层病害,如细微车辙、收缩裂缝、起皮剥落等,均可通过这一方法得到根除。当面层再生法不足以恢复面层的设计要求,或传统的热料加铺难以实施或没有必要实施时,再铺法是较为理想的施工方法。与传统的厚度25mm以上的热料加铺层相比,再铺法中较薄的加铺层(12mm)可以用来与再生层结合,形成良好的抗滑表层,并可以大大降低成本。

3.1.3　复拌法

ARRA所定义的复拌法包括以下步骤:将路面加热40~50mm深度;翻松材料并收集至中

间狭长地带;将翻松材料与新集料和再生剂(如有必要,加入新的沥青混合料)在拌和器中拌和;将再生混合料摊铺成均匀的一层。当再铺法不足以恢复面层的设计性能,并且需要添加新集料和(或)新沥青混合料以增加旧铺层的强度与稳定性时,复拌法是较为理想的再生方法。这种方法可以有效地消除铺层50mm深度内的车辙、裂缝和氧化催化现象。沥青铺层与单层封层材料重新混合,封层材料可以起到软化再生黏结剂的作用。然而,具有多层封层的铺层会在表面产生烟雾和燃烧现象,进而阻碍对下面铺层的加热。

## 3.2 材料与混合比设计

就地热再生设计中的两个主要步骤是材料分析和混合比设计。材料包括再生沥青铺层和再生剂。为取得具有代表性的再生沥青铺层试样,应设计并采用随机抽样法。抽样方法与频率应根据历史数据、建设资料、材料指标来确定;必要时应在取样前将沥青路面划分成不同的等级。由于再生沥青层的技术指标随着通车时间和交通状况不断变化,为更准确地分析材料,级配、沥青含量与老化的沥青黏结剂的流变学指标均应确定。就地热再生混合比设计指确定为达到目标级配集料(必要时所需新集料的量)的综合级配的过程。下一步要确定的是新沥青黏结剂或再生剂数量。基于黏性指标或Superpave车辙指标($G \times \sin\delta$)的配合比试配单可用来选择新沥青黏结剂或再生剂的等级与数量。然后进行一系列不同沥青含量的混合比试验;最后根据Marshall,Hveem或Superpave容积混合比设计程序选择再生混合比中最佳的沥青用量。

## 3.3 就地热再生的优点

就地热再生的优点如下:①可保持原有高程与净空不变;②良好的经济性;③相对容易的交通控制;④良好的环保性。这种施工方法还可以用来罩面(处理集料外露)、恢复路拱与排水性能、改进集料级配与沥青含量以及提高路面抗滑性能。就地热再生的再生深度可达20~50mm,通常为25mm。

实践证明,就地热再生是一种通过重新利用原有的材料对道路进行维护的经济的公路养护技术。然而,就地热再生不适用于具有多种混合比设计的道路。三种热再生工艺(面层再生,再铺法,复拌法),可以用来达到不同的再生效果。面层再生用来校正细微表面裂缝和不规则病害;再铺法用来消除车辙、收缩裂缝和剥落现象;复拌法通过添加新集料或热沥青料使道路在更大的深度内得到再生。不管使用哪种工艺,只要能够正确应用,就地热再生均能达到节约成本、消除非结构性面层病害、对交通的较小影响和保持路面现有高程的目的。

## 3.4 应注意的问题

就地热再生适用于处理非结构性、不需要大量添加新料的病害,它不能显著地改变混合料的配合比。对于存在基层结构性病害、不规则修补或需要较大程度地改善排水、级配的铺层,不适用就地热再生工艺。

试验数据表明,就地热再生后,再生层硬度会增加,针入度指标会降低,证明材料相对变硬变脆。车辙试验表明,就地热再生后,再生层硬度指标比传统的加铺方法有所增加,抗车辙能力增强。再生混合料中原有材料达75%以上时,再生后易出现反射裂缝。当使用就地热再生方法处理裂缝时,建议降低原有材料的比例并使用低黏度沥青黏结剂。

再生剂的添加受限于旧沥青的空隙率。当旧沥青的空隙很小,在不充分搅拌的情况下不能够容纳再生或软化旧沥青料中的黏结剂所必需的再生剂时,则需要加入新集料或新的沥青混合料。新集料或新的沥青混合料的选择与添加量应通过 Marshall 或 Hveem 混合比设计方法确定。如果为达到要求的黏度所需添加的再生剂过多(超过混合料质量数的1%)不宜采用就地热再生。

就地热再生前,应对要再生的铺层上不同于原结构的补丁、裂缝等进行处理,确保再生配合比的均匀;添加再生剂时,再生剂应均匀添加、充分搅拌。

## 3.5　施工实例

工程名称:京福高速济南段现场热再生处理工程(表4)

施工日期:2004年8月~2004年10月

沥青路面现场热再生技术温度控制标准　　表4

| 预热表面温度 | 铣刨旧料收集温度 | 添加新料温度 | 摊铺温度 | 初压温度 | 终压温度 |
|---|---|---|---|---|---|
| 160℃~180℃ | ≥125℃ | ≥140℃ | ≥125℃ | ≥120℃ | ≥70℃ |

工程量:累计单车道全长20km,新混合料 AK-13 添加量25%,再生剂添加量为原沥青含量的11%,施工工艺:循环热风加热,分层铣刨法,三次铣刨深度分别为2.0cm、1.8cm 和1.2cm。

# 4　结语

截至2004年底,我国高速公路通车里程已达3.4万km。如果以10年一个大修周期计算,根据保守估计,每年全国高速公路沥青路面养护工程量将达2800万吨(如果再加上180余万公里的普通公路,这一数字将更为可观),回收沥青料(RAP)的处理已成为养护工作面临的一个重大课题。在美国,根据国家沥青协会的统计,约有80%的回收沥青料通过各种方式得到了再生利用;很多州通过立法的方式要求百分之百地利用回收的沥青料。发达国家的实践证明,热再生在处理回收沥青料方面是一种非常成熟、有效的养护工艺。目前沥青路面热再生工艺在我国的应用还处于起始阶段,前景非常广阔。

党的十六届三中全会提出了"坚持以人为本,树立全面发展、协调发展和可持续发展,促进经济社会和人的全面发展"的科学发展观。树立和落实科学发展观,构建和谐社会,必须坚持经济发展和人口、资源、环境相协调,不断保护和增强发展的可持续性。要做到人与自然和谐发展,必须做到节约资源、保护环境,转变经济增长方式;要大力发展循环经济,促进资源循环式利用,努力做到以最小的资源成本获取最大的经济社会效益,在高速公路养护工作中,通过先进的热再生工艺充分利用回收沥青料,达到节约资源、保护环境、降低成本的目的,是落实科学发展观的具体体现。我们也建议有关部门能及时出台相关法律法规,对沥青路面材料的重复利用做出强制性规定,对沥青路面热再生工艺进行规范,同时对现金养护技术的应用给予鼓励和积极引导,实现经济效益和社会效益的最大化。

## 参考文献

[1] Pavement Recycling Guidelines For Stateand Local Governments, FHWA-SA-98-042, U.S.Department of Transportation.

[2] AssessmentofaHot-in-PlaceRecyclingProcess, Dar-Hao Chenand John Bilyeu, Thmkangjournalof science and engineering.2001, 265-276.

[3] 刘贵翔,许自义,李传军,等.沥青路面厂拌热再生技术在京福高速公路路面维修中的应用研究[J].中国公路,2005,07.

[4] 许自义,姜言泉,刘贵翔,等.沥青路面现场热再生技术及工艺控制在济泰高速公路路面维修中的应用与研究[J].中国公路,2005,07.

# 鼓励竞争　公平对待

随着养护市场的不断发展,越来越多的养护单位参与到养护市场的竞争中来,一方面促进了养护质量的不断提高,同时也有效降低了养护成本,提高了养护资金的使用效率。在这些养护施工单位中,民营养护企业占据了越来越大的比重。

## 1　对工作我们一视同仁

养护工程市场化不仅是市场竞争的结果,也是养护管理体制改革的必然结果。山东省高速公路集团有限公司在养护大修和专项工程实施过程中严格贯彻了项目业主制、招投标制、工程监理制,合同管理制以及廉政责任制。在维修保养方面,维修保养经费采取动态化、定额化管理,管理处与养护工区实行合同管理和内部成本核算制。维修保养的部分内容,如绿化管护、路面保洁、路损修复等,可由各管理处根据实际情况实行市场化、专业化养护,也可以由养护工区承包,并逐步实现管养分离。

作为高速公路管养单位,所关心的一是养护施工的质量,二是养护成本。养护施工单位的施工能力、施工质量控制水平和信誉是确保养护施工质量的决定性因素。高速公路养护工程施工的投入较大,施工环境差,工程质量要求高,还要有现场交通控制的经验,因此对施工单位的要求也较高。目前在我们的养护专项及大修工程中,施工单位多是由原来的国有工程建设单位转型而来,施工经验丰富、实力强、信誉高、施工质量好,与高速公路管理单位有良好的合作关系。养护施工单位之间通过市场化的方式展开有效竞争,可以有效降低养护成本,促进养护质量的提高。目前,在高速公路日常维修保养方面,如绿化管护、路面保洁、沿线设施养护、路面病害修补等,因其技术要求较低、工作内容简单、规模小,养护单位的进入门槛较低,有较多的民营养护单位参与。

## 2　企业仍有发展空间

与国有养护企业相比,民营养护企业有如下优势:①灵活性强。民营企业一般规模较小,转型容易,可以根据养护市场情况的变化及时调整,迅速反应,更快地适应环境变化。②竞争意识和成本观念强。由于自身实力有限,为更好地参与竞争,民营企业千方百计降低成本,提高竞争能力,细化管理措施,严格程序控制,实现利润最大化。③历史负担轻。同国企相比,民营企业包袱较轻,人员压力小,成本低,有利于参与市场竞争。

另一方面,民营养护企业也存在着以下劣势:①规模小、实力弱。由于资金和技术实力有限,民营养护企业目前在规模、实力上与国有企业差距很大,只能参与规模较小的养护工程。②资质和信誉。民营养护企业缺少承担较大养护工程的资质,限制了参加竞争的范围,同时部分民营企业过于注重短期利益,有时会发生偷工减料、不严格履行合同等行为,对其信誉产生了不良影响。

管养分离是养护体制改革的方向,养护工程市场化是改革的必然结果。随着养护市场的培育和发展,大量的养护施工单位将参与这个市场的竞争。民营企业通过积极参与、规范行为、壮大实力、申办资质、树立信誉,将会在今后的养护工程市场中占据更大的份额。

# 沥青路面现场热再生技术及工艺控制在济泰高速公路路面维修中的应用与研究

**摘　要**:本文介绍了沥青路面现场热再生技术,通过对沥青路面现场热再生技术在济泰高速的实例应用和研究,总结了沥青路面现场热再生技术的工艺控制要点,提出了沥青路面现场热再生技术需要注意的质量控制问题,研究结果对以后沥青路面现场热再生技术的推广应用有积极的作用。

**关键词**:沥青混凝土路面　现场热再生　工艺控制

## 1　引言

我国高速公路开始修建于1989年,近年来,大量在20世纪90年代以后陆续建成的高速公路已经或即将进入维修期,如果采用传统的维修方法,将会有大量铣刨的沥青混合料废弃,一方面会造成环境污染,另一方面对于我国这种优质沥青资源较为匮乏的国家来说是一种极大的浪费,而且,大量天然石料的需求势必将进一步引起森林植被减少、水土流失等生态环境的破坏,而应用再生沥青混合料正是缓解这一矛盾的有效方法。

## 2　沥青路面现场热再生技术概述

沥青路面现场热再生(HIR)技术是一种先进的沥青混合料再生技术,利用的机械一般为一列大型"沥青路面现场热再生联合机组"。沥青路面现场热再生机按其设计理念的不同,有很多不同的种类,如按加热器燃料种类分可分为柴油型和天然气型,按加热方式分可分为红外线加热型、循环热风加热型和循环热风与低度红外线结合型,按铣刨方式,还可以分为一次性铣刨型和分层铣刨型等。沥青路面现场热再生技术的有效处理宽度为3~4.5m,施工速度较快,根据济泰高速的施工经验,一般每天可完成4000~8000m$^2$。

## 3　适用条件

沥青路面现场热再生技术是一种针对路面早期损坏的养护技术,主要适用于基层承载力良好,而面层出现各种不规则裂缝、脱皮麻面、车辙或较浅层次的坑槽等病害的路面(图1)。损坏波及路面基层以下时,原则上不再适用或必须首先进行处理。现场热再生一般不能纠正属于结构上的破坏,能达到最大深度在60mm左右。

## 4　工艺流程

### 4.1　现场调查

在沥青路面现场热再生正式施工以前,应进行详细的路况调查,以确定具体的工艺参数。

a)不规则裂缝　b)坑槽　c)脱皮麻面　d)车辙

图1　路面病害

调查的主要内容有：

(1)对原路面的损害情况，包括各类病害的种类、数量、具体桩号、分布情况以及层位等进行详细的记录，按路段汇总成表。对于一些较深层位的病害，如坑槽、唧浆等，应作特别说明，以便提前进行局部挖补。

(2)在病害具有代表性的路段分别取芯，取芯深度要比所要再生沥青路面的厚度略大，取芯时要尽量少破坏原沥青混合料的级配，以减少对试验结果准确性的影响。

### 4.2　热再生混合料的设计

热再生混合料的设计主要有两部分：一是旧沥青的再生；二是再生混合料的配合比设计。所谓旧沥青的再生，是指将旧沥青从老化后的凝胶结构改善到溶凝胶结构，旧沥青的再生包括：旧沥青性能的试验，再生剂的添加量试验。再生混合料的配合比设计包括：旧沥青混合料的试验，新添加沥青混合料级配的确定，再生混合料的检验。

4.2.1　旧沥青的再生

(1)旧沥青的性能试验

根据现场调查的结果，将取来的路面芯样进行沥青抽提，回收旧沥青进行试验，以判定旧沥青混合料中的油石比和旧沥青的老化程度，试验内容可以采用目前常用的三个基本指标：针入度、软化点和延度。

(2)再生剂的添加量试验

根据旧沥青的老化程度,将回收的沥青分组按不同比例添加再生剂,然后再进行再生沥青的基本性能试验,并对各组的试验结果进行对比分析,以确定最佳的再生剂用量,使再生沥青的路用性能达到高速公路施工技术规范的要求。再生沥青的性能如何,不仅要看基本指标的改善,同时要对再生沥青的抗老化能力进行检验,只有抗老化能力符合规范要求的再生沥青,才可应用于高速公路施工。

4.2.2　再生混合料配合比设计

(1)首先对抽提试验得到的矿料进行筛分,以判断旧路面的级配组成。一般情况,矿料在压实、车辆荷载、自然因素的联合作用下,容易破碎和磨损,使其级配发生变化,表现为粗集料减少,细集料增多。

(2)根据旧沥青路面的病害情况和初步拟订的施工方案,可以确定添加新混合料的比例,一般情况,这个比例不要低于15%,因为如果添加新混合料的比例如果太小,对级配的改善效果就不会太明显,而且还可能会因原路面沉陷、车辙等方面的原因造成摊铺时缺料。根据这个比例,可以确定添加新混合料的级配。由于热再生机组上的搅拌锅搅拌能力并不是很强,因此新混合料的油石比一般按正常的混合料配合比来确定,以防搅拌不均匀。

再生沥青混合料的油石比由三部分组成:旧沥青混合料的油石比、添加的再生剂,新沥青混合料的油石比。当再生混合料的设计初步完成后,如果再生混合料的合成油石比还偏小,应考虑加入一部分新沥青,加入的新沥青量由马歇尔试验确定,一般应混入再生剂均匀地加入到旧沥青混合料中。

(3)再生混合料的检验。对已完成设计的再生沥青混合料应做水稳定性试验和抗车辙能力试验。需要注意的是,这样得出的只是实验室配合比,在具体施工前,应采用试验段的方式加以验证,最终确定施工配合比。

## 4.3　施工需要注意的问题及质量控制

下面以在济泰高速施工的工程实例(图2)说明沥青现场热再生的施工需要注意的问题及质量控制方法,该工程为京福高速济南段现场热再生处理工程,施工日期为2004年8月~10月,累计单车道全长20km,新混合料AK-13添加量25%,再生剂添加量为原沥青含量的11%,采用循环热风加热,分层铣刨法。

(1)在正式施工之前,要提前做好必要的准备工作,包括封闭交通,对层位较深的病害以及不适合热再生的部位提前进行处理,用风镐打出横向接缝,清扫路面,检查机械等。

(2)沥青热再生机组的运行速度以2.0~4.0m/min为宜,加热宽度要比铣刨宽度每边宽5~10cm为宜,以便于施工和保证纵向接缝的温度,使纵缝密实无松散,每台热再生机械的间距控制在2m以内。

(3)加热温度要适度,对旧路面加热既要达到一定的温度和深度,又不能过热,沥青路面现场热再生技术温度控制标准见表1。温度过低,再生剂和旧沥青融合困难,起不到再生作用,而且集料容易破碎,会改变原路面的级配组成,也无法达到摊铺要求;温度过高,又使沥青老化,失去再生的意义。因此热再生机组的运行速度要均匀集中。

(4)再生剂的添加量计量要准确,并与行走速度相协调。再生剂过多,再生路面容易泛油、发软,再生剂过少,又不能起到再生效果,在施工要做好定量检测,同时多观察,多总结,使

a)HIR机组

b)再生后的路面

c)再生路面取芯

d)新老路面接缝

图2

再生剂用量误差控制在原沥青含量的±1%以内。

沥青路面现场热再生技术温度控制标准　　表1

| 预热表面温度 | 铣刨旧料收集温度 | 添加新料温度 | 摊铺温度 | 初压温度 | 终压温度 |
|---|---|---|---|---|---|
| 160℃～180℃ | ≥125℃ | ≥140℃ | ≥125℃ | ≥120℃ | ≥70℃ |

(5)铣刨深度要确定，铣刨深度时深时浅，不仅影响路面的平整度，而且还将影响再生剂用量的准确性，铣刨深度要稍大于处理层的厚度，以免出现夹层现象，例如济泰高速上面层厚4cm，此次工程实际铣刨深度为5cm，分3层，分别为：2.0cm、1.8cm、1.2cm。

(6)再生混合料的压实要采用压实力较大的压路机，碾压时，压路机紧跟热再生搅拌摊铺机，以免料温下降过快。在此工程中先采用宝马双钢轮压路机稳压1遍，高频低幅振压2遍，然后25t胶轮静压4遍，最后钢轮光面至无轮迹。

## 5　优势

与传统的路面维修方法相比，沥青路面现场热再生施工，具有很多方面的优势。

(1)沥青路面现场热再生技术的第一个优势就是其环保功能，它能保证集料的完好，保留沥青的组成及性能，充分利用旧料。避免了沥青混合料的废弃污染和大量砂、石等原材料开采对环境造成的破坏。

(2)利用沥青路面现场热再生技术可以节约投资,旧路面混合料就地再生利用,不需要搬运废料过程及废弃物堆放场地,再生时只需添加再生剂和部分新沥青混合料,而且作业人员可节省 1/2,使得路面维修的成本显著降低,根据在国内施工的经验,其费用仅占传统维修的70%左右。

(3)与传统维修方法相比,沥青路面现场热再生施工对交通的干扰较小,维修时只需封闭一个半左右的车道,冷却后就可以开放交通,能保证高速公路的正常运营,施工产生的振动、噪声比其他施工方法小,影响交通及沿途居民的程度小。

## 6 结语

本文在总结沥青路面现场热再生技术在济泰高速应用实例的基础上,对沥青路面现场热再生技术及工艺控制进行了简要论述,但沥青路面现场热再生技术作为一项新技术,从再生原理、再生剂的开发、再生路面的配合比设计,再生路面的质量标准、再生路面的施工工艺及质量控制等各个方面,都有大量的工作需要做,需要制定出一套符合我国沥青路面实际情况的现场热再生技术规范,以期带来更大的经济效益和显著的社会效益。

### 参考文献

[1] 中华人民共和国行业标准.JTJ 032—1994.公路沥青路面施工技术规范.北京:人民交通出版社,1994.

[2] 中华人民共和国行业标准.JTJ 052—2000.公路工程沥青及沥青混合料试验规程.北京:人民交通出版社,2000.

# 特大跨海桥梁水下无封底混凝土套箱关键技术

**摘 要**：为提高承台的抗腐蚀能力，加快施工进度，提高桥梁施工的经济效益，降低海上施工的危险性，减少施工造成的资源消耗及对海洋环境造成的污染，研究了水下无封底混凝土套箱技术，用混凝土套箱代替传统的钢套箱。本文介绍了水下无封底混凝土套箱的施工工艺，主要包括气囊止水和弹性应力吸收层的设置，同时基于实测数据和有限元技术分析了套箱施工期的力学性能。研究结果表明：新工艺能够有效降低套箱施工期的混凝土水化热应力。该项技术在青岛海湾大桥378个承台施工中得到了应用，节省了大量工时，节省费用约5186万元。

**关键词**：无封底混凝土套箱　胶囊止水技术　承台　施工

## 1　项目概要

青岛海湾大桥是我国继东海大桥、杭州湾大桥之后又一座具有世界级规模的超长大跨海桥梁，跨海长度达27km，是青岛市“十一五”期间的特大工程，为确保本工程高标准、高质量、高效率地顺利完成，同时避免施工事故的发生，中国山东省高速集团青岛高速公路有限公司青岛海湾大桥建设指挥部结合国外先进经验，研制开发了一种国内外首创的水下无封底混凝土套箱在海上承台施工中的应用工艺。目前，海上承台施工主要以钢围堰及钢套箱内浇筑封底混凝土创造承台干施工条件为主，其单个承台施工周期长，施工成本高，海上施工难度大，承台外防腐再处理较为困难。为提高承台的抗腐蚀能力，加快施工进度，提高桥梁施工的经济效益，降低海上施工的危险性，减少施工造成的资源消耗，减少施工对海洋环境造成的污染，采用钢筋混凝土套箱来优化承台施工工艺。

目前，已有桥梁采用了混凝土套箱进行施工，但是结构形式与本文采用的无封底混凝土套箱还是有区别。简要描述如下：文献[1]采用壳体有限元模型分析了套箱的内力。文献[2]对东海大桥承台施工过程中的混凝土套箱的温度应力进行了分析，揭示了套箱裂缝的形成原因，并提出相应的处理方法，探讨了海洋中的薄壁结构的温度应力问题。文献[3]系统介绍了东海大桥承台工程施工方案的比选、混凝土套箱的结构设计及采用混凝土套箱工艺进行承台施工的情况。

从文献[2]可以看出，混凝土套箱在东海大桥上出现了开裂现象。恶劣海洋环境下，结构开裂会引起严重的耐久性问题，长久开裂会直接导致钢筋在氯离子侵蚀下出现锈蚀，严重影响结构的使用性能。因此，本文从混凝土套箱的结构型式和套箱的施工工艺上进行了详细研究，创新性地提出了水下无封底混凝土套箱的施工工艺。

混凝土套箱为有底薄壁矩形空箱结构，如图1所示。

## 2　部分施工工艺

该工艺主要由混凝土套箱、钢套箱、吊装系统、反压系统、胶囊止水和焊接系统共六部分组成。主要施工过程是以灌注桩钢护筒为支撑依托，利用吊装系统安装混凝土套箱，然后实施反压系统、水下胶囊止水、抽水、焊接、拆除临时固定系统和吊架完成体系转换、安装上部防浪钢套箱抽水后形成承台干施工条件。其中混凝土套箱是该工艺的主体，胶囊止水是核心技术；新型混凝土套箱在构造上的创新点主要表现为：在套箱侧壁粘贴泡沫板从而有效防止承台混凝土水化热对混凝土套箱的影响。

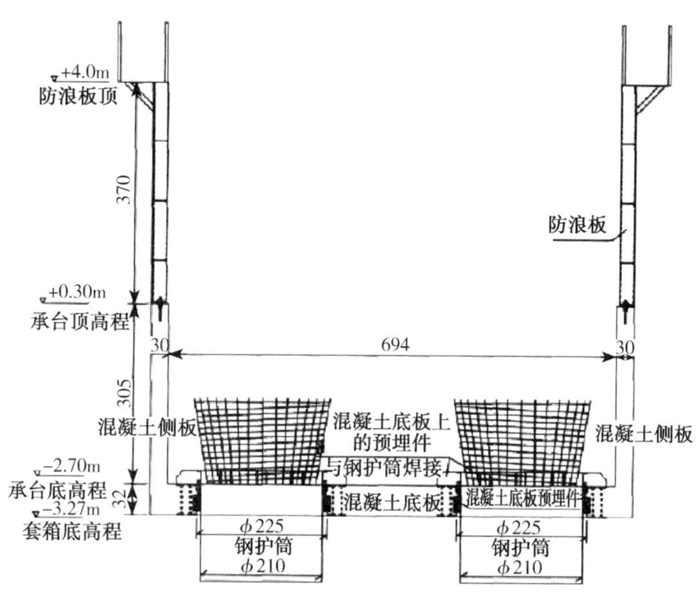


图 1　混凝土套箱构造

## 2.1　实测桩位

由于施工现场灌注桩存在平面位置及竖直度偏差，直接影响到混凝土套箱的安装，所以为确保混凝土套箱安装顺利且满足中心偏差±20mm 的设计标准，套箱预制前必须先进行现场桩位、桩竖直度及钢护筒椭圆度实测，以此来确定套箱底板预留桩孔的直径及平面中心位置。

为了保险起见，在套箱预制前根据套箱底板设计预留的 4 个桩孔位置制作了一个模拟混凝土套箱底板厚度的钢结构套架，提前在安装桩位上进行试套，实施效果比较理想，说明确定的预留孔径大小和位置是可行的。

## 2.2　绑扎钢筋

在套箱底板预留孔位置确定后，按照设计图开始现场绑扎套箱钢筋，同时安装预埋件及试验检测应力片和传感器。

## 2.3　支立模板

根据套箱数量及工期要求制作了模板，内外模均设为 4 片，板面均采用 6mm 钢板结构，套箱模板安装如图 2 所示。

套箱底板预留孔模板分4片组装如图3所示。

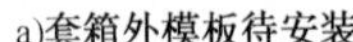

a)套箱外模板待安装

b)套箱内模板待安装

图2　套箱模板安装

图3　套箱底板预留孔模板安装前试组装

## 2.4　浇筑混凝土及养护

采用吊罐工艺浇注混凝土。拆模后混凝土养护使用洒水养护与土工布覆盖养护相结合的方式，即土工布将套箱完全覆盖，及时洒水，保证套箱湿润，避免混凝土开裂。

## 2.5　钢筋混凝土套箱安装

具体安装流程为：套箱装船→海上运输→现场定位（先方驳后起重船）→套箱安装。

为加快套箱安装速度，给套箱安装起导向作用，并避免套箱与钢桩相碰损坏套箱以及考虑套箱安装后护筒顶部受压变形过大，在套箱安装前于每个墩台的四根钢护筒上分别焊接一个井字形支撑和导帽。

待套箱安装所有准备工作完成以后，采用带50t履带吊的600t方驳运输套箱，同时组装吊架。

套箱安装采用的吊架主要由框架梁、上吊索和下吊杆组成。检查合格后起重人员离开套箱，指挥起重船开始起钩，同时起重船绞缆移船到安装位置方向正对桩位安装套箱。

安装时，套箱必须保证底板预留孔按编号与实测桩位一一对应，经现场实测，安装一个套箱从起重船开始挂钩到最后安装就位总时间最多1h且安装顺利。套箱安装后为保证顶面高程和中心位置准确，满足设计标准要求，必须定位：即实施反压牛腿系统、调整、临时固定混凝土套箱(图4),以便下一步实施水下胶囊止水和焊接固定完成体系转换。根据现场实测安装一个套箱的4组反压牛腿抱箍需要3~4h,实施效果较好。当套箱实施纵向反压后,在测量的配合下,每个套箱利用8个5t水平千斤顶安放在套箱四角的反压牛腿下的连接托架上,进行套箱横向加固和调整水平位置,确保套箱准确定位。

## 2.6　套箱侧壁粘贴泡沫板

为防止混凝土套箱侧板在承台混凝土的侧压力下开裂,在混凝土套箱侧板内壁除粘贴止水条的位置粘贴2cm厚的泡沫板。混凝土套箱内清理干净后,钢筋绑扎前,可开始套箱侧壁泡沫板,泡沫板如图5所示。

图4　反压牛腿抱箍安装完情形

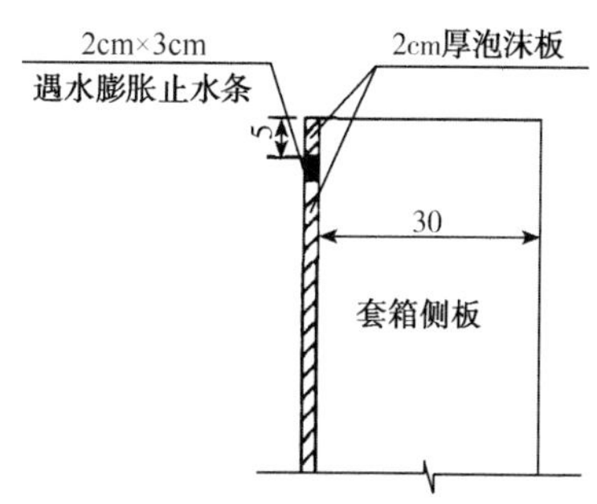


图5　套箱侧板粘贴泡沫板(单位:cm)

## 2.7　套箱底部胶囊止水

胶囊止水是套箱工艺实施的核心技术,同时在建桥史上也很少见。因为只有套箱内止水成功,并在低潮时将套箱内水抽干后才能创造施工条件,所以胶囊止水的成败就决定了套箱工艺典型施工的成败。

(1)胶囊止水模拟试验

为有效实施模拟试验,根据套箱底板$\phi$1950mm的预留孔和灌注桩$\phi$1800mm的钢护筒实际直径尺寸,设计加工了一套试验装置并进行了2个多月的模拟试验,期间对不同厚度、不同尺寸、不同原材料配比制成的30多条胶囊进行了试验,最终试验成功。根据试验成功确定的胶囊技术参数和尺寸,采用十几种原材料经过多道工艺加工过程生产出轮胎式筒型成品胶囊(图6)。

(2)止水胶囊安装

套箱的止水采用止水胶囊,套箱预制时在底板处设置胶囊的固定槽,胶囊与套箱一同下放后,往胶囊内冲水达0.2~0.35MPa,实现止水后在胶囊的顶部设置速凝砂浆,以保护胶囊并作为止水的又一道屏障,具体设置如图7所示。

反压牛腿焊接完毕后,尽量选择在低潮位进行胶囊止水,采用高压清洗机作为充水设备,利用高压管(如气割用的氧气管)连接清洗机与胶囊的气闷管。开动清洗机逐个对胶囊进行充水,充水压力控制在0.2~0.35MPa,充水时设置压力表监控充水压力,防止充水过多导致胶囊爆裂。

图6　轮胎式筒型胶囊

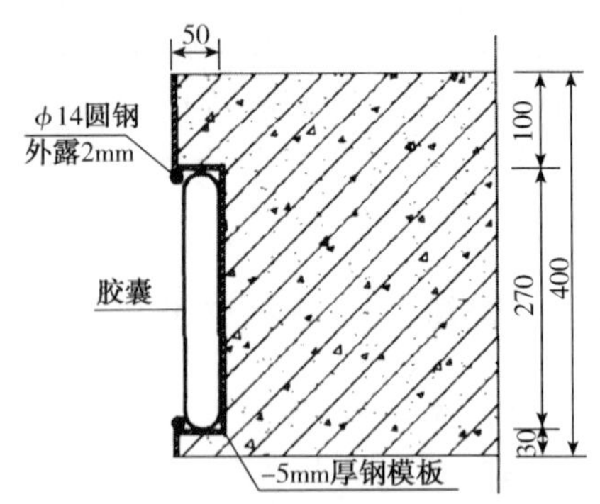


图7　胶囊安装在底板预留槽中示意图(尺寸单位:cm)

在气囊止水完成后,利用4台抽水泵在1h内将套箱内的水抽干,提供干作业环境。抽水时选择好时机,在潮水到达最低潮时完成抽水,随后用事先拌制好的膨胀砂浆将钢护筒与底板之间的间隙封堵,确保套箱内不漏水。如图8和图9所示。

图8　胶囊充水后效果

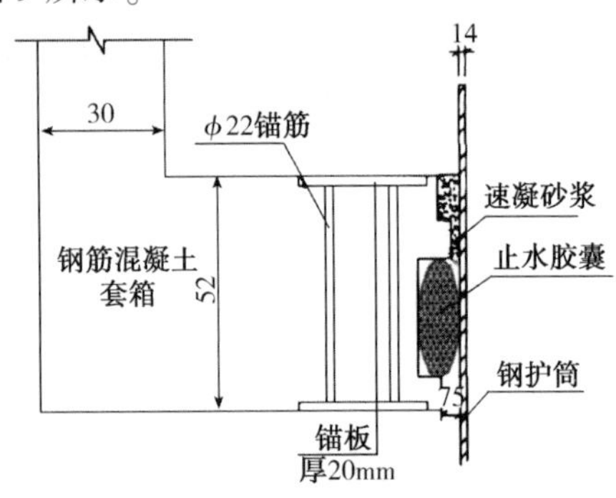


图9　速凝砂浆设置后状态(尺寸单位:cm)

## 3　新型套箱施工期应力分析

### 3.1　有限元模型

按照工程现场布置的冷却水管位置,建立水管冷却的有限元模型,如图10和图11所示。

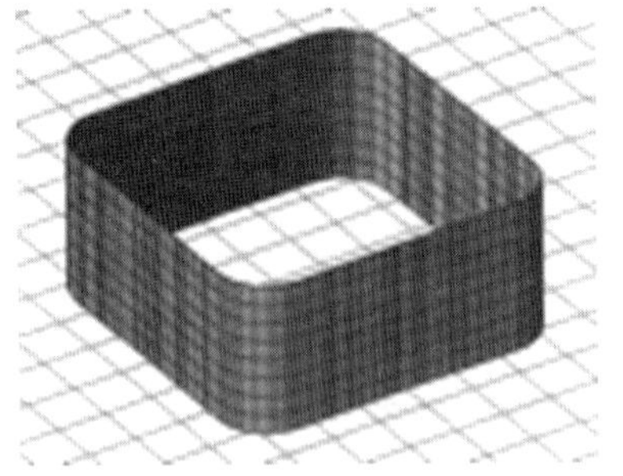

图10　泡沫板有限元模型

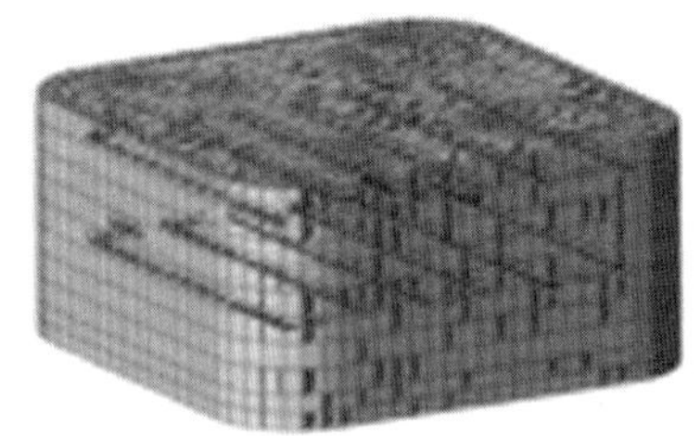

图11　考虑管冷的有限元模型

### 3.2　承台温度分析

承台传感器布置如图12所示。

由图 13 可以得出以下结论:有限元模型参数取值准确,模型计算结果可以反映青岛海湾大桥实际工程中的套箱及承台温度场和应力场。

图 12 承台传感器布置

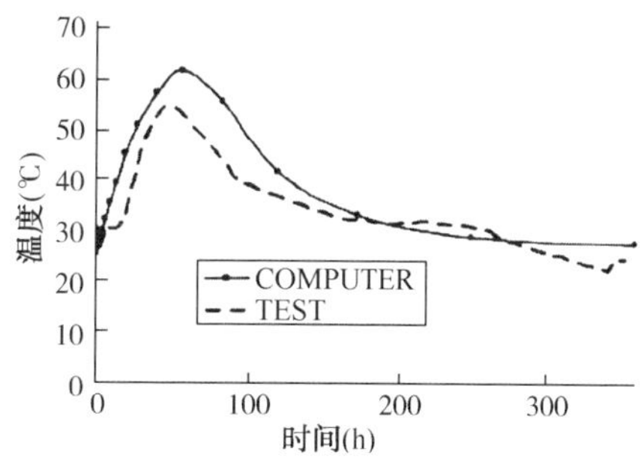


图 13 承台测点温度比较

## 3.3 套箱温度和应力分析

套箱测点主要布置在套箱侧壁中间部位和倒角部位,在这两个部位从套箱顶部至底部等间距埋设 4 个温度传感器。

现场传感器埋设照片如图 14 所示。

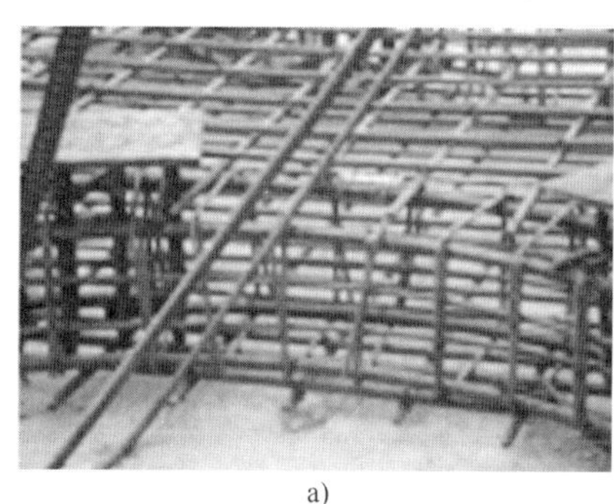

a)

b)

图 14 套箱现场传感器埋设

计算和实测数据表明:最大主应力都出现在套箱底部和桩交界面,由于该界面存在应力集中现象,而该部位本身有环梁等加固设计措施,因此可不关心该部位的应力。

为了进一步分析套箱关键部位的应力分布,取关键部位的节点进行应力时程结果分析。从东海大桥套箱开裂的调查结果显示:套箱开裂主要发生在套箱侧壁,因此选取套箱侧壁关键部位的节点进行应力时程结果分析,测点布置如图 15 所示。

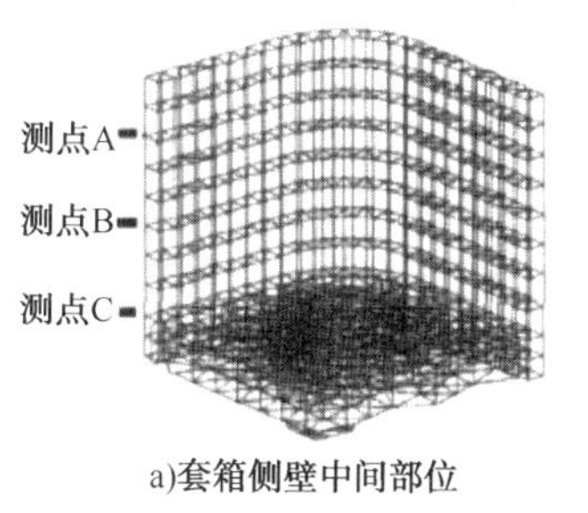


图 15 测点布置

统计各个测点的应力时程曲线中的最大值,得到各个测点的第一主应力计算结果,具体如表 1 所示。

测点的应力和温度　表 1

| 位置 | 最大应力(MPa) | | 时间(h) | 最大温度(℃) | | 时间(h) |
|---|---|---|---|---|---|---|
| | 套箱内侧 | 套箱外侧 | | 套箱内侧 | 套箱外侧 | |
| 测点 A | 0.6 | 2.8 | 80 | 35.3 | 28.2 | 240 |
| 测点 B | 0.8 | 2.6 | 70 | 35.2 | 28.3 | 260 |
| 测点 C | 0.8 | 1.9 | 60 | 33.5 | 28.1 | 240 |
| 测点 D | 0.75 | 0.1 | 80 | 33.7 | 26.7 | 240 |
| 测点 E | 1.1 | 0.5 | 80 | 31.9 | 27.3 | 230 |
| 测点 F | 1.9 | 1.7 | 80 | 30.5 | 27.5 | 220 |

由表 1 可以得到以下结论:

(1)套箱在施工期间由于承台的水化热及本身内外侧温度差异,导致套箱外侧出现拉应力,且在 80h 的时候,内外侧的应力差达到最大值,约为 2MPa。

(2)套箱侧壁外侧第一主应力值均未超过混凝土的抗拉强度,套箱施工期间不会发生开裂现象。

(3)套箱侧壁跨中外侧为施工期受拉应力较为明显的部位,相比较而言,套箱侧壁跨中部位比倒角部位受力不利。

(4)套箱施工期间,混凝土套箱侧壁内外侧的平均最大温差约为 6℃。

### 3.4　施工期套箱安全可靠性分析

混凝土套箱是一个壳体结构,当它上下两端自由,无外约束、内部无热源,均匀温差和收缩不会引起约束应力,只会引起自由变形。但是当套箱内部有热源,必然引起壳内外表面温度差,而引起温度应力。从东海大桥混凝土套箱开裂成因来看:温度应力时导致东海大桥承台混凝土套箱裂缝开裂的主要原因,而且从桥梁工程界的研究结果来分析,温度应力同样是引起桥梁混凝土开裂的主要因素。弹性应力吸收层本身具有很好的隔热功能,但是由于弹性应力吸收层本身厚度很小,有可能会引起套箱的内外温差。因此,研究承台套箱在承台水化热期间的内外温度差及应力分布,通过试验测试和理论分析防止套箱开裂,具有明显的实际工程应用价值。

上述研究表明:套箱施工期间,混凝土套箱侧壁内外侧的平均最大温差约为 6℃。因此实际计算分析,仅仅考虑该温差,忽略套箱外部的波浪、风等荷载,基于随机有限元方法对套箱施工期的安全性进行评估。

通过可靠度分析得出以下结论:当套箱内外壁有 6℃温差时,混凝土套箱的最大主应力小于抗拉强度 5.04MPa 的可靠性概率为 100%。

## 4　结语

(1)新型混凝土套箱与传统钢套箱相比,在海洋环境中,对承台具有防腐功能,另外具有施工周期短的特点,有效降低了工程造价。

(2)胶囊止水是新型套箱工艺实施的核心技术,同过气囊止水技术,使得套箱内止水成功,并在低潮时将套箱内水抽干后创造施工条件。

(3)新型混凝土套箱与已有的混凝土套箱相比,从构造上增设泡沫板,有效地减小了承台混凝土水化热对套箱的应力影响,降低了套箱施工期开裂的风险。

## 参考文献

[1] 黄向平,莫景逸.东海大桥 70m 跨非通航孔桥梁混凝土承台套箱施工期安全模拟分析[J].城市道桥与防洪,2008(12).

[2] 黄向平,莫景逸.东海大桥承台混凝土套箱裂缝成因探讨[J].城市道桥与防洪,2008(4).

[3] 刘雅清.东海大桥承台混凝土套箱施工方案的选定与实施[J].中国港湾建设,2004(4).

# 海洋环境混凝土结构外加电流阴极保护腐蚀控制

**摘　要**:海洋环境下,外加电流阴极保护技术是防止氯化物污染造成钢筋锈蚀的理想技术,对新结构和旧有结构都能起到很好的腐蚀控制作用。本文介绍了混凝土外加电流阴极保护技术的原理,并以青岛海湾大桥为例,阐述了阴极防护系统组成、设计关键点及数据分析。本文还介绍了几种国外旧有结构混凝土外加电流阴极保护修复方式。

**关键词**:海洋环境　外加电流阴极保护　青岛海湾大桥　混凝土结构　腐蚀控制

## 1　引言

钢筋混凝土结构结合了钢筋与混凝土的优点,是一种公认的经济、耐用、力学性能好的材料,是土木工程结构设计中的首选形式,并广泛应用于桥梁、建筑。然而坐落于海水等强腐蚀环境中的钢筋混凝土构筑物,时刻都在发生着严重危害建筑物安全的腐蚀过程[1-2]。由于钢筋锈蚀引起的裂缝、剥落等现象,导致主体建筑寿命达不到设计使用年限,从而引发一系列的安全隐患和事故。因此,在海洋环境下混凝土钢筋的防腐蚀措施的合理选择,对提高结构耐久性具有重要的意义。

阴极保护法作为一种经济、有效的防腐方式,得到了国内外专家、业主的一致肯定。有人提出,在已经遭受氯盐侵入的钢筋混凝土结构中,实施阴极保护是最有效的方法。其中,对已建钢筋混凝土结构进行阴极极化以控制腐蚀的方法称为阴极保护技术;对新建钢筋混凝土结构进行阴极极化以预防腐蚀的方法称为钢筋混凝土防护技术[3]。

本文以青岛海湾大桥为例,介绍了混凝土外加电流阴极防护系统的原理、组成、设计关键点及数据分析等内容。同时还介绍了几种国外混凝土外加电流阴极保护修复方法,为国内海洋环境下的桥梁、码头等钢筋混凝土结构修复的研究和实施提供参考。

## 2　阴极保护原理

阴极保护法是通过向被保护金属表面通入足够的直流电流,使其阴极极化以减小或防止金属腐蚀的一种电化学防腐蚀技术[4]。

钢筋锈蚀的电化学过程,腐蚀发生在阳极,而阴极是不腐蚀的。阳极反应的表达式为:

$$Fe-Fe^{++}+2e \tag{1}$$

阴极反应是取走电子(通常有氧来承担),使阳极反应可持续进行(按上式箭头方向向右进行);如果上式右边发生电子积累(如对钢筋充以负电),则反应会逆向进行:

$$Fe-Fe^{++}+2e+Me(\text{充负电}) \tag{2}$$

按照反应式(2),如铁变成铁离子(腐蚀)不能进行,于是腐蚀就被停止了。要达到此目的，还必须有另一极（充正电）。充负电的一方整个变为阴极（不发生腐蚀）；而充正电的一方为阳极（腐蚀），这个过程称作阴极保护。

图1表示应用外加电流的方法，将直流电源的负极连接在混凝土中的钢筋上，以使钢筋处于阴极状态。

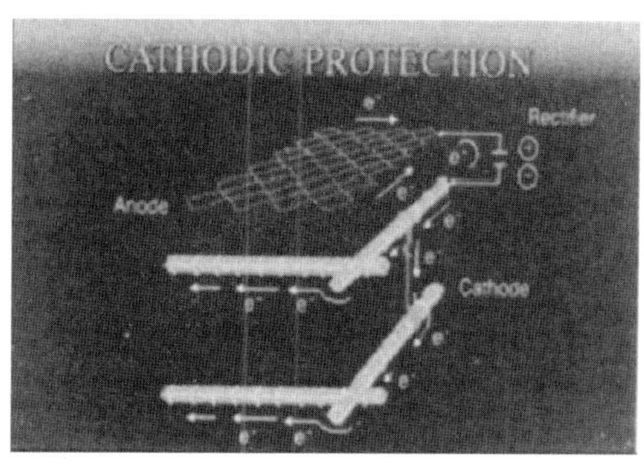


图1　钢筋混凝土外加电流阴极保护示意图

## 3　阴极保护的相关规定

阴极保护作为一种混凝土结构中钢筋的防腐蚀方法，成功运用的经验已经超过了50年，被认为是目前阻止氯离子向混凝土中钢筋渗透的最好的办法。这一论证得到了以下组织的认可：

美国联邦高速公路协会（Federal Highway Association）："混凝土桥面中阻止盐离子侵蚀的唯一方法就是阴极保护[5]"。

英国混凝土协会（UK Concrete Society）："氯离子的侵蚀被认为是导致结构破坏的原因，阴极保护可以提供最有效的防腐蚀方法[6]"。

美国混凝土协会（American Concrete Institute）："在各种修复已有混凝土结构的讨论中，只有阴极保护被认为是能够阻止已有混凝土结构继续腐蚀的方法，被证明是最有效的方法[7]"。

美国腐蚀工程师协会（National Association of Corrosion Engineers）："阴极保护是现在唯一的一种控制混凝土中钢筋被氯离子侵蚀的方法[8]"。

英国标准委员会（British Standards Organization）："阴极保护是一种方法，并且是唯一的一种方法可以阻止混凝土结构中钢筋不受氯离子侵蚀[9]"。

## 4　新结构的阴极防护

### 4.1　阴极防护定义及其特点

对于新建混凝土结构的阴极保护我们通常称为阴极防护，外加电流阴极防护系统使用电源和嵌入混凝土的惰性阳极，并且通过混凝土介质传导电流，到达混凝土中的钢筋表面，从而达到防腐保护的效果。使用参比电极对整个保护系统运行状况进行监控。

未使用阴极防护的混凝土结构，在海洋环境等恶劣的腐蚀性环境中很难达到设计使用寿命，若进行后期修复，在施工难度和腐蚀控制效果方面都不如初期使用外加电流阴极防护系统。

从经济上来说，初始混凝土结构的阴极防护要比旧结构的修复更经济。因为混凝土结构使用初期，氯离子并未到达钢筋表面，阴极保护所需保护电流密度低，与旧有结构阴极保护修复相比，可以很大程度节省材料用量。

## 4.2 阴极防护实例——青岛海湾大桥

4.2.1 工程概况

青岛海湾大桥是我国北方冰冻海域首座特大型桥梁集群工程，大桥所处海域海盐量高达29.4‰~32.9‰，结构很容易受到腐蚀，对结构耐久性有较高要求，混凝土中的钢筋防腐成为整个工程项目中的重点和难点。

本项目采用外加电流阴极防护技术，对青岛海湾大桥大沽河、沧口和红岛航道桥索塔、过渡墩、辅助墩进行保护。保护范围包括大沽河、沧口和红岛航道桥索塔、过渡墩、辅助墩位于浪溅区和水位变动区的承台、墩身及塔身+6.0m 高程以下的钢筋混凝土，保护面积共计 18447.8$m^2$。

青岛海湾大桥外加电流阴极防护系统由东方建设（天津）防腐工程有限公司提供，采用欧洲标准 EN12696[10] 进行设计。主要技术要求为：阳极材料将在选择的运行电流密度条件下，至少具有 100 年使用寿命；联合使用 Ag/AgCl 参比电极和钛参比电极来进行系统的调节和长期监测；每个墩台根据腐蚀环境的不同划分为不同的分区保护；能够远程进行去极化测试，判断所有分区是否处于正常的保护状态下；能够根据去极化测试结果远程调节电流输出量，保证系统一直处于正常的保护范围中。

4.2.2 系统组成

大桥外加电流阴极防护系统主要包括：贵金属氧化物钛网阳极，贵金属氧化物分离式阳极，钛导电条，塑料卡子，银/氯化银和钛双参比电极，远程控制系统，电源等。

（1）贵金属氧化物钛网阳极

对于各个桥墩的承台上部、墩座和墩身部分，采用钛网阳极保护，用塑料夹将钛网阳极和导电条固定在钢筋上，使用尼龙扎带固定，不能使用金属附件。所有阳极钛网必须与钢筋电绝缘。钛网阳极安装方式如图 2 所示。

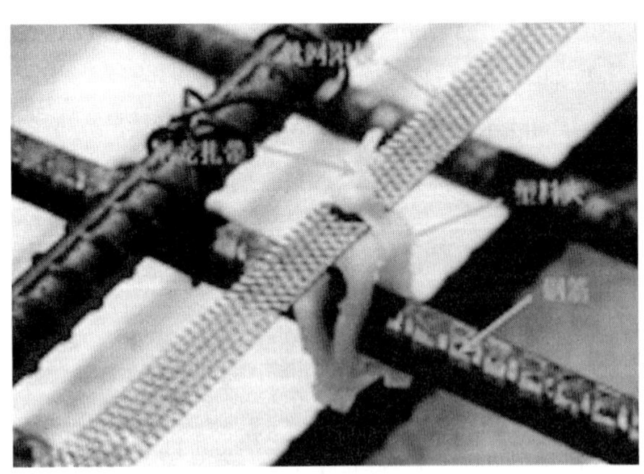

图 2　钛网阳极安装方式

（2）贵金属氧化物分离式阳极

承台侧面采用分离式阳极进行保护。分离式阳极安装在钢筋笼内部，保护承台的侧面钢筋及其顶部部分钢筋。阳极提前浇注于低电阻率混凝土块中,有效地保护了阳极不被破坏,在提高阳极电流发散效率的同时,缩短了安装周期,施工进度容易保证。各阳极的电流发散范围互相重叠,提高了电流分布的均匀性。分离式阳极及其安装方式如图3和图4所示。

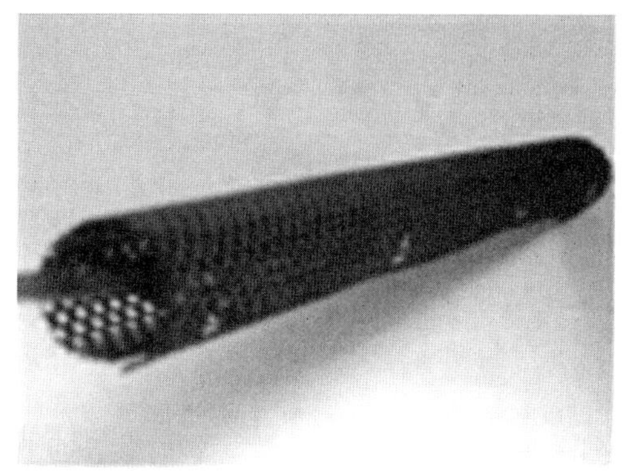

图3　分离式阳极浇注前后

(3)参比电极

本工程选用永久性银/氯化银参比电极作为检测、监控用参比电极之一,实际工作寿命能达到20年。同时,本工程还将采用钛参比电极,并与电缆尾线自成一体,工作寿命为100年,由特殊的钛棒、碳化铁体产品、PVC、不锈钢连接物构成。

参比电极回路连接头应该焊接到钢筋上,每一个参比电极应在50cm距离内安装一个参比电极负极回路接头。参比电极安装方式如图5所示。

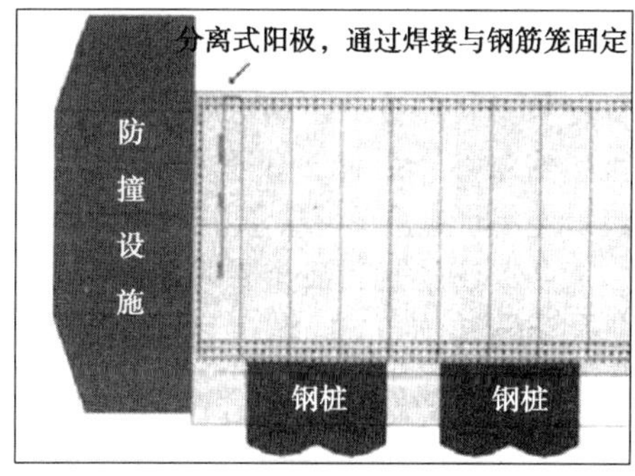


图4　分离式阳极安装方式

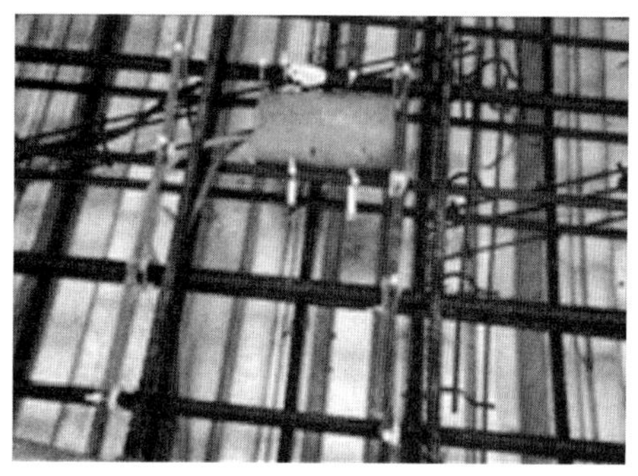

图5　参比电极安装方式

4.2.3　远程控制系统及其后期维护

为准确、及时地监测系统运行状况,本工程采用远程监测与控制系统对其进行监控,通过监控软件可以准确地了解整个系统的运行状况,更好更准确地发现被保护结构存在的问题,便于进行后期维护。

远程控制单元通过安装于电源中的信号采集单元,收集钢筋保护电位数据以及电源的工作参数,由控制电缆将收集到的信息传输到集中发射装置,通过终端计算机接收模块收集并处理各发射装置输出的数据,控制人员可以通过监控软件,监测系统工作情况。远程监控系统原理如图6所示。

监控设备具有以下能力:

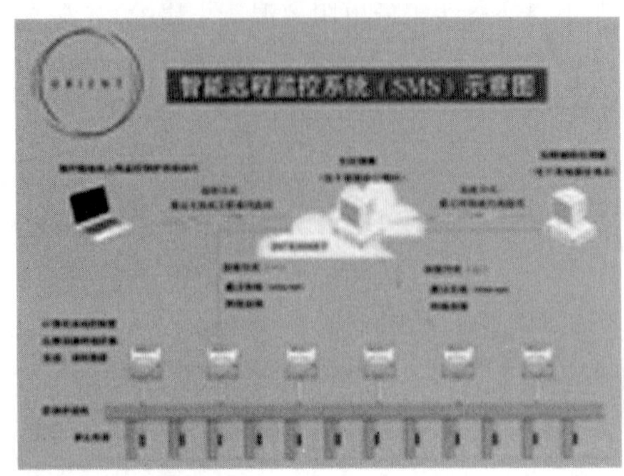


图6　远程控制原理图

(1)自动实时测量、显示保护结构的即时电位、电源设备的输出电流和输出电压的功能，并能将采集到的数据传输到远程监控计算机，自动制成相应图表显示出来，能根据设定值自动调节输出。

(2)监控设备应设有手动检测接线端子和备用参比电极接线端子，以便对仪器仪表、测量线路、参比电极的使用状态进行校核。

(3)监控系统能远程测量瞬时断电电位及进行自动去极化测试。

4.2.4　数据分析

青岛海湾大桥为在建工程，主体结构包括外加电流防护系统并未最终竣工调试，但外加电流系统中的阳极、参比电极等设备已经安装预埋完毕。现场采用馈电实验方法对整个系统进行去极化测试，结果表明整个系统安装完好。

去极化测试是指阴极保护断电瞬间测得的钢筋瞬时断电电位与在阴极保护系统断电 4~24h 范围的某一时刻测得的电位值之差。

当阴极保护系统断电后，由于混凝土 IR 降低消失，电位正向偏移，此时测得的电位为"瞬时断电"电位，并作为计算极化偏移量的始点。由于混凝土的含水程度不同，实施阴极保护时间的长短不同，保护系统断电后，阴极去极化的快慢程度不同，测量电位衰减值的时间可从 4h 适当延长到 24h。在实际操作中，通过调节系统的保护电流大小以满足钢筋瞬时断电电位与断电一定时间时(不超过 24h)的电位之差达到 100MV 的保护准则，由于温度、湿度等环境条件的改变会显著影响钢筋的自腐蚀电位、断电电位衰减值以及极化衰减速率，因此应注意在两次测量期间，环境条件应没有明显变化。

现以大沽河索塔 302 号墩为例，其馈电实验数据如表 1 所示。

**去极化测试结果**　　表1

| 参比电极编号 | 参比电极位置 | 电位值(mV) | | | | | | | 去极化值(mV) |
|---|---|---|---|---|---|---|---|---|---|
| | | 初始值 | 瞬断值 | 去极化 2h | 去极化 4h | 去极化 8h | 去极化 16h | 去极化 24h | |
| 1-1 | 承台侧面 | -408 | -321 | -287 | -256 | -205 | -202 | -200 | 121 |
| 1-2 | 承台侧面 | -338 | -257 | -219 | -188 | -140 | -134 | -132 | 125 |

续上表

| 参比电极编号 | 参比电极位置 | 电位值(mV) | | | | | | | 去极化值(mV) |
|---|---|---|---|---|---|---|---|---|---|
| | | 初始值 | 瞬断值 | 去极化 2h | 去极化 4h | 去极化 8h | 去极化 16h | 去极化 24h | |
| 1-3 | 承台顶面 | -389 | -311 | -269 | -218 | -190 | -181 | -170 | 141 |
| 2-1 | 承台顶面 | -430 | -355 | -301 | -269 | -238 | -233 | -227 | 128 |
| 2-2 | 墩座 | -679 | -603 | -564 | -529 | -510 | -488 | -470 | 133 |
| 2-3 | 墩座 | -290 | -232 | -198 | -157 | -140 | -128 | -122 | 110 |

由表1中数据得出,去极化24h后,全部的参比电极电位衰减值均达到了100mV以上。阴极保护系统运行后,给钢筋持续施加一定密度的阴极电流,将其阴极极化到一定程度,使钢筋电位负移至原腐蚀电池阳极的平衡电位,钢筋得到保护;停止阴极保护后,阴极极化慢慢减弱,钢筋电位开始衰减,满足去极化衰减准则,证明阴极保护系统运行正常。

为了更直观地看出参比电极衰减效果,将参比电极1-1和2-2的衰减值通过图表的方式表现,图7给出了两个参比电极的衰减曲线,将瞬断电位值的时间设为零点,可以很直观地看出参比电极24h的衰减趋势。

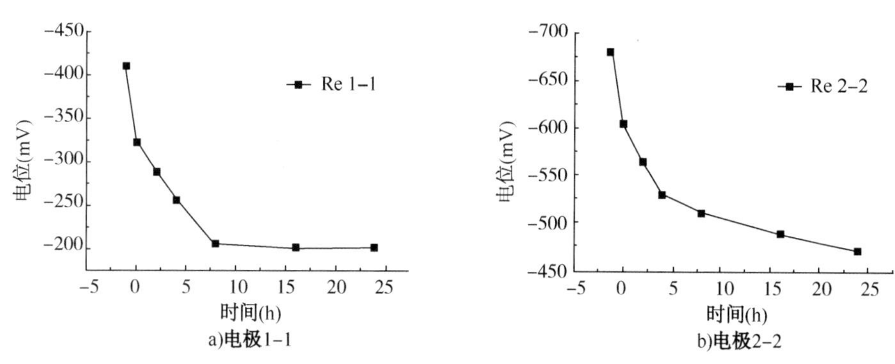


图7　参比电极1-1、2-2去极化测试

# 5　旧有结构阴极保护修复

## 5.1　旧有结构阴极保护修复特点

钢筋混凝土结构为复杂的多相体系,电阻率高且分布不均匀,同时受环境和季节的影响。因此,如何选择阳极材料和安装阳极系统,使保护电流能均匀分布于钢筋表面,是钢筋混凝土结构阴极保护的关键技术问题。目前,金属氧化物钛网阳极是在钢筋混凝土阴极保护中应用最广泛和最成功的阳极材料。

阴极保护技术已成为钢筋混凝土结构中遏制氯化物侵蚀的最有效的方法,且已被成功地应用于几百座桥梁及其他陆地混凝土结构,保护面积已达数十万平方米。其具有以下优点:

(1)可使整个混凝土结构中的钢筋骨架体系得到有效的保护,而不是仅对已发生钢筋腐蚀区域的局部修补。

(2)没有"阳极萌生"问题的出现。

(3)有效保护期内,钢筋不再发生腐蚀。

(4)有多种辅助阳极系统可供选择。

(5)性价比合理,长期经济效益好。

旧有结构阴极保护使用的同时,也应该注意以下问题:

(1)整个混凝土结构的钢筋骨架体系要保证电连续性,且不得与辅助阳极有短路现象发生。

(2)阴极保护系统可能造成预应力钢筋的氢脆,因此预应力混凝土结构的阴极保护系统,只能由经验丰富的专家仔细、慎重地进行设计,且必须由专业的阴极保护人员实施。

(3)混凝土结构及其所处环境千差万别,实施阴极保护时应结合具体情况合理设计。

(4)阴极保护系统在有效期内必须保证供电。

(5)阴极保护系统在有效期内需建立长期有效的监测控制管理系统。

## 5.2 旧有结构外加电流阴极保护修复方式

### 5.2.1 钛网阳极喷浆包覆法

该方法是将MMO钛网阳极直接包覆在需要保护的混凝土结构表面,用塑料钉将阳极网固定牢固(图8)。将钛导电条与阳极网点焊连接并引出电缆至整流器。然后在该混凝土结构表面喷射一层5.1cm左右的混凝土砂浆,将钛网阳极包覆在内。

1988年,佛罗里达州交通运输部(Florida Department of Transportation,FDOT)对位于美国佛罗里达州坦帕的Howard Frankland大桥用上述方法进行了修复。该桥的桥墩由承台、墩身和连系梁三个部分组成,其中承台位于潮差区,墩身下部和连系梁位于浪溅区(图9)。尽管阴极保护系统设计将这三部分采用一个回路进行供电,为了独立监测每个结构的保护情况,在上述三种结构分别安装了参比电极。

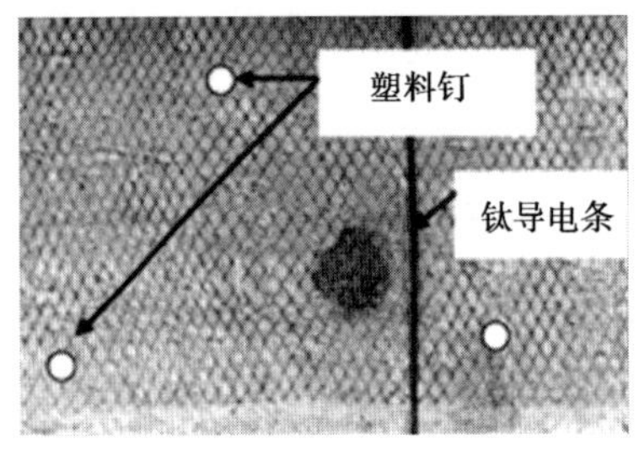

图8 钛网阳极用塑料钉固定在结构表面

图9 系统喷浆包覆后

使用一段时间后发现,部分喷射的混凝土层有脱落现象。这是由于在潮湿的环境下,所喷射混凝土不能与原有混凝土表面很好地结合造成的。尽管部分混凝土层脱落,但阴极保护电流仍可以通过海水到达钢筋表面,维持正常阴极保护所需电流。这种喷射的混凝土层脱落的问题,可以通过采用结合力更好的混凝土砂浆解决。修复14年后进行检测,该系统平均去极化值在132~214mV范围,仍然运行良好且没有进一步的腐蚀发生。

这种阴极保护系统推荐使用在桥梁不处于潮差区、浪溅区的部位。同类阴极保护系统在位于佛罗里达东海岸的Banana River大桥(1996年)和Sebastian Inlet大桥(2002年)中使用。

### 5.2.2 钛网阳极混凝土浇筑法

钛网阳极混凝土浇筑法是结合混凝土加固和防腐的修复方式,通常用于桥梁的大体积混凝土构件。安装前须将原有混凝土结构表面受侵蚀混凝土除去,并将混凝土结构表面及暴露的钢筋表面清理干净。用钛网阳极将清理后的结构表面包覆，并使用塑料钉固定。将新编制的钢筋笼放置在被保护结构外侧（图10），固定模板后浇筑混凝土形成混凝土护套。需要注意的是，新旧钢筋笼之间必须是电绝缘的，由于原有钢筋笼已经受到腐蚀，所需保护电流高于新钢筋笼。

此类阴极保护系统的首次应用是安装于佛罗里达州 Crescent 湾的 Verle Allen Pope Bridge。该桥的8个桥墩的承台由于长时间的劣化而致使结构受力不足，同时由于结构存在裂缝，使内部钢筋锈蚀从而引起混凝土进一步剥落。钛网阳极混凝土浇筑法，既可以满足结构加固的需求，又可以对钢筋进行防腐保护。该项目成功实施后，对一些与其结构类似的桥梁也进行了同样的维修。所有实例证明，该防腐维修方法是行之有效的。

5.2.3　*护套外加电流阴极保护法*

护套外加电流阴极保护法方法是专门针对桥梁桩基防腐设计的。该方法是预先将钛网阳极固定在玻璃钢护套的内表面，清洁桩基表面并将桩基劣化混凝土除去，将护套安装在指定位置后向护套内浇筑混凝土（图11）。由于阳极是预先固定在护套内，阳极与桩基之间的距离是相同的，更有利于电流的均匀分布。

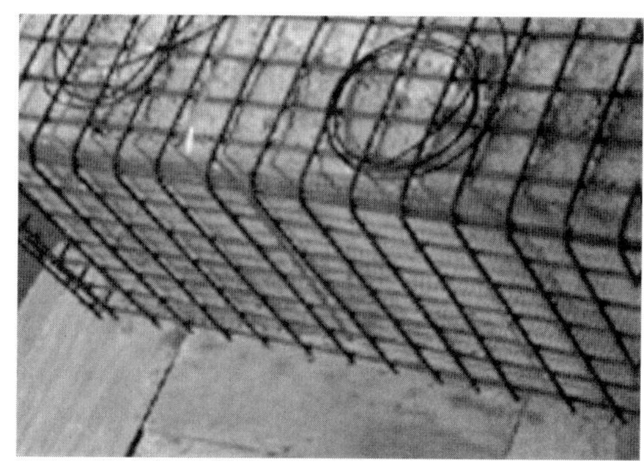

图10　钛网阳极混凝土浇筑法

图11　外加电流阴极保护护套系统

该护套系统首次应用于佛罗里达杰克逊维尔 Ribault River 大桥的44根桩基上。该系统共采用4台多回路整流器对每个桩基分别进行供电。经去极化检测可知，每根桩基的去极化值均超过150MV，阴极保护系统运行状况良好。该系统现已成为 FDOT 的标准桩基维修方法，被应用于很多类似的结构，仅在佛罗里达州就应用于500多根桩，收到了非常好的效果。

## 6　结语

阴极保护技术是目前公认用于海洋环境下钢筋混凝土防腐保护最有效的方法，对新、旧混凝土结构都能起到很好的腐蚀控制作用。随着混凝土阴极保护技术在青岛海湾大桥等项目的成功应用以及人们对钢筋混凝土腐蚀的进一步认识，阴极保护作为一种成熟、有效、方便的钢筋混凝土保护技术将会得到更广泛的应用。

## 参考文献

[1] Hong Naifeng. Salt and reinforced corrosion[C].Proceedings of 2nd Cross-strait Corrosion and Protection Seminar Techenology, Taiwan: Cheng Kung University, 2000: 21-26.

[2] Mehta P K. Concrete durability-fifty years progress [C].Proceedings of 2nd International Con-

ference on Concrete Durability,S.l:ACISP,1991:1-31.

[3] Ge Yan, Zhu X. Reinforced concrete cathodic protection and cathodic protections tatus and progress of technology[J] . Industrial Buildings,2004,34 (5):18- 20.

[4] Baeckmann W Y,Schwenk W,Prinzw. Cathodic protectionc Manual [M]. 2005:274- 275.

[5] Karlsson A,Kristensson G. Constitutive relations,dissipation and reciprocity for the maxwell equations in the time domain,LUTEDX/( TEAT-7005)/1-36/(1989)[R]. [S.l] UK Concrete Society,1989.

[6] National association of corrosion engineers. RP0290−90−1990 impressed current cathodic protection of reinforcing steel in atmo spherically exposed concrete structures [S]. Houston,TX: National Association of Corrosion Engineers,1990.

[7] BS 7361 Part 1−1991 Code of practice for land and marine applications [S].

[8] EN 12696 Cathodic protection of steel in concrete [S].

# 冰冻海域全寿命周期的桥梁结构耐久性关键技术研究

**摘　要**:将全寿命周期的结构耐久性理念贯穿于设计、施工、运营及维护的全过程。通过耐久性方案的合理设计、施工过程的精细控制、关键参数的在线监测、结构状态的科学评估和大桥管养的有效及时等全寿命周期的过程控制,全面提高青岛海湾大桥的运营效率,实现大桥全寿命周期成本最优配置。通过耐久性在线监测,动态评估结构剩余使用寿命,确定技术可行、经济合理的防腐蚀技术措施,最终建立基于动态数据的桥梁管养技术。

**关键词**:冰冻海域　全寿命周期　结构耐久性　在线监测　动态评估

## 1　引言

从国内外腐蚀情况来看,建筑腐蚀损失占社会总腐蚀损失的比例日趋上升,有资料表明,美国与钢筋锈蚀有关的损失可占总腐蚀损失的40%,仅桥梁腐蚀破坏约占腐蚀损失的20%,技术先进国家,每年总腐蚀损失可占国民经济总产值的3%~5%[1]。我国有些海港、桥梁工程,在正常使用后十几年甚至几年就开始修复,远没达到设计使用年限的要求。

为了研究海洋环境下由材料腐蚀引起的结构功能退化规律,交通部有关单位分别于1963年、1965年和1980年针对我国沿海港口工程混凝土结构破坏状况组织了三次调查[2],调查结果显示,1980年前修建的港口混凝土结构由于没有针对氯离子侵入引发的钢筋锈蚀采取有效的防护措施、确定关键的技术指标,如钢筋保护层厚度、混凝土水胶比等,而导致结构物开裂破坏相当严重。我国分别于1999年和2000年启动了中国工程院咨询项目"中国工业与自然环境腐蚀问题调查与对策"和"工程结构的安全性与耐久性研究",调查研究发现,施工与运营管理水平低下是缩短结构设计使用寿命的主要原因之一[3]。

近海桥梁过早出现设计功能严重退化的主要原因包括:①设计阶段对桥梁服役环境的严酷性以及结构材料功能退化的规律认识不足、防腐蚀技术措施的选用不当;②施工阶段没有采取有效保障结构耐久性的施工工艺和技术措施;③运营阶段没有实时评估桥梁结构的耐久性状态并及时采取相应的维护措施。

目前桥梁结构耐久性的研究还主要停留在:①混凝土标准养护试块的室内快速试验研究;②混凝土试块、小比例构件的现场暴露试验研究;③耐久性静态评估模型研究等技术层面。结构的服役环境非常复杂,多种环境因素协同作用,而在室内快速试验中难以将其全部体现。常规的现场暴露试验虽能获取部分数据,但数据的不连续性和离散性限制了其可信性,而且施工工艺对实体结构混凝土性能的影响无法在试块、小比例构件中体现。现行的耐久性评估模型大多以钢筋表层氯离子浓度是否达到腐蚀阈值作为结构使用寿命的判定依据,该方法本身存在两个不可逾越的实施障碍:首先是钢筋表层氯离子浓度的获取;其次是浓度阈值范围的确定,用其对实体结构耐久性的评估存在较大偏差。用金属腐蚀传感器系统监测结构耐久性的方法受混凝土内部诸多因素的影响,不能真正表征 $Cl^-$ 等关键参数在混凝土中的分布状态,监测数据的解析难度非常大。

目前钢结构的耐久性研究主要停留在钢材的腐蚀规律以及防腐蚀技术措施的有效性等方面,室内加速试验无法真正表征服役环境下多因素协同作用的情况,实体钢结构在加工、吊装、拼接、承载等过程中造成的局部应力集中、腐蚀电位差异等诱发金属腐蚀的关键因素在加速试验及挂片暴露试验中均无法体现。

针对目前国内外桥梁的服役状态,结合青岛海湾大桥的具体情况,山东高速青岛公路有限公司联合清华大学等国内著名研究机构开展"冰冻海域全寿命周期的桥梁结构耐久性关键技术"的研究。该课题以青岛海湾大桥工程为依托,大桥所处的胶州湾海域平均每年有 50 次左右的冻融循环,海水含盐度为 29.4‰~32.6‰。以冰冻、高盐为主要特征的服役环境对钢筋混凝土结构和钢结构的考验非常严酷,必须根据大桥的使用年限要求、结构形式特点、服役环境特征、材料劣化规律、防腐措施的有效性等方面,通过系统深入研究,确定科学、合理的技术措施,保证大桥全寿命周期的结构耐久性。

## 2 主要研究内容

将全寿命周期的结构耐久性理念贯穿于设计、施工、运营维护各个阶段,并在各阶段开展以下研究。

### 2.1 设计阶段

在结构设计中,耐久性被视为结构所需的一种功能而不是其固有的内在性能,所以耐久性又被定义为结构及其部件在各种可能导致材料性能劣化的外加因素作用下,在预期的使用年限内维持其所需功能的能力[4]。科学合理的结构设计是大桥耐久性的先决条件。

根据国内外以往桥梁的成功经验,结合胶州湾海域的海水特征,划分为水下区、潮差区、浪溅区和大气区四个典型区域,提出了青岛海湾大桥桥梁结构耐久性方案。确定以防腐蚀混凝土为保证结构耐久性的根本技术措施;对通航孔桥承台、塔座、塔身(浪溅区部分)和非通航孔桥的承台及墩身(浪溅区部分),分别以外加电流阴极防护和防腐涂装作为补充防腐蚀技术措施;对钻孔灌注桩、预应力钢绞线,分别采用钢护筒及真空辅助压浆作为辅助防腐蚀技术措施;对钢箱梁外侧、三角撑、防撞设施、悬索桥缆索系统、预埋件、爬梯等结构部位及构件,分别提出了技术可行、经济合理的防腐蚀技术措施。

基于大桥所在海域的特点,提出以体积稳定性、抗氯离子渗透性和抗冻性作为防腐蚀混凝土耐久性设计的控制参数。根据各结构物设计使用寿命要求和钢筋保护层厚度,确定了不同服役环境下结构物混凝土的参数指标。

采用国际流行的评估手段,对设计阶段的结构耐久性方案进行耐久性预评估,并根据结果及时调整防腐蚀技术措施。

### 2.2 施工阶段

正式施工之前,根据大桥结构耐久性设计方案确定的关键参数和指标初步要求,以及周边地区原材料质量情况，编制了《青岛海湾大桥高性能混凝土设计与施工技术规范》和《青岛海湾大桥混凝土涂层防腐蚀设计与施工技术规范》。根据现场施工条件差异，主要包括材料波动、浇筑工艺、结构物尺寸、养护方式、气候变化等对混凝土长期耐久性的影响，提出不同施工条件下，保障混凝土耐久性的技术措施，并确定混凝土施工过程中关键参数的控制范围。针对结构耐久性方案选定的防腐涂层体系，进行小区试验，确定满足要求的防腐材料及配套施工工艺。

在提高混凝土防腐蚀性能的技术措施中，采用透水模版布(CPF)技术是非常重要的一项。大比例构件模拟试验和现场实体结构试验均表明，采用具有蓄水功能的CPF可以有效提高结构表层混凝土的外观质量、早期回弹硬度、抗渗性、抗冻性、与涂层黏附力，降低表面缺陷率和碳化速率。深入研究了CPF改善混凝土性能的机理，并根据现场使用过程中出现的问题，制定了施工控制标准。

建立混凝土及碳钢的常规暴露试验站，在钢箱梁附近建设碳钢挂片暴露试验站，在潮差区、浪溅区和大气区分别建设混凝土常规暴露试验站。以期通过长期现场暴露试验，获得一批有用的技术成果：①冻融循环和氯盐腐蚀协同作用下，混凝土的长期耐久性能；②大桥用碳钢在胶州湾海域的腐蚀规律和采用的防腐技术措施的长期有效性；③不同应力状态下，混凝土耐久性关键参数变化规律；④防腐蚀混凝土的长期徐变特性；⑤未来修复可用的防腐体系的长期有效性。

建立基于在线监测技术的新一代暴露试验站，充分考虑了施工工艺对混凝土耐久性的影响，并克服了常规暴露试验数据的不连续性和离散性等问题。在大比例混凝土构件和实体结构中埋设监测氯离子侵入深度、钢筋腐蚀的传感器系统，并通过数据采集和传输系统实时获得混凝土结构耐久性关键参数。碳钢挂片暴露试验无法表征钢结构在加工、吊装、拼接、承载等过程中造成的局部应力集中和腐蚀电位差异等因素的影响，综合诸多因素，分析出钢结构的易腐蚀部位，并在有代表性部位埋设在线监测传感器系统，实时监测钢结构的腐蚀状况并验证钢结构防腐体系的长期有效性。

基于结构施工质量，采用科学合理的评估手段，对实体结构进行耐久性评估，并提出运营期大桥的维护方案。

## 2.3　运营管养阶段

为满足100年甚至更长的设计使用寿命要求，单凭科学的设计、精细的施工很难保证，运营期的科学管理维护必不可少，对于已经建成的结构更是如此。若没有科学合理的运营维护制度以及实用及时的维护技术措施，就不可能使结构安全健康地服役100年。

要想制定出科学合理的维护制度，尽早地采取实用的维修措施，将维护成本合理化，必须实时掌握实体结构的安全性和耐久性状态。在实体结构上实施耐久性关键参数在线监测和耐久性动态评估技术正是基于此提出的。首先确定结构耐久性的极限状态，建立结构耐久性的动态评估模型，在不同的服役阶段，将实体结构的耐久性参数提取出来，对大桥结构的耐久性状态进行动态评估。根据结构耐久性评估的结果，采用常规暴露试验优选出的长效的防腐蚀技术方案，确定具体的实施时机，以期通过合理的维护技术，尽量延长大桥的正常服役年限。

基于结构服役期间的耐久性表现，对实体结构的耐久性进行定期评估，提出运营期大桥的维护方案。评估大桥采取的耐久性技术措施的先进性与可靠性，对比设计运营维护制度和基于耐久性动态评估技术的运营维护制度的技术经济效益，建立适用于长寿命结构的经济性评估模型，综合考虑材料、技术、人工成本、货币价值变化等多因素的评估模型，以对未来新建结构的耐久性设计提供借鉴。

## 3 已开展的研究

在设计阶段就对胶州湾海域的气候条件、水域特征进行深入调查研究，对青岛海湾大桥的混凝土结构与钢结构的耐久性设计初步方案作了专项课题研究，确定了大桥结构耐久性的根本技术措施和辅助技术措施。大桥以海工防腐蚀混凝土为结构耐久性的根本技术措施，以外加电流、牺牲阳极、表面涂装、钢护筒、透水模板布作为辅助防腐蚀技术措施。各类技术措施均已在大桥建设中得到应用。

根据大桥耐久性要求，针对海域海水特征，提出以抗氯盐腐蚀、抗冻融破坏为主要目标的混凝土配制及施工技术。结合周边地区的原材料特点，提出了各类原材料的控制参数与指标以及混凝土配合比实时调整的技术方案。对防腐蚀混凝土关键参数的影响因素进行了深入研究，如构件尺寸、浇筑工艺、浇筑环境以及养护制度等。提出并完善了混凝土套箱海上施工成套技术，成功解决混凝土套箱水下无封底技术，提高了结构的耐久性。开展了混凝土防腐涂装工艺改进的研究工作，取得的珍贵数据可为规范的修订提供数据支持。

根据海洋环境下碳钢的长期暴露试验数据和大桥钢结构的防腐蚀技术措施，预评估钢结构的耐久性，及时调整了钢结构防腐蚀方案。

## 4 项目预期目标及经济、社会效益

该项目的研究成果可以填补多项国内外研究空白，主要包括以下几个方面：

(1)将降低全寿命周期成本的理念深入到结构形式设计、材料及防腐技术措施选择、精细化施工、科学合理的维护管理等整个过程，各个环节均以此理念为准则。

(2)针对北方冰冻高盐海域环境中的钢筋混凝土结构和钢结构，提出技术可行、经济合理的适用材料，防腐技术措施以及施工控制的成套技术。

(3)建立实现在线监测技术的新一代暴露试验站，不间断监测实体结构的耐久性状态，实现大桥耐久性的动态评估。

(4)建立基于实体结构耐久性动态评估的桥梁管养技术。

该课题的研究可为将来大型土木工程的投资建设和运营管理提供科学依据。该成果可为冰冻海域跨海长桥钢筋混凝土结构和钢结构的耐久性设计，耐久性材料、防腐蚀技术措施的选用，精细化施工控制等多方面起到示范作用。新一代暴露实验站及实体结构耐久性在线监测成套技术的实现，可为将来重要结构的耐久性评价与科学管养提供简洁而科学的技术途径。将现用的海工结构耐久性辅助措施如有机涂层涂装、聚脲弹性体喷涂以及硅烷浸渍等其他先进技术进行长期有效性的监测，为将来海工混凝土防护技术的选择提供数据支持。

### 参考文献

[1] 洪乃丰.钢筋混凝土基础设施腐蚀与耐久性.见：陈肇元.土建结构工程的安全性与耐久性

[M].北京:中国建筑工业出版社,2003.
[2] 潘德强.我国海港工程混凝土结构耐久性现状及对策.见:陈肇元.土建结构工程的安全性与耐久性[M].北京:中国建筑工业出版社,2003.
[3] 柯伟.中国腐蚀调查报告[M].北京:化学工业出版社,2003.
[4] 陈肇元.混凝土结构的耐久性设计方法.见:陈肇元.土建结构工程的安全性与耐久性[M].北京:中国建筑工业出版社,2003.

# 青岛海湾大桥工程项目特点与组织实施

**摘　要**:青岛海湾大桥工程是目前国内外在建最长的跨海大桥。根据工程规模巨大、水文条件复杂、工程地质条件差,海洋腐蚀环境等特定建设条件的需要,大桥工程指挥部根据项目特点组织采取了多项新技术、新工艺、新材料、新设备和新管理理论,实现了多项桥梁设计创新和管理理念创新。

**关键词**:海湾大桥　项目特点　组织实施

## 1　工程概况

青岛海湾大桥位于胶州湾北部,是国家高速公路网青岛至兰州高速公路的起点段,是青岛市规划的东西跨海通道"一路、一桥、一隧"中的一桥。建成后解决了黄岛前湾广外贸集装箱的输运,缓解了环胶州湾高速公路日趋饱和的交通压力,加快胶州湾半岛城市群体的发展,扩大青岛市城市主骨架,缩小青岛、红岛、黄岛三岛的时空距离。

青岛海湾大桥是我国北方寒冷冰冻海域修建的首座特大型桥梁集群工程;工程全长35.4km,分期实施,本工程为一期工程主线全长28.880km,其中跨海大桥长27.089km。本项目包括沧口航道桥、红岛航道桥和大沽河航道桥、海上非通航孔桥和路上引桥、青岛、黄岛及红岛接线工程和红岛连线,李村河互通、红岛互通以及收费站及管理设施。

## 2　主要技术标准

城市道路兼有公路功能,双向六车道;设计行车速度80km/h;路基宽度35m(6车道);设计荷载:城—A级,城—B级;公路—Ⅰ级;基本地震烈度Ⅵ度;运营阶段设计重现期100年;设计洪水频率:通航孔桥、非通航孔桥1/300。

## 3　工程特点

### 3.1　自然特点

(1)海湾大桥工程区一年四季均有灾害性天气发生,主要灾害性天气有大风、冰雹、干旱、台风、寒潮、霜冻、浓雾和高温、暴雨、飑线、倒春寒等。对大桥施工和运营影响的主要为大风和大雾。胶州湾一般冰期在60d左右;年平均有50次左右的冻融循环。

(2)路线经过海域平均水深在3m以下,东侧沧口航道水深在5m左右(最大水深7m),其余均在3m左右,西侧有近5km左右的滩涂区。胶州湾属规则半日潮类型;实测海流呈往复流形态;波状况较好,大浪主要由寒潮大风和台风形成;工程线位通过海域海床演变较小。

(3)覆盖层厚度不均,从0.4~2.8m不等。桥位区地质构造复杂,以泥岩、角砾岩、熔凝灰岩、泥质砂岩、砂质泥岩、砾岩为代表的极软岩大量分布,部分区域夹杂有安山岩、玄武岩、流纹岩、正长斑岩等硬质岩石。

(4)胶州湾海域海水含盐度为29.4‰~32.6‰,是国内其他跨海大桥含盐度的两倍。

(5)大桥所处海域生态尚处于良性循环状态,经济类海洋生物丰富,对建设、运营期间环保要求很高。

(6)沧口航道桥通航标准为1万吨轮船,通航净空为190m×40.5m,航空限高为88m,桥面以上塔高仅38m,拉索布置的空间受限。

总之,海湾大桥所处水深浅、波浪小、流速低,冲刷深度小、海床稳定,抗震等级较低,地质条件复杂但基岩埋藏浅,同时存在海冰问题。总体上讲,建设的条件具有自己的特点。

## 3.2　项目设计特点

青岛海湾大桥将是新世纪的一个宏伟工程,在满足使用功能的前提下,设计力求"技术先进、安全可靠、使用耐久、经济合理",富有时代风貌,要充分体现当今世界现代化桥梁建设的新理念、新技术、新水平。要选用技术先进、安全可靠、使用耐久、经济合理、施工可行、造型美观的桥型和结构方案,在此前提下力求有所创新,将青岛海湾大桥建成一座代表着我国21世纪建桥水平的人文景观工程。

(1)平面线位走向:通航孔桥全部设于直线段;海上桥梁直线段小于5km;全桥设置5个掉头区,间距4~5km。

(2)纵断面:通航孔桥主孔两侧采用2.5%的对称纵坡;海上非通航孔桥,采用不小于0.3%、不大于2.5%的纵坡或平坡;其余主线及互通纵面线性均按规范;黄岛侧上岸后采用纵坡为2%,顺沿济青南线。

(3)非通航孔桥:全长约24.31km(不含红岛连接线)。按地域,分为陆域和海域(分近岸区和水中区);按墩高,分为高墩区和低墩区;海底水深较浅而地形平坦,海底高程在-3~-7m,最大水深7~11m。岸上和近岸区50m跨采用现浇箱梁;海中60m跨采用整孔吊装方案;互通立交采用现浇箱梁、浅滩高墩等。

(4)航道桥:沧口航道桥为双幅分离双塔双索面钢箱梁斜拉桥;红岛航道桥采用平行西索钢箱梁斜拉桥,两跨连续半漂浮结构体系,斜拉索采用平行索布置;大沽河航道桥采用四跨连续独塔自锚式钢箱梁悬索桥。

(5)防撞设施:根据通航论证分近期和远期标准确定了船撞力大小,和近、远期防撞方案;结合潮位和水流特征对防撞设施进行了不同工况下的仿真计算分析和结构设计,已达到最经济的材料用量和最大消能效果。

(6)结构耐久性设计:①提高混凝土中钢筋的保护层厚度;②环境分区,本桥址区为无掩护条件的海水环境,根据水位情况将环境划分为大气区、浪溅区、水位变动区及水下区;③混凝土以提高其材料本身的耐久性能为根本措施,采用高性能混凝土,并根据结构和环境的具体情况采取其他补充措施;④钢结构耐久性设计要求:对于钢箱梁、斜拉索钢锚箱等不易维护,且难以替换的重要构件按设计使用寿命不小于100年考虑;⑤对于混凝土箱梁部分的沥青混凝土铺装设计使用寿命15年,每季度例行检查1次,每年全面检查1次,发现问题及时修复,每15年重新铺装1次。

(7)结构安全监测及管养系统:对青岛海湾大桥运营期的耐久性和结构健康安全使用状

态进行有效监控和评估;提高运营期大桥的数字化和信息化管养水平;铺筑大桥管养者指定高效、经济、及时的管养措施,最大限度延长桥梁的使用年限;部分进行结构设计验证。

### 3.3 工程建设特点

(1)青岛海湾大桥所在城市——青岛市为国家级旅游城市,旅游资源丰富,大桥的建设首先要与环境协调。

(2)大桥所处海域海盐含量高达29.4‰~32.9‰,结构容易受到腐蚀,对结构耐久性有较高要求,海工混凝土施工质量是控制的重点、难点。

(3)大桥处于冰冻海域,在其使用寿命期限内遭受天然冻融循环为4000~5200次。

(4)大桥处在宽浅海域上,长大海上桥梁施工方案和工艺的选择存在很多困难。

## 4 项目组织实施

青岛海湾大桥是经青岛市政府批准采用特种经营模式运作,面向全国公开招标的项目,2006年9月,山东高速公路集团有限公司获得青岛海湾大桥25年的特许经营权,特许经营期内,青岛海湾大桥与胶州湾高速公路捆绑经营。青岛海湾大桥建设高,建设条件特点明显,设计、施工难度大,存有诸多关键技术需要攻克。为实现安全、优质、高效、创新、和谐地建设青岛海湾大桥的总体目标,工程建设指挥部在工程组织、技术、质量、安全环保、资金和廉政方面根据大桥特点采取了针对性的实施措施。目前,依靠六大保障体系,充分发挥一桥多方、上下互动、横向联动的积极性,全面进入立体化交叉施工阶段,形成了组织有序、监管到位、健康发展的良好态势。

在工程图纸方面,根据青岛海湾大桥建设点多、线长、面广的实际情况,打破常规,勇于创新,率先在大型基础设施建设中设置工作站,紧贴一线,靠前指挥,上传下达,服务到位,在工程管理、工程监管、地方协调、材料供应等方面发挥了突出作用。

在工程技术方面,专门成立了由全国著名桥梁专家组成的专家委员会,对工程建设中重大技术方案、关键技术、技术创新、专题研究等方面开展技术咨询,定期开展工程对关键技术的研究、关键构造的设计、重要施工方案的研究等方面力争达到技术设计深度,提出解决办法,不把重要方案问题和技术难点留到下一个阶段;对重大方案采用专家评审后首件评审认可制。

在工程质量方面,对大桥工程施工采用评价体系,体现工程质量精细化管理的理念,结合大桥工程管理程序、项目管理信息系统、青岛海湾大桥专项技术规范、相关科研项目、质量验收与评定等内容,在满足实用性、可操作性和管理创新要求的前提下,对大桥工程项目的分项工程、分部工程、单位工程和整体项目的工程管理进行全面、系统、客观的评价。

在安全环保方面,建立了工地现场标准化管理办法以及事件突发预案;采取对施工废渣进行外运、生活垃圾委托专业化公司处理等措施。

在工程资金方面,指挥部、施工单位和银行签订了三方监管协议,保证工程款的使用安全和及时性。

在廉政建设方面,建立了由组织保证、制度保障、合同保障、教育保障和监管保障组成的廉政保障体系。

## 4.1　项目组织实施特点

(1)工程规模新。我国北方冰冻海域首座特大型桥梁集群工程,包括两座跨径为260m和120m的悬索钢斜拉桥和一座跨径260m的自锚式悬索桥,非通航孔桥为50、60m等截面预应力混凝土连续梁,此外还有海上红岛连接线以及两个海上互通立交和两个陆上互通立交。

(2)耐久体系新。青岛海湾大桥是我国北方冰冻地区首次提出了100年设计基准期标准,大桥受严寒、冻融、海雾、台风、暴雨、工业排放物等多重腐蚀环境的综合作用,腐蚀环境严重恶劣,耐久性防护任务紧迫而严重。

(3)施工工艺新。通航孔桥钢箱梁采用大节段吊装工艺安装,海上混凝土套箱无封底技术、循环利用式钢沉井技术均为国内首创。结合海上桥梁测量定位困难的特点,建立全桥GPS测量定位系统,并采用传统方法进行验证,对GPS系统在海上桥梁测量定位的使用积累更为丰富的经验。

(4)设计创新。大桥受施工、环保、通航、航空、气候、水文、地形和地质结构条件的制约,建设条件复杂、工程技术难度大、创新点很多。通航孔桥斜拉桥采用分幅悬索钢箱梁形式和销结耳板锚固方式,结合了本桥的特点,结构简洁明快,具有独创性;自锚悬索桥采用大跨径独塔260m单空间索面结构,主梁为双边钢箱梁+横向连接箱结构,取消了海中悬索桥大型锚碇基础,结构造型恢宏,气势磅礴,同类结构为国内首次采用,锚固体系在设计上独具匠心;非通航孔桥首次大规模采用双幅分离60m跨预应力混凝土结构形式,整孔预制吊装,施工工艺先进,设计合理,提高了施工质量、大大加快施工进度。

(5)建设运作模式新。国内首座通过项目法人国际招标,面向国内外进行公开招标,确定大桥项目法人的项目。由国内大型企业对桥梁的施工、运营和移交进行管理,与国际大型项目管理模式逐步接轨,是将我国大型桥梁工程管理水平推向世界化的一次历史性尝试,将为我国公路桥梁建设管理体制提供新的参考和借鉴。

(6)管理理念新。按照大桥总体建设目标要求,建立了有效的组织、技术、质量、安全、资金、廉政六大保障体系,一桥多方、上下互动、横向联动,形成了组织有序、监管到位、健康发展的管理体系。青岛海湾大桥4D管理系统采用清华大学的最新研究成果——建筑工程4D施工管理系统作为施工管理平台。该系统是国家"十五"科技攻关计划项目的研究成果。定制开发适用于青岛海湾大桥的4D施工管理系统,不仅填补了4D技术应用于大桥建设的空白,而且与国内外同类系统相比在技术水平和实用性方面都具有优势。

## 4.2　项目技术实施对策

为确保青岛海湾大桥的顺利建设和管理,开展了多项专题研究。

(1)青岛海湾大桥高精度卫星三维定位测量控制系统

系统综合应用了VRS虚拟参考网站技术、高精度自动化后处理技术、水准面拟合技术、现代通信技术、多种GPS定位技术、WEB网络发布技术等先进技术,为青岛海湾大桥的建设、管理、健康检测提供高精度、高效率、多种方式的测控服务。

(2)青岛海湾大桥高精度三位控制基准及精密跨海高程传递研究和工程技术应用

该应用实现了区域性利用廉价高效的卫星定位取代高价低效的水准测量直接测定海拔

高的目标,突破了长期困扰测绘行业的高程测量技术上的瓶颈问题,引领了我国高程测量模式的革命性转变和向生产力的转化。

(3)青岛海湾大桥工程高性能混凝土及涂层施工技术研究

针对青岛海湾大桥的冰冻、含盐高等特点,通过研究目前国际上通用的几种耐久性关键技术指标的相关性,国内首次结合工程确定既适用于工程耐久性质量控制,又适用于寿命预测的耐久性质量控制指标。从材料的微观、亚微观结构对高性能混凝土抗氯离子渗透性和抗冻性机理进行分析研究,在高性能混凝土耐久性理论上将有所突破。

(4)北方海域海水冻融和侵蚀作用下桥梁下部结构破坏及对整桥稳定性影响

建立青岛海湾大桥浪溅区混凝土在海水冻融和侵蚀耦合作用下的混凝土力学性能退化模型。基于试验和理论分析,建立青岛海湾大桥的波流作用力模型,提出桥墩波浪力监测的原型测试方案。基于试验和理论分析,建立青岛海湾大桥的冰荷载作用模型。

(5)青岛海湾大桥桥面铺装技术研究

青岛海湾大桥是我国首座寒冷地区的跨海大桥,海上气候条件复杂,为确保工程的耐久性和设计寿命,参考了国内外先进的桥面铺装设计及施工技术体系并进行系统研究、归类和比选。首次通过室内复合成型等试验手段对桥面铺装的整体结构性能进行评价,同时吸收国内外桥面铺装常见病害的经验教训,进行针对性的方案设计与研究,通过实验与检测手段相结合研究桥面铺装结构破坏机理。

(6)青岛海湾大桥大跨径箱梁整孔预制与海上吊装关键技术研究

大跨续箱梁整孔预制新技术,海工混凝土强度、温度场等进行结构数值模拟及预测技术。青岛海湾大桥大跨径箱梁整孔预制与海上吊装关键技术研究;大跨径连续箱梁施工过程中海工混凝土内部温度、强度、应力等重要性能的实时监测新技术;大跨径连续箱梁吊装施工过程结构数值模拟分析方法,影响支架受力性能的因素分析。

(7)青岛海湾大桥运营风险及其对策研究

通过建立跨海大桥运营风险评估方法与体系,得出运营风险控制对策;基于灾害天气和人为活动大风险事件下的交通运营状态分析方法,建立跨海大桥运营安全设施与管理监控系统安全性评价方法,形成跨海大桥运营安全对策与运营风险规避集成技术和动态运营安全智能保障体系。

(8)青岛海湾大桥耐久性研究与寿命评估

综合考虑施工期和运营期的结构耐久性,根据耐久性和特定环境要求,在实体结构上(基于承台和墩身)建立新一代的高新技术现场暴露试验站,通过现场暴露试验站的在线监测、试件的阶段性室内监测,结合实体结构的原位在线检测(含在结构健康监测中),建立大桥耐久性动态评估模型,对大桥的寿命进行适时预测,对结构的运营养护提供科学依据。

(9)施工期和运营期环境监理与检测技术研究

全面系统研究青岛跨海大桥建设环境监测技术和环境监理监测技术方案及优化管理方法,提出跨海大桥建设环境监测信息管理系统,包括常规与应急监测信息管理两个子系统。

(10)自锚悬索桥关键技术研究

进行全桥成桥状态计算并与设计值进行对比,建立全桥板单元(局部可采用实体单元)模型,利用空间有限元程序分析计算主缆锚固区在各个不利工况下的应力和变形状态,并分析其传力机制和途径。进行一定缩尺的主缆锚固构造模型试验,并与空间计算结果进行对比分析。

(11)稀索钢箱梁斜拉桥关键技术研究

红岛斜拉桥索塔锚固区采用的钢锚板锚固体系,属钢混组合结构,结构形式新颖,在国内首次采用,本次试验研究成果有望全面认识此种形式索塔锚固区的受力机理,并能改进优化索塔锚固区的设计方案。对国内外后续的类似工程有积极的借鉴意义,能够为设计提供指导性意见,达到优化受力模式、节省建设材料的目的,有显著的社会和经济效益。

## 5 结语

青岛海湾大桥工程规模巨大,建设条件复杂,由中交公路规划设计院和山东省交通规划设计院联合承担大桥勘测设计工作。目前,工程正进入建设高峰,我们将积极争取各级领导和国内外知名专家的指点和大力支持,把青岛海湾大桥建设成一流的跨世纪工程。

青岛海湾大桥所在城市——青岛市为国家级旅游城市,旅游资源丰富,大桥的建设首先要与环境协调,应防止和减轻工程污染损害胶州湾环境,维护胶州湾生态平衡,保护海洋资源。

大桥指挥部专门制定了《青岛海湾大桥工程环境保护工作管理办法》,工程环境保护实行"政府监督、业主管理、企业控制、全员实施"的环保保证体系。政府环保部门对青岛海湾大桥工程建设进行环保检查和监督。青岛高速公路监理单位负责环保监督管理,督促承包人按有关环保法规施工,采取泥、浆、油、含油污水、钻渣、凿除混凝土进行外运、生活垃圾等委托专业公司集中处理等切实有效的措施,对工程建设的全过程进行控制,在项目建设中要求全体建设者按各项环保规定爱护环境、保护环境。

### 参考文献

[1] 美国国家技术公司桥梁寿命周期成本分析 NCHRP 报告 483 号[R].

[2] 交通部.公路建设项目可行性研究报告编制办法[M].北京:人民交通出版社,1996.

[3] 投资项目可行性研究指南[M].北京:中国电力出版社,2002.

[4] F E Could N E Joyce.工程项目管理 CMI[M].北京:清华大学出版社,2006.

[5] 交通部.公路工程基本建设项目设计文件编制办法[M].北京:人民交通出版社,1998.

# 青岛海湾大桥长寿命运营管理理念与技术保障措施

**摘　要**:将长寿命运营管理理念贯穿设计、施工、运营及维护的全过程,通过耐久性方案的合理设计、施工过程的精细控制、关键参数的在线监测、结构状态的科学评估和大桥管养的有效及时等过程控制,全面提高青岛海湾大桥的运营效率,实现大桥全寿命周期成本最优配置。通过耐久性在线监测,动态评估结构剩余使用寿命,确定技术可行、经济合理的防腐蚀技术措施,最终建立基于动态数据的桥梁管养技术。

**关键词**:青岛海湾大桥　长寿命　运营管理　结构耐久性　动态评估

## 1　引言

从国内外社会腐蚀情况来看,建筑腐蚀损失占社会总腐蚀损失的比例日趋上升,有资料表明,美国与钢筋锈蚀有关的损失可占总腐蚀损失的40%,仅桥梁腐蚀破坏约占腐蚀损失的20%,技术先进的国家,每年总腐蚀损失可占国民经济总产值的3%~5%[1]。我国有些海港、桥梁工程,在正常使用后十几年甚至几年就开始修复,远没达到设计使用年限的要求。

为了研究海洋环境下由材料腐蚀引起的结构功能退化规律,交通部有关单位分别于1963年、1965年和1980年针对我国沿海港口工程混凝土结构破坏状况组织了三次调查[2],调查结果显示,1980年前修建的港口混凝土结构由于没有针对氯离子侵入引发的钢筋锈蚀采取有效的防护措施、确定关键的技术指标,如钢筋保护层厚度、混凝土水胶比等,而导致结构物开裂破坏相当严重。我国分别于1999年和2000年启动了中国工程院咨询项目“中国工业与自然环境腐蚀问题调查与对策”和“工程结构的安全性与耐久性研究”,调查研究发现,施工与运营管理水平低下是缩短结构设计使用寿命的主要原因之一[3]。

近海桥梁过早出现设计功能严重退化的主要原因包括:①设计阶段对桥梁服役环境的严酷性以及结构材料功能退化的规律认识不足、防腐蚀技术措施的选用不当;②施工阶段没有采取有效保障结构耐久性的施工工艺和技术措施;③运营阶段没有实时评估桥梁结构的耐久性状态并及时采取相应的维护措施。

根据目前国内外桥梁的服役状态,地处冰冻海域的青岛海湾大桥,不仅要延缓由氯盐侵入导致的钢筋腐蚀,还要防止混凝土在自然冻融循环条件下的过快劣化。以冰冻、高盐为主要特征的服役环境对钢筋混凝土结构和钢结构的腐蚀非常严重。由于处于作用等级从中等程度(C级)至非常严重程度(E级)的氯盐腐蚀环境和北方微冻的近海或海洋环境[4],结合大桥的结构形式和设计使用年限、材料劣化规律、防腐措施的有效性等方面,通过系统深入研究,确定科学、合理的大桥长寿命运营管养技术方案。

## 2　工程简介及服役环境特点

青岛海湾大桥位于胶州湾北部，是我国北方寒冷冰冻地区的首座特大型海上桥梁集群工程，设计基准期100年，为双向六车道(主线桥宽35m)的高速公路，工程全长35.4km，分期实施，一期工程全长28.880km，其中海域段27.089km，陆上段0.827km，基础全部采用钻孔灌注桩。大桥主要由三座通航孔桥、两座海上互通立交和非通航孔桥组成，通航孔桥箱梁采用钢结构形式。

胶州湾海域的最冷月平均气温为-0.5℃，极端最低气温为-14.3℃。一般情况下，胶州湾海域年平均自然冻融循环次数为47~52次；胶州湾海域海水的含盐度高达29.4‰~32.9‰，其中$Cl^-$浓度为17.7‰。

## 3　青岛海湾大桥长寿命运营管理方案的设想

将长寿命运营管理理念贯穿于设计、施工、运营维护各个阶段(图1)，并在各阶段开展工作。

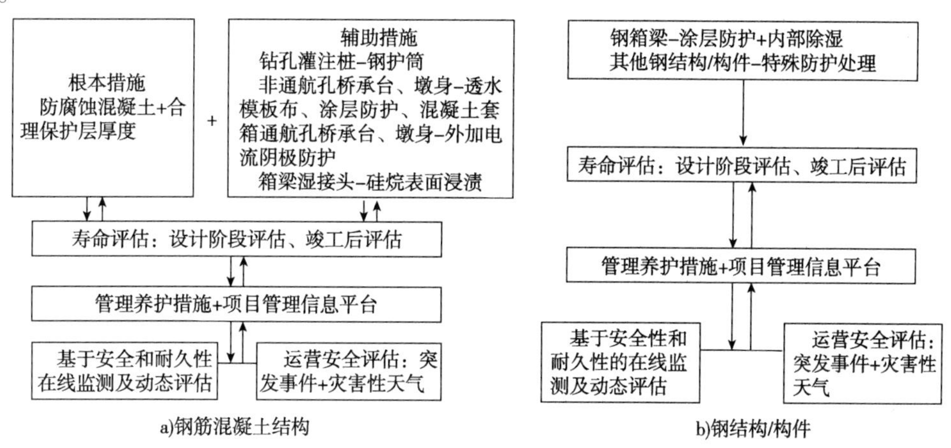


图1　青岛海湾大桥长寿命运营管理技术路线

### 3.1　设计阶段

针对青岛海湾大桥工程的服役环境和耐久性要求，结合科研成果对耐久性技术措施进行比选，提出以防腐蚀混凝土和钢筋保护层厚度作为保证混凝土结构耐久性的根本措施，透水模板布技术为防腐蚀混凝土的改善措施，表层涂装、混凝土套箱和阴极防护为混凝土结构耐久性辅助措施。一体化设计结构健康监测系统与巡检养护管理系统，以指导结构的运营管理，验证设计参数，最大限度地保证大桥安全运营延长大桥使用寿命。

(1)确定钢筋保护层厚度

确定合理的钢筋保护层厚度是保证钢筋混凝土结构使用寿命最有效、简单且经济的方法之一，但保护层厚度并不能任意增加。当保护层厚度过大，混凝土的收缩特性和极限变形能力不协调时就会导致钢筋保护层混凝土开裂，反而削弱其对钢筋的保护作用。对于大型混凝土构件尤其是受弯拉构件而言，保护层厚度的增加会显著提高构件的自重，因此须根据工程的实际需要设置合理的保护层厚度。

(2)防腐蚀混凝土技术

基于大桥所在海域的特点,提出以体积稳定性、抗氯离子渗透性和抗冻性作为防腐蚀混凝土耐久性设计的控制参数。为确保混凝土材料的耐久性,对海湾大桥用混凝土的各项指标进行了专项课题研究和专家论证。根据服役环境作用以及等级划分,分别针对灌注桩、承台、墩身、箱梁、塔柱、防撞护栏等构造物制定了科学、合理、实用、经济的性能技术指标。配制出满足施工工作性、体积稳定性、力学性能以及长期耐久性的混凝土是保证青岛海湾大桥安全建设与高效运营的关键,其中混凝土的耐久性设计尤为重要,对此进行了专项课题研究,并编制了专项技术规范——《青岛海湾大桥防腐蚀混凝土设计与施工技术规范》。

对钢筋混凝土结构物而言,保护层范围内混凝土是外界侵蚀性介质进入结构物的第一道屏障,很多寿命预测模型是以 Cl-达到钢筋表面的时间作为结构物的有效使用寿命。提高结构物保护层范围内混凝土的质量非常重要,对大体积混凝土结构物而言,该方案较实用、经济。针对如何提高保护层范围内混凝土的耐久性指标,进行了专项课题研究——"透水模板布对海工结构混凝土表层质量的影响",研究表明采用具有蓄水功能的透水模板布可以有效提高结构表层混凝土的外观质量、早期回弹硬度、抗渗性、抗冻性、与涂层黏附力,降低表面缺陷率和碳化速率。

(3)水位变动区和浪溅区结构物防腐涂装技术

涂层可有效阻隔 $Cl^-$、$O_2$、$H_2O$ 和 $CO_2$ 等有害介质侵入混凝土内部,延迟钢筋表面氯离子浓度达到腐蚀临界状态的时间,提高混凝土的电阻率,降低钢筋腐蚀速率,防止混凝土碳化,起到美观装饰等作用。对处于水位变动区和浪溅区的承台、墩身除采用满足设计要求的防腐蚀混凝土外,还进行了表面防腐蚀涂装,并采取围堰、套箱等措施确保涂装及养护环境的干燥,保证了涂层的质量。对防腐涂装材料选择、涂层体系设计、涂装工艺、质量检测验收制度等方面进行了专项研究,根据研究成果制定了相应的专用技术规范——《青岛海湾大桥混凝土涂层防腐蚀设计与施工技术规范》,操作过程中严格遵照执行;对钻孔灌注桩采用钢护筒作为辅助防腐蚀技术措施。

(4)通航孔桥水位变动区和浪溅区结构物采用外加电流阴极防护技术

青岛海湾大桥总共有三座通航孔桥(沧口航道桥、红岛航道桥、大沽河航道桥),作为大桥重要的永久性结构物,采取长期有效的技术措施,保证其结构的耐久性至关重要。经过专家比选论证,选定对三座通航孔桥主墩、过渡墩及辅助墩自桩基顶部至浪溅区顶部范围内钢筋混凝土实施外加电流阴极防护技术。外加电流阴极防护设计由专门的设计单位承担,并对各类电极材料的选定、腐蚀环境等级的划分、关键参数的确定、安装过程中的细节控制、土建施工过程中系统的有效性监测、安装后系统的全面检测以及与施工单位的协调配合均作了明确的规定,确保该套防腐系统的长期有效性。

(5)钢结构采用金属热喷涂技术和涂装防腐技术

充分利用钢铁研究总院青岛海洋腐蚀研究所的长期挂片试验结果和对胶州湾海域气候特点,以及不同钢材腐蚀规律的深入研究,结合青岛海湾大桥钢结构用钢的材质分析,确定对钢结构采用热喷涂锌铝的综合防腐技术;钢箱梁内部空间采用除湿系统,使空气相对湿度稳定在 45%~50%范围内,大大提高了钢结构的耐久性。

目前钢结构的耐久性研究主要停留在钢材的腐蚀规律以及防腐蚀技术措施的有效性等

方面，室内加速试验无法真正表征服役环境下多因素协同作用的情况，实体钢结构在加工、吊装、拼接、承载等过程中造成的局部应力集中、腐蚀电位差异等诱发金属腐蚀的关键因素在加速试验及挂片暴露试验中均无法体现。因此，分析出钢结构的易腐蚀部位，并在有代表性部位埋设在线监测传感器系统，对钢结构腐蚀关键参数进行在线监测技术，实时获悉钢结构的腐蚀状态，并对防腐措施的有效性进行评价，为制定科学、合理的运营维护方案提供数据支持。对三角撑、防撞设施、悬索桥缆索系统、预埋件、爬梯等结构部位及构件分别提出了技术可行、经济合理的防腐蚀技术措施。

(6)结构健康监测系统与巡检养护管理系统

对大桥实体结构实施安全和耐久性健康监测时，除了对常规的荷载参数、变位参数等进行监测外，着重对决定大桥管理养护制度的耐久性参数进行在线监测(包括钢筋混凝土结构和钢结构)，通过实时监测关键结构的薄弱部位和代表性部位判定防腐措施的长期有效性，并据此制定科学、合理、实用的管理养护方案和技术措施。巡检养护给结构健康监测作补充和完善，全面提高大桥结构巡检养护的客观性、整体性和精确度。

采用国际流行的评估手段，对设计阶段的钢筋混凝土和钢结构耐久性方案进行耐久性预评估，并根据结果及时调整防腐蚀技术措施。

## 3.2　施工阶段

根据现场施工条件差异，主要包括材料波动、浇筑工艺、结构物尺寸、养护方式、气候变化等对混凝土长期耐久性的影响，提出不同施工条件下，保障混凝土耐久性的技术措施，并确定混凝土施工过程中关键参数的控制范围。针对结构耐久性方案选定的防腐涂层体系，进行小区试验，确定满足要求的防腐材料及配套施工工艺。

建立混凝土及碳钢的常规暴露试验站，在钢箱梁附近建设碳钢挂片暴露试验站，在潮差区、浪溅区和大气区分别建设混凝土常规暴露试验站。以期通过长期现场暴露试验，获得一批有用的技术成果：①冻融循环和氯盐腐蚀协同作用下，混凝土的长期耐久性能；②大桥用碳钢在胶州湾海域的腐蚀规律和采用的防腐技术措施的长期有效性；③不同应力状态下，混凝土耐久性关键参数变化规律；④防腐蚀混凝土的长期徐变特性；⑤未来修复可用的防腐体系的长期有效性。

建立基于在线监测技术的新一代暴露试验站，充分考虑了施工工艺对混凝土耐久性的影响，并克服了常规暴露试验数据的不连续性和离散性等问题。在大比例混凝土构件和实体结构中埋设监测氯离子侵入深度、钢筋腐蚀的传感器系统，并通过数据采集和传输系统实时获得混凝土结构耐久性关键参数。

基于结构施工质量，采用科学合理的评估手段，对实体结构进行耐久性评估，并提出运营期大桥的维护方案。

## 3.3　运营管养阶段

为满足100年甚至更长的设计使用寿命要求，单凭科学的设计、精细的施工很难保证，运营期的科学管理维护必不可少，对于已经建成的结构更是如此。若没有科学合理的运营维护制度以及实用及时的维护技术措施，就不可能实现结构的安全健康服役100年。

要想制定出科学合理的维护制度，尽早地采取实用的维修措施，将维护成本合理化，必须实时掌握实体结构的安全性和耐久性状态。根据常规暴露试验站、新一代暴露试验站及实体结构耐久性关键参数的在线监测数据，确定实体结构的耐久性参数，对实体结构的耐久性进行定期评估，不断修正运营期大桥的管养方案，以期通过合理的维护技术，尽量延长大桥的正常服役年限。建立适用于长寿命结构的经济性评估模型，综合考虑材料、技术、人工成本、货币价值变化等多因素的评估模型，以对未来新建结构的耐久性设计提供借鉴。

## 4 结语

将长寿命运营管理理念贯穿主体结构设计、混凝土材料设计、施工过程控制和实体结构服役的整个过程，使青岛海湾大桥结构耐久性技术真正覆盖了全寿命周期。深入研究了施工工艺对早龄期混凝土耐久性的影响，明确冰冻海域跨海大桥的结构耐久性演变规律，实现钢筋混凝土结构和钢结构耐久性关键参数的在线监测。对青岛跨海大桥的使用寿命实现动态评估和科学预测，提出确保大桥安全耐用的管养技术，对未来北方沿海地区长大跨海大桥的设计、建设与管养提供重要参考依据。

### 参 考 文 献

[1] 邸小坛，高小汪，徐有邻.我国混凝土建筑结构的耐久性与安全性问题.见：陈肇元.土建结构工程的安全性与耐久性[M].北京：中国建筑工业出版社，2003.

[2] 林宝玉，蔡锐华.海洋工程混凝土和钢筋混凝土耐久性技术指标的确定[J].水运工程，1982(2)：50-54.

[3] 潘德强.我国海港工程混凝土结构耐久性现状及对策.见：陈肇元.土建结构工程的安全性与耐久性[M].北京：中国建筑工业出版社，2003.

[4] CCES01—2004(2005 年修订版)混凝土结构耐久性设计与施工指南[S].2005.

# 海湾大桥施工动态安全预警系统的研究

**摘　要**:针对海上施工建设单位多、人员复杂、受气象灾害影响大,而目前没有施工安全预警系统的现状,提出青岛海湾大桥施工动态安全预警系统。该系统分为8个模块,从静态的管理机构、动态的现场安全状况和管理方法上进行施工安全管理。其中,静态的管理机构是管理的基础,动态的现场安全状况是全面、及时反映施工现场情况,便于及时发现问题,进行环境预警,而且有利于实现施工建设业主、施工方和监理方三方的相互监督,形成了一个较为全面系统的安全管理体系,建立了涵盖施工建设工程三方的预警管理系统,实现动态的安全管理、环境灾害预警和办公自动化。

**关键词**:灾害预警　隐患　海上施工　环境风险　监督

## 1　引言

进入21世纪以来,我国桥梁建设事业飞速发展,桥梁建设的地域逐步向近海拓展,海上特大型桥梁工程从无到有,逐步发展壮大。青岛海湾大桥是国家高速公路网青岛至兰州高速公路的起点段,是山东省“五纵四横一环”公路网主框架的重要组成部分,也是青岛市规划的胶州湾东西岸跨海通道“一路、一桥、一隧”中的“一桥”,主线全长26.7km。大桥施工工程量大,涉及施工建设单位多,海上施工面临着自然环境恶劣、气候多变、点多线长、人员分散、设备较多、交通不便和人员活动范围有限等诸多不利因素,施工过程中的信息量大且多为纸质文件,信息的传递不方便,不利于信息的二次利用,增加了安全管理的难度。

为了确保整个大桥施工期间安全信息的及时性和准确性,结合大桥工程建设实际,青岛海湾大桥工程指挥部建立了大桥施工动态安全预警系统[1-2]。

桥梁建设安全预警系统的研究以前只集中于某一方面,如气象预警系统、桥梁建成后安全监测系统等。因此,对体系结构、人员、设备等基础资料,检查结果、事故情况、应急救援、环境预警等贯穿安全管理全方位内容,实现实时化、多角度、信息共享管理,涵盖施工建设业主、施工方和监理方三方的安全预警系统还很欠缺。

笔者开发的海上施工动态安全预警系统具有两方面的功能:一是办公自动化,主要是灾害预警。系统可以实现大量数据信息的准确传递,对灾害情况及时预警,实现管理的信息化、动态化;二是信息的网络化,实现信息的共享性,指挥部、施工单位管理机构、各标段总监可以及时、高效、快速地检索施工信息,有利于发现施工中存在的问题;而且由于依靠合同将委托方、监理方和施工方有机结合,可实现施工建设业主、施工方和监理方三方的相互监督。

## 2　海上施工的主要灾害

海上施工的主要灾害包括两类:一类是自然灾害,另一类是人为灾害。

海上施工受自然条件影响较大,主要灾害性天气有大风、冰雹、干旱、台风、寒潮、霜冻、浓雾和高温、暴雨、倒春寒等,对大桥施工影响的主要是大风和大雾。因此,应该建立环境预警,编制应急预案,根据环境变化情况进行灾害预警并及时采取相应的措施。

根据桥梁工程海上施工影响因素,分析各施工工艺过程中可能导致的事故,主要包括高处坠落事故、物体打击事故、机械伤害事故、船舶撞击事故、溺水、焊接事故、触电事故、火灾和车辆伤害等。桥梁工程海上施工事故发生的影响因素包括人、设备和环境。因此,应加强施工相关人员、设备的管理,通过安全机构设立、安全检查、隐患管理、事故预防、应急救援等各方面采取措施,保证施工过程中的安全。

## 3 系统的总体结构设计

海上施工中涉及的安全管理人员和施工人员比较多,施工受气象、海洋环境的影响大,而且施工工艺复杂、施工设备类型多,上述因素都加大了安全管理的难度,同时也增加了作业危险性,施工过程中存在较多的隐患。因此,考虑到海上施工受气象海洋环境的影响较大,从灾害预警的角度,结合日常的安全管理工作,青岛海湾大桥指挥部建立了较为系统的、涵盖安全管理各方面的动态预警系统。

动态预警系统是在计算机网络上进行危险源管理、安全管理与环境灾害预警等工作,及时发现事故隐患和其他重大风险,并能及时、准确地对有关人员进行预警,指导和规范操作人员和安全管理人员的行为,有效降低事故风险,确保海上工程施工安全[3,6-7]。

海上施工动态安全预警系统划分为 8 个功能模块:安全管理体系、基本人员信息、基本设备信息、应急救援体系、作业现场检查、安全事故管理、环境预警管理和安全文件体系(图 1)。各模块中又设计了若干具体功能,以满足系统的要求。设计的 8 个模块概括了施工安全管理的全部内容,从动态的现场安全状况、静态的管理机构和方法上进行施工安全管理,形成了一个较为全面系统的安全管理体系,建立了涵盖施工建设业主、施工方和监理方三方的管理系统。

## 4 系统功能的实现

系统中安全管理体系、基本人员信息、基本设备信息功能模块为基本信息资料,由建设业主、施工方和监理方提供,根据变化情况实时更改,便于对相关信息的查询。

作业现场检查模块要根据检查情况实时更改公布,由检查单位提供;安全事故管理模块根据情况变化实时统计、更改并公布;环境预警管理模块根据环境变化实时更改并进行预警,情况紧急启动应急救援体系。上述 3 个模块可及时反映施工现场的状况。

安全文件体系模块中安全法律法规、施工通知公告实现信息的发布,各部门上报信息由各施工单位提供,并与作业现场检查模块、安全事故管理模块相关联。

各模块在施工安全管理中相互联系、互为补充,信息的实时化、全面性管理,可便于日常系统性管理;紧急事件或事故一旦发生时,便于信息的快速、准确查询,应急预案的启动,及时采取措施,将事故损失降低到最小;而且有利于指挥部、监理方和施工方三方的互相监督。

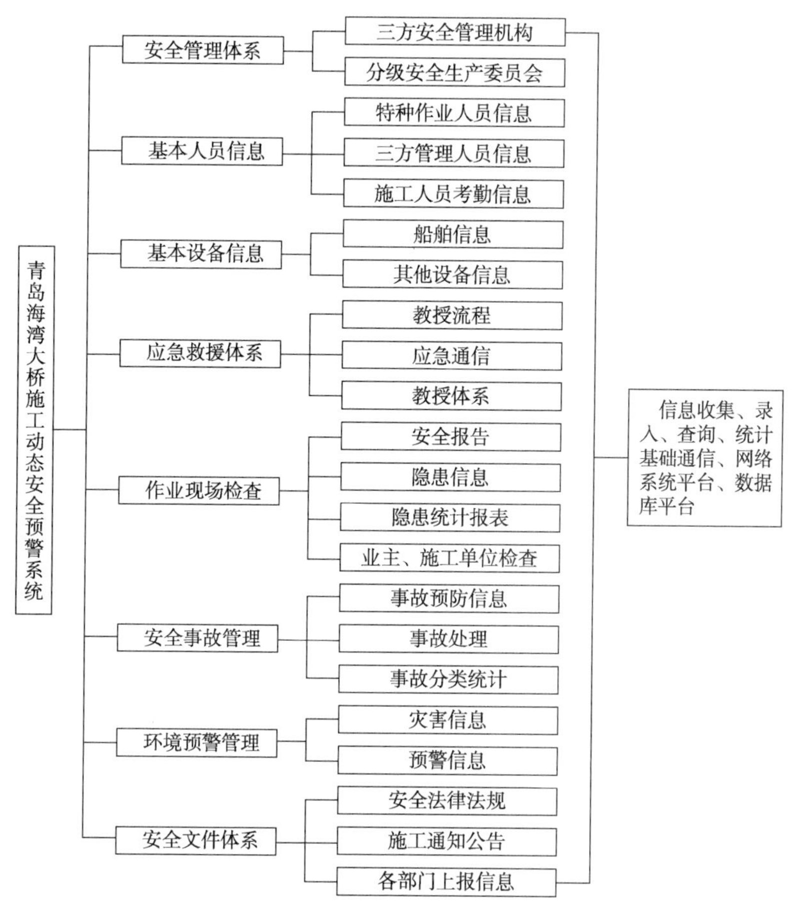


图1　海上施工动态安全预警系统框图

## 4.1　安全管理体系模块

安全管理体系模块设计的目的是方便业主方人员和其他相关负责人了解机构的组成情况、各自的职责、其他单位的机构设置和人员信息，进行各单位间有效的信息沟通和经验交流，便于出现问题时能及时解决。

安全管理体系是施工安全管理的基础，其包括：施工单位安全管理体系、监理单位安全管理体系、业主安全管理体系和整个工程安全管理体系。建立各级安全生产管埋机构，明确各部门的组成和职责，可设计成框图的格式。以数据表的形式显示管理体系中人员的姓名、年龄、职务、联系方式等，以附件的形式上传和下载管理体系的具体的职责和其他相关信息，以树形结构显示单位间的层级关系。

## 4.2　基本人员信息

施工安全管理中，人员管理是管理中的重中之重。事故的发生归结于人的不安全行为、物的不安全状态和管理上的缺陷，归根到底都是人的因素。海上施工中，各施工单位和监理单位的人员文化程度、技能水平、工作习惯等都不同，施工人员多而且比较分散，管理上存在一定的难度。因此,掌握好施工人员的信息,对于了解施工现场人员构成、技能水平和生产操作等情况具有重要的意义。

建立基本人员信息模块,方便管理者动态地明确每天各合同段、各部位的人员上岗情况,一旦发生事故,实时掌控现场人员信息,同时也为安全生产评比提供了资料;掌握施工过程中人员的文化和技能水平,有针对性地进行安全知识教育和安全技能培训。

### 4.3 基本设备信息

海上施工中应用到的大型设备类型多、型号复杂,而且由于施工作业在海上,增加了大型设备作业过程中的危险性。对设备信息进行统计分析,了解各设备的作业分布情况和作业流程,减少由于设备因素所带来的隐患和事故,降低事故发生率。海上施工安全管理中,要重视基本设备信息与基本人员信息的管理。

基本设备信息模块分为两个子菜单:船舶信息和其他设备信息。

海上和陆地施工中所用的设备的最大区别就是,海上施工中除用一般的设备外,还要应用船舶进行材料的运输和平台等的搭建。海上施工所用的船舶的类型主要分为两大类:施工船舶和运输船舶。对船舶的名称、型号、类型和负责人进行统计和查询,明确船舶的数量和位置,对现场设备管理和通航管理都有重要的意义。

### 4.4 应急救援体系

海上施工面临的紧急事件比较多,由于受交通、气象、水文等客观条件的限制,应急救援工作难度比较大,这就要求指挥部建立科学的应急救援预案,并组织进行应急培训与演习,增强应急救援预案的科学性和可操作性,为抢救伤员赢得宝贵时间,减小事故损失。海上施工作业的特殊性增大了应急救援的难度和广度,因此,建立一套详细的应急救援机制对海上施工具有重要的作用[8-10]。

根据救援工作中参与的对象不同,把应急救援分为两级:

(1)一级救援是指施工作业单位自己就可以抢险的事故的救援,应急救援需要调用的人员设备等都比较少,事故级别不高。

(2)二级救援是指施工单位自己无法开展救援,需指挥部协调的重大事故救援,要求指挥部要与青岛海事部门、临近医院、交通部门和政府等相关部门进行协调、联系,以便事故发生时快速、高效地投入到救援中,避免工作中的冲突。救援过程中要充分发挥各单位间的协作性,本单位无法开展救援时,相邻单位或相关单位要积极选调人员和设备进行援助。

应急救援要求建立一定的联系通道,包括通信通道、海上和陆上交通通道、人员调用通道等。应急救援反应流程如图 2 所示。

### 4.5 作业现场检查

作业现场检查是现场安全管理中发现隐患、评价现场安全状况的重要形式。通过作业现场安全检查,发现隐患并对发现的隐患及时处理,可以有效地预防事故的发生。每天的作业现场检查是排除隐患的有效方式。隐患的处理有以下 3 种方式。

(1)立即解决。

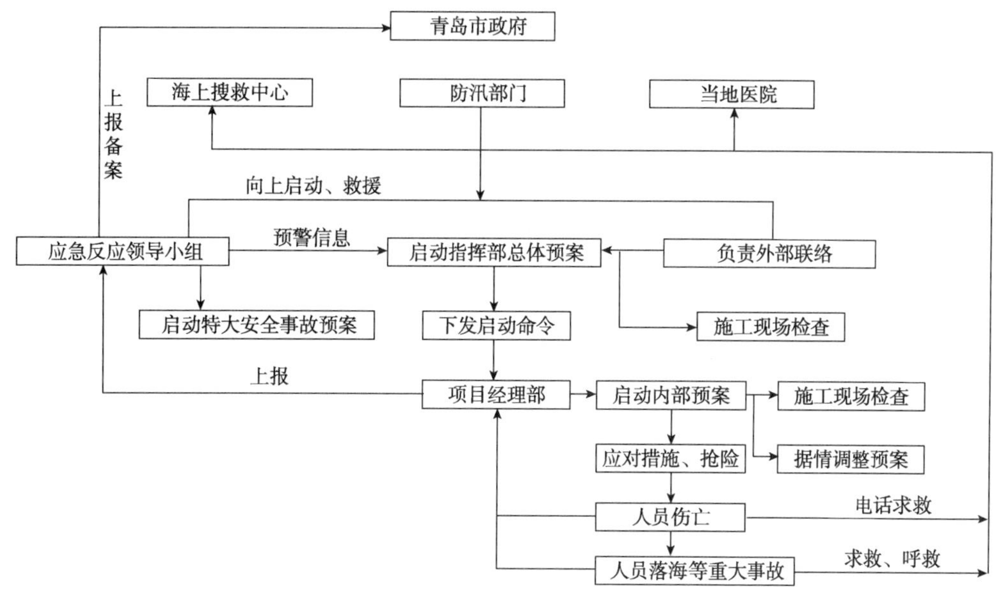


图2　海上施工动态安全预警系统框图

(2)立即解决不了的,由安全员上报有关部门限期解决。

(3)本单位无法解决的,由指挥部协调各单位解决。

作业现场检查模块分为6个子菜单:施工单位安全检查、业主安全检查、安全报告、安全报告统计报表、隐患信息、隐患统计报表。

施工单位安全检查菜单中要求施工单位把每天的安全检查信息上报,通过"名称、检查日期、检查内容、负责人"等字段实现检查信息的检索查询,并把详细的检查情况以附件的形式上传,以供管理者浏览、打印。

业主安全检查菜单的功能与施工单位安全检查菜单的功能一致。

安全检查中检查出的隐患信息可以在"隐患信息"菜单中查询。

隐患信息菜单记录每天检查出的隐患的分类信息,可通过"日期、隐患部位、隐患类型、级别"等字段实现信息的分类检索查询。安全报告统计报表包括的字段有:安全检查整改情况、资金投入、安全培训。

隐患统计报表包括的字段有:合同段、隐患日期、部位、隐患的内容及情况、隐患类型、级别、整改日期、责任人、检查人、处理结果。可以实现按"合同段、日期和部位"等字段的分类统计。

## 4.6　安全事故管理

安全事故管理模块是施工安全管理中,事故管理的系统化和自动化的体现。该模块包括5个子菜单:事故预防措施、事故发生记录、事故处理记录、事故统计分析和安全事故月统计报表。

事故预防措施菜单针对海上施工中的危险,对易发生的事故提出预防措施,起到事前预防的作用,各施工单位根据本单位的施工实际条件落实预防措施。

事故发生记录和事故处理记录菜单详细地记载了事故发生的前因后果及处理结果,并以表格的形式概述了事故的发生日期、类型、名称等,以附件的形式上传和下载事故的详细信息。点击“增加”按钮,弹出事故详细信息的录入对话框,实现信息的增加、删除等编辑功能。

事故统计分析菜单是对事故统计分析的实时功能菜单,不需要人为输入,系统会根据前面菜单中的事故信息,自动的更新本菜单中的内容。事故的统计分析可按发生时间、次数、类型、伤亡人数等分别进行分析,选择所需的事故分析类型,点击即可查看相应的统计分析图。

安全事故月统计报表菜单包括以下字段:事故发生时间、所在合同段、工程名称、工程分类、等级、建设类型、事故部位、事故类别、事故简要、初步原因、直接经济损失、死亡人数、重伤人数、轻伤人数、类型、伤害程度、伤害人员类型和事故单位名称。安全事故月统计报表是向上一级单位报送的表单,表单的内容和结构统一。

## 4.7 环境预警管理

环境预警在海上施工安全管理中发挥重要的作用。大桥建设施工在海上,受海洋气象的影响比较大,在大风暴、大海浪、暴雨等恶劣气候条件来临的状况下,通过环境灾害预警系统,可以及时地发出预警信息,根据灾害等级和预警信息进行海上施工的局部停工或全部停工。

环境预警管理模块中主要是天气情况的输入和查询。气象预报分早期、中期和临近预报,灾害预警系统中预警的发布也分为早期、中期和临近预警。早期预警一般是提前一周的预警,中期预警一般是提前三、四天,而临近预警则是提前一天或临时预警。

预警信息是根据气象预报信息而发布的,由于气象预报有一定的不准确性,因此,发布的预警信息也有一定的不准确性。但是发布预警的目的是做到提前预防,宁可信其有不可信其无。预警信息发布后,施工方可根据预警信息的内容及预警的严重程度做出停工或加强防范措施的准备,指挥部则可根据预警信息制定相应的策略,明确要做的工作,协调各方人员对灾害做出积极的准备。分级分时间预警信息的发布主要是提高施工方人员的隐患意识,同时也为施工方的防范措施准备提供充裕的时间。

## 4.8 安全文件管理

施工安全文件的建立主要是实现施工的过程控制,施工作业的制度化和规范化。依据各相关制度进行施工过程的检查和人员的培训。海上施工制度的建设对完善安全管理、提高作业人员的安全技术水平有重要的意义,因此,制度的建设要做到规范化、程序化。

海上施工过程复杂,施工过程中大型设备的使用增加了施工过程中的风险性。必须要建立一套完整的法律和检查制度,规范施工作业过程,为安全管理者提供管理思路。制度的建设中要特别注意对起重机械、人员和气象等方面信息的制度建设,要明确应建何等制度。

安全文件管理模块包括对安全法律法规、施工安全通知和安全情况上报资料的管理。其中安全法律法规包括法律、行政法规、部门规章、技术标准和规范性文件。该模块主要是以附件的形式实现信息资料的查看。

通过检索文件名称、发布机构等字段,可以查询到相关的信息资料。施工中的通知、公告也可在项目管理信息系统主页上显示。

## 5　系统运行情况及展望

施工动态安全预警系统中信息资料输入量大，而且分属于不同的部门。因此，系统中信息的输入和编辑要由专人负责。

(1)青岛海湾大桥工程指挥部即山东高速青岛高速有限公司负责组织培训，培训内容为系统中各菜单的信息输入和编辑、系统功能、信息的二次利用、系统的作用。各指挥部相关部门、各施工项目部和各驻地监理都要指定专人负责信息管理，参加系统应用知识培训。

(2)各相关单位信息负责人根据系统要求定期进行人员、设备、环境等相关信息的录入，并且保证信息的准确性。对需要编辑的信息要及时处理，以方便管理人员查询。

(3)各信息负责人只能在自己的权限范围内进行信息的录入和修改，高一层的管理者可以通过相关权限，进行信息的查询和统计。

青岛海湾大桥施工动态安全预警系统建设的实践是一个不断完善的过程。在系统的建设和应用领域还存在很多突出的问题，如信息录入不及时、信息不全面；系统设计的部分功能应用起来比较困难，理论与实际有出入；现代技术对现场施工状况的图像化监测、预警，及施工现场安全状况动态评价等功能有待增强。

## 6　结语

(1)分析了海湾大桥施工主要灾害，并以其为基础设计了海湾大桥动态安全预警系统。

(2)分析并建立了海湾大桥动态安全预警系统，该系统主要包括 8 大模块，即安全管理体系、基本人员信息、基本设备信息、应急救援体系、作业现场检查、安全事故管理、环境预警管理和安全文件管理。

(3)分析了系统的 8 大模块各模块所包含的子模块、子模块包含的内容及其具体实现的功能。通过日常的人员和设备信息，及时动态地掌握现场人员设备情况；利用日常检查及时发现隐患，并对隐患信息进行分析处理，找出安全管理的重点；加强应急救援建设，建立二级救援体系，提高应急反应能力；通过灾害分级预警，及时发布灾害信息，提高现场应对灾害的能力；利用合同管理，实现业主、监理和施工方共同参与安全管理。动态安全预警系统实现了网上办公和灾害预警，针对存在的问题，在以后的应用过程中还要不断地完善。

(4)结合青岛海湾大桥动态安全预警系统的实际运行情况，对系统的建设和应用领域进行展望。

### 参考文献


[1] 欧阳瑰琳，刘刚军，聂荣，等.海上桥梁施工安全管理[J].公路，2006(3)：133-138.

[2] 周孟然，李振璧，朱宗玖.分布式光纤传感瓦斯气体系统的研究[J].中国安全科学学报，2007，17(8)：167-170.

[3] 贾颖，张启波，董华，等.基于 GIS 的多模式重大危险源监控系统的研究[J].中国安全科学学报，2006，16(11)：139-144.

[4] 贾湘楠.施工数据采集系统在跨海大桥建设中的应用[J].石家庄铁道学院学报，2005，18(Z1)：102-107.

[5] 刘聪,黄世成,张忠义,等.桥梁工程区气象安全保障系统的研究[J].中国安全科学学报,2004,14(10):3-6.

[6] 辛晶,夏登友,康青春,等.BP 神经网络技术在交通工具火灾预警中的应用[J].中国安全科学学报,2006,16(11):29-33.

[7] 周志坚,黄融.东海大桥工程的海上施工安全管理[J].世界桥梁,2004(S1):92-95.

[8] GerardI J M Zwetsloot, Nicholas Askounes Ashford. The feasibility of encouraging inherently safer productionin in dustrial firms[J].Safety Science,2003(41):219-240.

[9] 孔洁,刘全林,居红华.巷道建设项目管理预警[J].煤炭学报,2008,33(4):473-476.

[10] 张志强,吴庆鸣,夏大勇,等.大坝施工设备防碰撞预警系统[J].武汉大学学报:工学版,2007,40(1):134-137.

# 青岛海湾大桥 GPS 水准拟合研究

**摘　要**:利用传统最小二乘法和移动最小二乘拟合 GPS 水准曲面的方法,结合青岛海湾大桥工程,分析拟合点的选取及权函数的确定,然后利用首级控制网内的 9 个大桥首级控制点进行水准拟合,得出水准拟合方程,并采用两种方式来检验拟合方程在大桥区域内的拟合精度。通过研究青岛海湾大桥水准问题,为其他大型桥梁工程的 GPS 水准拟合提供参考。

**关键词**:GPS 水准　高程异常　移动最小二乘法　权函数

青岛海湾大桥东起青岛主城区 308 国道杨家群入口处,跨越胶州湾海域,西至黄岛红石崖,全长约 35.4km,其中海上段长度 26.75km。在大桥区域内利用 VRS 技术建设了连续运行 GPS 参考站,并设有带一等水准的首级 GPS 控制网,红岛、青岛、黄岛共分布 15 个测点,如图 1 所示,为大桥建设提供高精度测量基准。

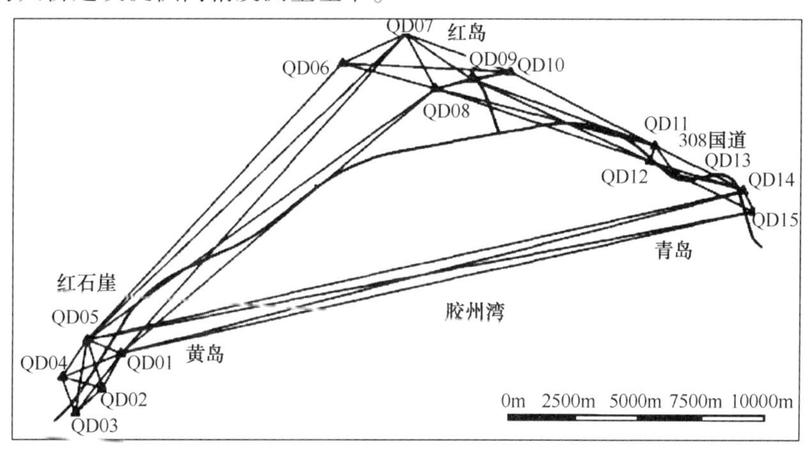


图 1　青岛海湾大桥首级控制网布置图

当前,水准测量仍然是建立高程控制基准的主要方法,但在胶州湾海域利用传统水准测量传递水准十分困难,且费用昂贵,所以考虑利用 GPS 水准方法。GPS 水准方法的关键在于似大地水准面的拟合。目前,国内外拟合似大地水准主要采用的几何方法有:绘制等值线图、解析内插、曲面拟合。本文针对青岛海湾大桥测点的分布情况,利用曲面拟合似大地水准面,研究青岛海湾大桥 GPS 水准代替局部高精度水准的问题,并推广到其他类似桥梁建设和工程测量中。

## 1　GPS 水准原理

随着 GPS 定位技术的应用和发展,平面控制测量能获得相当高的精度,而高程精度还有待提高。GPS 直接测量的高程与工程建设所需高程,二者坐标系统不一致,转换时会受到区域性似大地水准面精度等因素影响,于是越来越多的人开始关注综合利用 GPS 测量和水准测量资料提高似大地水准面精度的方法。

GPS 高程为相对于特定参考椭球面的大地高 $H$,测区联测点的水准为以似大地水准面为基准的正常高 $h$,似大地水准面上点量测到参考椭球面的距离被称为高程异常 $D$。利用测区联测点先算出测点 $D$,再与测点坐标建立函数模型,模拟该地区似大地水准面,然后内插即可算出测区内任一点 $D$,最后利用式(1)进行高程转换,将大地高转换为正常高。

$$h=H-\delta \tag{1}$$

青岛海湾大桥整个测区呈三角片状分布,高程异常无剧烈变化,似大地水准面变化平缓,适宜曲面拟合。

## 2 曲面拟合法

目前普遍采用的曲面拟合法主要有最小二乘法拟合、移动最小二乘法拟合、多曲面函数拟合。其中多曲面函数拟合不适合青岛海湾大桥这样地势平坦且测点偏少的地区,所以本文主要采用前两种方法。

### 2.1 最小二乘法拟合

传统最小二乘法拟合一般取多项式:

$$p(x_1,y_1)=a_0+a_1x_1+a_2y_1+a_3x_1y_1+a_4x_1^2+a_5y_1^2+\cdots \tag{2}$$

主要有 3 参数(前 3 项)、4 参数(前 4 项)、6 参数(前 6 项)以及更高次方多项式模型。一般高次多项式在数据点较少的情况下,往往会引起误差,且内插结果没很大改进[1]。此测区首级控制网联测点偏少,利用统计检验法[2]针对本测区具体情况将前 3 种参数模型比较,找出最佳多项式。

以 6 参数与 4 参数比较为例分析统计检验法。表 1 中:$\Omega_1$、$\Omega_2$ 分别表示 6 参数和 4 参数残差平方和;$R$ 表示残差改正项,且 $R_1=\Omega_2-\Omega_1$,$R$ 与 $\Omega$ 相互独立,可构造 $F$ 分布的统计量。

$$F=\frac{R/2}{\Omega/(n-6)} \tag{3}$$

式中:分子自由度为 6 参数比 4 参数多出参数;分母自由度是 6 参数平差函数多余观测值,本例中 $n=15$。对 $F$ 分布做右尾检验,给定显著水平 $\alpha=0.05$,用 $\alpha$ 和分子、分母自由度查 $F$ 分布表,得右尾分位值 $F'$。表 1 中方案 1 为 6 参数与 4 参数比较的各项指标,$F'>F$ 表示 6 参数比 4 参数多引入的参数对拟合起显著作用。4 参数与 3 参数的比较见表 1 中方案 2,可见 $F'<F$ 表示 4 参数比 3 参数多引入的参数对拟合效果无显著提高,所以 4 参数与 3 参数拟合效果相当。6 参数与 3 参数的比较见表 1 中方案 3。综合分析本测区,选择 2 阶 6 参数多项式。

多项式不同参数间比较表　　表 1

| 方案 | 参数 | $\Omega$ | $R$ | $F$ | $F'$ |
|---|---|---|---|---|---|
| 1 | 6 | 0.000 182 93 | 0.001 800 199 | 44.283 888 94 | 4.26 |
| 2 | 4 | 0.001 983 13 | 0.000 117 339 | 0.650 856 657 | 4.84 |
| 3 | 3 | 0.002 100 47 | 0.001 917 538 | 31.446 914 98 | 3.63 |

## 2.2　移动最小二乘法拟合

相对于传统最小二乘法，它引入紧支概念，认为 $x$ 处节点值只受 $x$ 附近影响域内节点影响，并在影响域上定义权函数[3]。对于移动最小二乘法拟合 GPS 水准，根据前面对最小二乘法多项式的讨论，本测区采用 2 阶 6 参数多项式作为基函数，所以关键就是权函数的确定。

不同权函数对计算结果有较大影响，其选择有以下规则：测区中选择某点为中心点，半径为 $r_1$ 的圆形影响域，权函数在此域外为 0；拟合点到中心点距离为 $d_1$，权函数随 $d_1$ 增加而单调递减；权函数在域内满足常态性且随 $r_1$ 趋近 0，其趋近于 Diracdelta 函数。权函数一般使用样条函数，基本通式为式(4)。

$$w(x_1)=\begin{cases}1-\sum_{k=1}^{t}a^k & 0\leqslant S\leqslant 1\\ 0 & S>1\end{cases} \tag{4}$$

其中：$t$–权函数阶数，$S=\dfrac{\mathrm{d}t}{r_1}$，$a^k$ 待求系数。利用边界条件计算出 $t=5$、6、7 时权函数表达式[4]。其中：$t=m_0+m_1+1(m_0>0,m_1>0)$，$m_0$、$m_1$ 为 $S$ 分别等于 0、1 两种情况下权函数为 1 的偏导阶数。

本测区只有 15 个带有 GPS 数据的水准点，分成几个影响域时拟合点数太少，所以取整个区域作为一个影响域。任取除 2、8、14 外 12 个点作为拟合点，10 号作为中心点，其他点到此点最大距离为半径 $r$。从表 2 中看出，本测区在 $t=5$，$m_0=3$，$m_1=1$ 条件下的权函数使移动最小二乘法拟合精度最好。

$$w(x_1)=\begin{cases}1-5S^4+4S^5 & 0\leqslant S\leqslant 1\\ 0 & S\geqslant 1\end{cases} \tag{5}$$

**不同阶数权函数的精度比较表**　　表 2

| $t,m_0,m_1$ | 内符合精度(cm) | 外符合精度(cm) |
|---|---|---|
| 5,1,3 | 2.07 | 2.82 |
| 5,2,2 | 0.64 | 0.88 |
| 5.3,1 | 0.52 | 0.55 |
| 6,1,4 | 1.10 | 1.99 |
| 6,2,3 | 0.66 | 1.00 |
| 6,3,2 | 0.61 | 0.80 |
| 6,4,1 | 0.42 | 0.69 |
| 7,1,5 | 5.21 | 7.09 |

分别利用最小二乘法和移动最小二乘法拟合全部测点，精度比较如表 3 所示。拟合后两者中误差均为 0.35cm，且精度相当，表明拟合的测区水准面比较平滑，所以此测区采用最小二乘法拟合即可。

两种拟合方法的精度比较表　　表 3

| 方　　案 | 拟　合　点 | 残差最值(cm) | 中误差(cm) |
|---|---|---|---|
| 最小二乘 | 1,2,3,4,5,6,7,8,9, | 0.71 | 0.35 |
| 移动最小二乘 | 10,11,12,13,14,15 | 0.70 | 0.35 |

## 3　利用最小二乘法拟合的结果比较

依照拟合点的选取原则,利用最小二乘法选取不同拟合点进行比较,表 4 为其中具有代表性的拟合情况。从方案 2、3 与方案 1 比较看出,达到 8 个拟合点时精度有明显提高,但进一步提高拟合点数对拟合精度提高无明显作用。方案 5 中,测点 13、14、15 全在测区外,属于拟合外推,拟合中误差精度出现明显下降。

通过不同拟合点分析,最终采用首级控制网内的 QD03,QD04,QD05,QD06,QD07,QD10,QD11,QD14,QD15 等 9 个大桥首级控制点作为拟合点进行水准拟合,得出水准拟合方程的拟合精度最高,拟合误差为 314mm。为了检验拟合方程在大桥区域内的拟合精度,利用了两种方式,具体拟合范围如图 2 所示。第一采用大桥首级控制网中没有参与拟合的 QD01,QD02,QD08,QD09,QD12,QD13 等 6 个控制点作为检验点进行检验,如表 4 方案 3 所示,中误差与表 3 全部点参与拟合时的精度相当。第二利用红岛栈桥、青岛栈桥和青银路栈桥的现有基础设施,在栈桥上每隔 1~2km 的距离选择检测点,联测栈桥上的检测点与大桥首级控制网的水准后,再对青岛海湾大桥 GPS 综合应用系统与监测点进行 GPS 联测,对所取的 GPS 平面坐标和高程数据,利用水准拟合程序进行拟合,比较拟合结果与实际联测结果的差值,得出 GPS 水准精度中误差为 319mm,如表 4 方案 4 所示。现有的资料对比分析表明,GPS 大地水准面拟合精度较高,满足部分高精度水准施工的要求。拟合方程检验点示意图如图 2 所示。

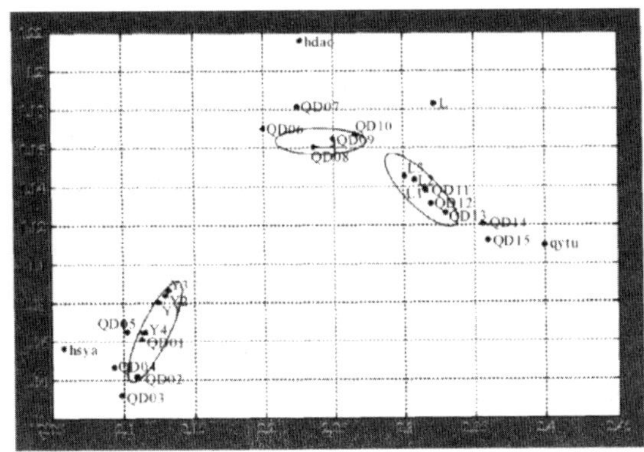

图 2　拟合方程检验点示意图

不同拟合点拟合精度的比较表　　表 4

| 方案 | 拟　合　点 | 检　核　点 | 内符合精度(cm) | 外符合精度(cm) | 中误差(cm) |
|---|---|---|---|---|---|
| 1 | 3,4,7,10,11,14,15 | 1,2,5,6,8,9,12,13 | 0.37 | 1.21 | 0.85 |
| 2 | 3,4,6,7,10,11,14,15 | 1,2,5,8,9,12,13 | 0.35 | 0.48 | 0.40 |
| 3 | 3,4,5,6,7,10,11,14,15 | 1,2,8,9,12,13 | 0.34 | 0.46 | 0.37 |
| 4 | 3,4,5,6,7,10,11,14,15 | 1,2,8,9,12,13,L1,L2,L3,Y1,Y2,Y3 | 0.34 | 0.55 | 0.39 |
| 5 | 1,2,3,4,5,6,7,8,9,10,11,12 | 13,14,15 | 0.29 | 1.97 | 0.79 |

## 4　结语

本文对最小二乘法和移动最小二乘法进行了介绍和比较,并结合青岛海湾大桥的 GPS 数

据资料进行曲面拟合的具体分析,得出:

(1)拟合点应尽量包围整个测区,且分布均匀,避免拟合外推,否则拟合精度下降。

(2)本测区拟合出的 GPS 水准面较平滑,但测点偏少,移动最小二乘只能采用单影响域,拟合精度与最小二乘的拟合精度相当。当联测点较多时,利用移动最小二乘加权并采用多影响域可进一步提高拟合精度。

(3)从现有资料分析曲面拟合精度已满足要求,但还需要在海面增设测点或在陆地多增加测点参与检验和拟合,从而更好地检验和提高曲面拟合水准面精度,满足青岛海湾大桥的施工要求。

## 参考文献

[1] 田建波,曾志林.利用 GPS 高求取正常高的几种拟合方法[J].海洋测绘,2004,24(2):15-18.

[2] 李晓恒.GPS 水准拟合模型的优选[J].测绘通报,2003(7):11-13.

[3] Lancanster P,Salkauskas K.Sur face generated by mo ving least squares methods[J].Mathematics of Computation,1981,37:141-158.

[4] 龙述尧,刘凯远,胡德安.移动最小二乘近似函数中样条权函数的研究[J].湖南大学学报:自然科学版,2003,30(6):11-13.

# 基于模糊神经网络的海上施工安全评价

**摘　要**:海上施工建设单位多、施工设备多、人员复杂且点多面广施工安全的影响因素多而且模糊性强,因此,提出应用模糊神经网络评判法进行海上施工安全评价,并应用层次分析法进行各因素权重的确定。针对海上施工受气象、海洋环境影响大的特点,建立了海上施工安全评价的指标体系,该体系包含施工作、施工管理气象环境、通航环境4个1级指标,并利用改进的动量BP神经网络进行施工安全的评价预测,为指导海上施工安全提供了必要的理论基础。

**关键词**:安全管理　海上施工　模糊神经网络　层次分析法　安全评价

## 1　引言

目前,海上施工作业安全评价多是利用作业危险性事故树分析等方法进行危险源辨识,确定施工作业中的危险有害因素。对海上施工环境安全状况的评价则是沿用陆地施工安全评价体系,评价时缺乏针对性。因此本文针对海上施工受气象,海洋环境影响较大的特点,提出海上施工安全评价指标体系。

系统评价既是系统分析的后期工作,又是决策分析的前期工作,在系统工程理论和方法体系中处于"枢纽"地位,在各种应用系统工程理论与实践中具有广泛的应用价值。目前研究的难点之一就是对评价对象各评价指标值如何一致无量纲化,特别是对兼有模糊定性指标和定量指标的系统评价更显困难。为了更好地反映决策者在各指标下对各评价对象的偏好信息,姚敏等[1]提出了模糊层次分析法。海上施工安全隐患各因素对施工安全的影响有一定的模糊性,因此,本文选用模糊神经网络的方法进行施工安全评价与预测[2-3]。

## 2　模糊层次综合评判方法

模糊层次综合评价法是将模糊数学与层次分析法相结合的一种系统评价方法。它是应用模糊变换原理和模糊数学的基本理论一隶属度或隶属函数来描述中间过渡的模糊信息量,将模糊信息定量化,利用层次分析法确定各因素的权童,考虑与评价事物和系统相关的各个因素,合理地选择因素阀值,再利用传统的数学方法对多因素进行定量评价,而得出科学的评价结论[4-6]。

### 2.1　因素集 $U$

确定评价对象相关的各个因素,构成因素集 $U$。

$$U=(U_1,U_2,\cdots,U_n) \tag{1}$$

式中:$n$ 为因子数,一般为多个因素。

子因素集 $U_i$

$$U_i=(U_1,U_2,\cdots,U_n)\quad i=1,2,\cdots,n \tag{2}$$

式中:$n$ 为子因子数,一般也是多个因素。

## 2.2　因素权重集 *A*

确定下一层次因素对上一层次因素的权重分配,构成因素权重集 $A$。

$$A=(a_1,a_2,\cdots,a_n),a_i\in[0,1],\sum_{i=1}^{n}a_i=1 \tag{3}$$

根据各子因素集 $U_i=(U_{i1},U_{i2},\cdots,U_{in})$ 的影响大小,确定各子因素权重集 $A_i$。

$$A=(a_{il},a_{i2},\cdots,a_{in}),a_{ij}\in[0,1],\sum_{j=1}^{m}a_{ij}=1 \tag{4}$$

本文采用层次分析法(Analytic Hierarchy Process,AHP)来确定权重。层次分析法是对一些较为复杂、模糊的问题做出决策的简易方法,它特别适用于那些难于完全定量分析的问题。

首先构造判断矩阵。以上一层次某因素为准则,它对下一层次诸指标有支配关系,两两比较下一层次诸指标对上一层次某因素的相对重要性,并赋予一定的分值。因素重要程度的判断如表 1 所示。

**因素重要程度的判断值**　　表 1

| 标　　度 | 含　　义 |
|---|---|
| 1 | 表示两个因素相比,具有相同重要性 |
| 3 | 表示两个因素相比,前者比后者稍重要 |
| 5 | 表示两个因素相比,前者比后者明显重要 |
| 7 | 表示两个因素相比,前者比后者强烈重要 |
| 9 | 表示两个因素相比,前者比后者极端重要 |
| 2,4,6,8 | 表示上述相邻判断的中间值 |

判断矩阵为:

$$C=\begin{pmatrix} c_{11} & c_{12} & L & c_{1n} \\ c_{21} & c_{22} & L & c_{2n} \\ M & M & L & M \\ c_{n1} & c_{n2} & L & c_{nn} \end{pmatrix} \tag{5}$$

显然,$c_{ij}>0,c_{ii}=1,c_{ij}=1/c_{ji}$。计算层次中各指标的权重,采用较为简便的方根法,即首先计算判断矩阵中每一行指标分值的乘积 $M_i$,然后计算 $n$ 次方根 $i$,最后进行归一化处理,所求的特征向量即为指标的权重值。

## 2.3　评价集 *V*

评价集一般又称为评语集。

$$V=(V_1,V_2,\cdots,V_P) \tag{6}$$

式中:$p$ 为评语的等级数,海上施工安全评价采用 5 级,即很安全、较安全、安全、危险、很危险。

## 2.4　评价矩阵 $R_i$

评价矩阵 $R_i$ 由因素 $u_i$ 中每一个子因素对评价集 $V$ 中每一语言变量的隶属度构成。

$$R_i=\begin{pmatrix}R_{i1}\\R_{i2}\\\cdots\\R_{in}\end{pmatrix}=\begin{pmatrix}r_{i11}&r_{i12}&\cdots&r_{i1p}\\r_{i21}&r_{i22}&\cdots&r_{i2p}\\\cdots&\cdots&\cdots&\cdots\\r_{im1}&r_{im2}&\cdots&r_{imp}\end{pmatrix}\quad i=1,2,\cdots,n \tag{7}$$

$$R_i=\begin{pmatrix}R_1\\R_2\\\cdots\\R_n\end{pmatrix}=\begin{pmatrix}r_{i1}&r_{i2}&\cdots&r_{1p}\\r_{21}&r_{22}&\cdots&r_{2p}\\\cdots&\cdots&\cdots&\cdots\\r_{n1}&r_{n2}&\cdots&r_{np}\end{pmatrix} \tag{8}$$

隶属度的求法有等级比重法(主观或定性指标)、隶属函数法和频率法(客观或定量指标)、专家评判法,本文采用专家评判法确定隶属度。

## 2.5 模糊层次运算

$$B=A_{0R}=(b_1,b_2,b_p) \tag{9}$$

式中:“。”为某种模糊变换算子,针对不同形式,对应不同的适用范围,本文采用 $M(.,+)$ 型算子,该模型 $b_j$ 计算式为:

$$B_j=\sum_{i=1}^{n}a_ir_{ij},i=1,2,\cdots,p \tag{10}$$

$$\sum_{i=1}^{n}a_i=1 \tag{11}$$

该模型考虑了所有因素的影响,而且保留了单因素评价的全部信息,运算中的 $a_i$ 和 $r_{ij}$ $(i=1,2,\cdots,n;j=1,2,\cdots,p)$ 无上限限制,但必须对 $a_i$ 归一化,该模型在工程中的应用效果良好,因此,本文选用该模型来计算。

## 2.6 评价准则

海上施工安全状态的模糊层次评判采用最大隶属度原则,即

$$C=\max(b_i) \tag{12}$$

认为综合评价的结果属于隶属度最大的等级。

# 3 改进的动量 BP 算法

## 3.1 动量 BP 网络算法基本原理

图 1 为 3 层 BP 网络拓扑结构示意图。它由输入层、隐含层和输出层组成,各层之间实行全连接。网络训练通过不断地调整权系数及阈值来实现[6-7]。

设网络具有 $m$ 层,令 $y_j^m$ 表示第 $m$ 层中第 $j$ 个结点的输出,而 $y_j^0$ 就等于,即第 $x_j$ 个输入。令 $w_{ij}^m$ 表示从 $y_i^{m-1}$ 到 $y_j^m$ 间的连接加权,$j$ 表示第 $m$ 层第 $j$ 结点的阀值。

首先将各权值和阈值赋予(-1,1)间的随机数,计算隐含层和输出层内每个结点 $J$ 的输出:

$$y_j^m=F(S_j^m)+F(\sum_i w_{ij}^m y_i^{m-1}+\theta_j^m) \tag{13}$$

式中:$F(s)$ 取 Sigmoid 函数。

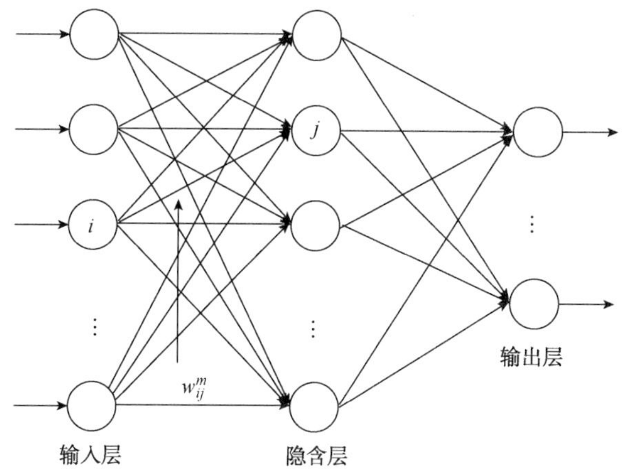


图1　BP神经网络拓扑结构示意图

设输出层第 $j$ 个神经元在 $t$ 时刻实际输出为 $y_j(t)$，希望输出为 $d_j(t)$，则 $t$ 时刻的网络的误差函数 $E(t)$ 定义为：

$$E(t)=\frac{1}{2}\sum_j[y_j(t)-d_j(t)]^2 \tag{14}$$

为了提高网络性能，减少其陷入局部极小值的可能性，提高收敛速度，采用动量BP算法来训练网络，反向逐层修正权值和阈值，即：

$$w(k+1)=w(k)+a[(1-\eta)D(k)+\eta D(k-1)] \tag{15}$$

$$\theta(k+1)=\theta(k)+a[(1-\eta)H(k)+\eta H(k-1)] \tag{16}$$

式中：$k$ 为迭代次数；$D(k)=-\frac{\partial E}{\partial w(k)}$，$H(k)=-\frac{\partial E}{\partial \theta(k)}$，表示 $k$ 时刻沿误差函数负方向的下降负梯度；$\eta$ 为学习率，取0～1间的数；$a$ 为动量因子，$0\leqslant a<1$。

重复以上各步，直至网络全局误差 $E=\sum_i\sum_j(T_j^l-y_j^m)^2/2$ 达到预测的精度止。其中，$l$ 为训练样本数量；$T_j^l$ 为样本目标值。

神经网络训练好后，其权值和阈值就已确定，此时即可进行分析计算。

## 3.2　改进的动量BP算法

为避免标准动量BP算法易产生网络饱和难于收敛、学习过程中振荡等问题，在设计网络训练过程中，必须采用改进的动量BP算法才能取得较好的效果，为此，可以采用双动量项法来进行学习和训练[8-9]。

(1)输入值与目标值的预处理。

为避免输入值为0，根据Sigmoid型变换函数的值的输出范围，对输入值与目标值进行了预处理，处理后输入值落在区间内，目标值落在[0.05,0.95]范围。

(2)隐含层节点数的确定。

采用下述公式合理地确定隐含层的节点数。

$$m=\begin{cases}n+0.618(n-t) & n\geqslant t\\ n-0.618(t-n) & n<t\end{cases} \tag{17}$$

式中：$m$ 为隐含层神经单元数；$n$ 为输入层神经单元数；$t$ 为输出层神经单元数。

(3)权值和阈值的双动量调整法。双动量调整法的具体实施为：

$$w(k+1)=w(k)-\eta(1-a)\frac{\partial E}{\partial w(k)}-a\frac{\partial E}{\partial w(k-1)}+\beta[w(k)-w(k-1)] \tag{18}$$

$$\theta(k+1)=\theta(k)-\eta(1-a)\frac{\partial E}{\partial w(k)}-a\frac{\partial E}{\partial w(k-1)}+\beta[\theta(k)-w(k-1)] \tag{19}$$

式中：$a$、$\beta$ 均为动量因子，可采用批处理半恢复自适应的调整法实现动量因子的自适应调整。式(18)和式(19)中，第3项可视为前一次的学习经验，当它与本次的梯度方向相同时，起到加速作用，若不同则相当于阻尼项，可减小学习过程的振荡趋势，提高网络的稳定性；第4项可起到平滑学习过程、跳过局部极小的作用。此两项的联合使用可大大提高网络的性能。

## 4 基于模糊神经网络的海上施工安全评价模型

### 4.1 海上施工安全评价指标体系的建立

海上施工评价指标体系可以从4个因素考虑：施工管理、施工作业、气象环境和通航环境。各影响因素又受其子因素的影响。评价指标体系如图2所示。

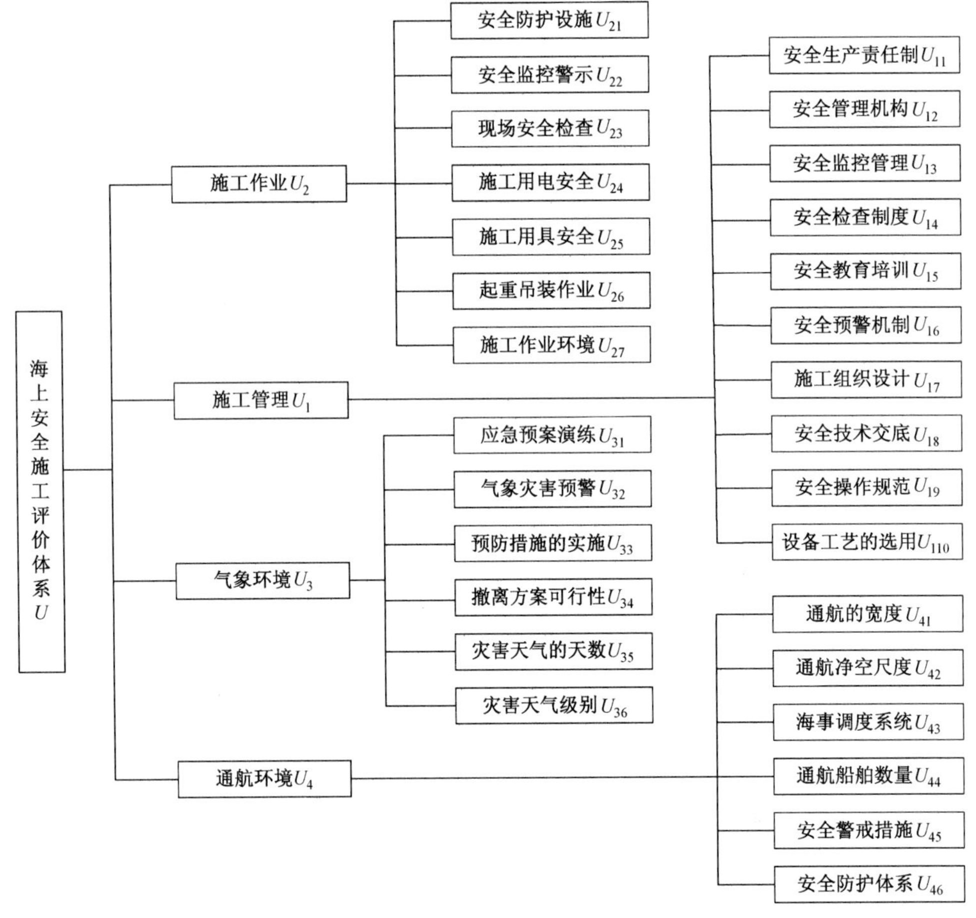


图2 海上施工安全评价指标体系

海上施工安全评价指标体系中的施工管理因素、气象环境因素和通航环境因素对施工安全的影响比较容易判定,影响因素只考虑到2级因素。但是对于施工作业,因其涉及的内容比较多,影响施工作业的子因素又受很多因素的影响。因此,本文对施工作业因素细分到3级因素。施工作业影响因素如表2[9-11]所示。

施工作业影响因素评价　　表2

| 序号 | 2级因素 | 3级因素 |
|---|---|---|
| 1 | 安全防护设置 $U_{21}$ | 安全帽 $U_{211}$ |
| | | 安全网 $U_{212}$ |
| | | 安全带 $U_{213}$ |
| | | 救生衣 $U_{214}$ |
| | | 灭火器 $U_{215}$ |
| | | 预留洞口防护 $U_{216}$ |
| | | 临边防护 $U_{217}$ |
| 2 | 安全监控警示 $U_{22}$ | 危险预知告示 $U_{221}$ |
| | | 安全操作规程牌 $U_{222}$ |
| | | 危险触电警示 $U_{223}$ |
| | | 警示灯 $U_{224}$ |
| | | 警戒线 $U_{225}$ |
| | | 安全标语 $U_{226}$ |
| | | 安全监控设施 $U_{227}$ |
| 3 | 现场安全检查 $U_{23}$ | 安全检查频率 $U_{231}$ |
| | | 专兼职安全员 $U_{232}$ |
| | | 安全隐患排查 $U_{233}$ |
| | | 安全检查部位 $U_{234}$ |
| | | 安全检查记录 $U_{234}$ |
| 4 | 施工用电安全 $U_{24}$ | 外电防护 $U_{241}$ |
| | | 接零接地保护系统 $U_{242}$ |
| | | 配电箱,开关箱 $U_{243}$ |
| | | 现场照明 $U_{244}$ |
| | | 配电线路 $U_{245}$ |
| | | 电器装置 $U_{246}$ |
| | | 变配电装置 $U_{247}$ |
| | | 用电档案 $U_{248}$ |
| 5 | 施工用具安全 $U_{25}$ | 圆盘锯 $U_{251}$ |
| | | 手持电动工具 $U_{252}$ |
| | | 钢筋机械 $U_{253}$ |
| | | 电焊机 $U_{254}$ |
| | | 搅拌器 $U_{255}$ |
| | | 气瓶 $U_{256}$ |
| | | 潜水泵 $U_{257}$ |
| | | 打桩机械 $U_{258}$ |
| 6 | 起重吊装作业 $U_{26}$ | 施工方案 $U_{261}$ |
| | | 起重机械 $U_{262}$ |
| | | 钢丝绳与地锚 $U_{263}$ |
| | | 吊点 $U_{264}$ |
| | | 司机,指挥 $U_{265}$ |
| | | 地耐力 $U_{266}$ |
| | | 起重作业 $U_{267}$ |
| | | 高处作业 $U_{268}$ |
| | | 作业平台 $U_{269}$ |
| | | 构件堆放 $U_{2610}$ |
| | | 警戒 $U_{2611}$ |
| | | 操作工 $U_{2612}$ |
| 7 | 施工作业环境 $U_{27}$ | 道路畅通 $U_{271}$ |
| | | 物料摆放 $U_{272}$ |
| | | 危险品放置 $U_{273}$ |
| | | 现场噪声 $U_{274}$ |
| | | 作业温度 $U_{275}$ |
| | | 作业湿度 $U_{276}$ |
| | | 作业空间 $U_{277}$ |

## 4.2　实例分析

利用模糊神经评判模型,依据青岛海湾大桥施工合同段的安全状况,以专家评判的各因素隶属度为基础,对青岛海湾大桥施工安全进行评价。

首先利用模糊层次评判法对每个合同段的施工安全状况进行评价,并将施工管理、施工作业、气象环境、通航环境因素的安全状况值作为改进动量BP算法的输入单元,将各合同段的安全状况评语作为输出单元。对海上施工单位进行模糊层次评价,得出 13 个合同段的评价结果。应用改进的动量 BP 神经网络对施工现场进行评价。网络设 4 个输入单元,分别为施工管理、施工作业、气象环境、通航环境因素的安全状况值,输出层单元 1 个,用(0.9,0.7,0.5,0.3,0.1)这 5 个数值分别表示很安全、较安全、安全、危险、较危险。根据隐含层的确定原则,经计算知,隐含层神经单元的个数应为 8。至此,建立了用以确定施工现场安全的神经网络的拓扑结构为(4,8,1)。

选用 10 组样本进行网络训练,3 组样本检验网络的性能,训练样本经过 110 次的学习和训练,网络全局误差 $E=0.008$,小于预设的精度 0.01,网络收敛。用训练好的网络对海上施工安全进行预测计算。学习和训练样本汇总表如表 3 所示。

**学习和训练样本汇总** 表 3

| 样本号 | 1 | 2 | 3 | 4 | 5 | 6 | 7 | 8 | 9 | 10 | 11 | 12 | 13 |
|---|---|---|---|---|---|---|---|---|---|---|---|---|---|
| 施工管理 | 0.651 | 0.512 | 0.601 | 0.425 | 0.494 | 0.683 | 0.532 | 0.635 | 0.592 | 0.578 | 0.622 | 0.635 | 0.638 |
| 施工作业 | 0.774 | 0.631 | 0.712 | 0.593 | 0.632 | 0.635 | 0.656 | 0.621 | 0.735 | 0.608 | 0.586 | 0.595 | 0.711 |
| 气象环境 | 0.620 | 0.833 | 0.622 | 0.782 | 0.596 | 0.751 | 0.841 | 0.592 | 0.723 | 0.651 | 0.694 | 0.541 | 0.752 |
| 通航环境 | 0.583 | 0.595 | 0.485 | 0.536 | 0.644 | 0.590 | 0.630 | 0.606 | 0.587 | 0.562 | 0.637 | 0.568 | 0.543 |
| 安全状况 | 0.623 | 0.652 | 0.574 | 0.591 | 0.596 | 0.702 | 0.715 | 0.611 | 0.639 | 0.594 | 0.657 | 0.635 | 0.652 |

### 4.3 评价结论

应用模糊层次评判法得出各施工合同段的现场状况是安全的,通过改进的动量 BP 神经网络进行海上施工安全状态评价,评价结果与实际情况相符,能够满足现场安全状况预测的要求。应用该方法可以方便地进行海上施工安全的预测,对海上施工安全评价具有指导意义。随着样本数目的增大,预测的精度也会进一步提高。

## 5 结语

(1)在原有动量 BP 算法基础上,为避免标准动量 BP 算法易产生网络饱和而难于收敛、学习过程中振荡等问题,在设计网络训练过程中采用双动量项法进行学习和训练,以得到较好的效果。

(2)根据海上施工安全受气象、海洋环境影响较大的特点,建立了海上施工安全评价指标体系,指标体系从 4 个因素考虑,即施工管理、施工作业、气象环境和通航环境。

(3)应用层次分析法确定各因素的权重,综合模糊层次法与改进的动量 BP 算法进行海上施工安全评价,并在青岛海湾大桥进行了应用。研究表明,采用模糊神经网络评判法进行海上施工安全的评价预测是科学的,具有广阔的应用前景。

**参 考 文 献**

[1] Yao Min.Apractical analysis hierarchy process[J].SoftScience,1990(1):46-52.

[2] Liu Hong bing,Wang Li guan,Zhang Liang hui,et al.Prediction of tunneling-induced ground subsidence with artificial neural network[J].Mining Research and Development,2007,27(2):

26-28,78.

[3] Li Yun long, Zhang Yi fei. Renovated safety managementassessmentmodelforenterprise-settin-gupbasedonintervalnumbers[J].Journal of Safety and Environment,2007,7(5):134-136.

[4] Du Yi xian, Tian Qi hua. Perfo nanceevaluation for mechanical product sha don fuzzy neural network[J].Systems Engineering and Electronics,2005,27(9):1583-1586.

[5] Wang Xin, Li Xiang. On the new fuzzy comprehensive evaluation model for fly safety[J].Journal of Safety and Environment,2008,8(3):150-152.

[6] Jin Ju liang, Yang Xiao hua, Wei Yi ming. System evaluation method base don fuzzy prrentia lrelation matrix [J]. Systems Engineering-Theory Methodology Appliction, 2005, 14(4): 364-367.

[7] Cheng Wei min, Su Shao gui, Xin Song. System safety for ecast model sand for ecast system[J]. Journal of Liao ning Technical University,2003,22(4):533-535.

[8] Cheng Wei min, Xin Song, Feng Chang gen. Essence of system safety prediction and combined prediction[J].China Safety Science Journal,2001,11(4):73-76.

[9] Cheng Wei min, Xin Song. Indices combination and variety weight of comprehensive safety asse-nent[J].China Safety Science Journal,2001,1(6):31-34.

[10] Lu D W, Wu L R, Li Z X. Iee valuation of minegeology disaster based on fuzziness and greyer theoy[J].Journal of Coal Science & Engineering,2007,13(4):480-483.

[11] Zhou Z H, Wu J X, Tan G W. Ensembling neural networks: many could be better than all[J]. Aartficial Intelligence,2002:137(1/2):239-263.

# 海湾大桥施工隐患动态预测与双线控制研究

**摘　要**:目前桥梁施工安全的研究,从宏观和微观两方面相结合的系统研究比较欠缺。根据大桥施工特点,从时间和空间角度,采取“线-点-面-点-面”分析方法,把桥梁建设的工艺过程看作线,具体的工艺看作点,各工艺的影响因素组成面,把每一影响因素看作点,各影响因素的影响指标组成面,以各工艺点为核心,对事故隐患进行全方位动态分析,结合计算机软件,利用小波神经网络评价各工艺点危险性。通过在青岛海湾大桥进行应用,能够全面分析出施工中存在的隐患、评价其危险性,根据大桥实际情况,制定“双线”措施,从整体上制定主线措施,对各工艺点采取支线措施,确保每个环节安全性,通过采取宏观性的主线措施和有针对性的支线措施,保证了大桥的安全生产。

**关键词**:海湾大桥　隐患　预测　小波　神经网络　措施　控制

## 1　引言

随着桥梁建设事业的快速发展,桥梁建设的地域逐步向近海拓展,海上特大型桥梁工程从无到有,从有至多,不断发展壮大。但由于海湾大桥施工过程中自然环境恶劣,气候多变,具有点多、线长、面广,施工中人员众多且分散,大型设备及特种设备较多,人员活动范围及设备作业区域有限等特点,而且,海上作业加大了施工的难度和危险性,施工中存在着大量隐患,致使事故极易发生,因此,海湾大桥施工隐患的分析与控制具有重要的现实意义。

目前对于桥梁建设的研究集中在桥梁建设质量分析与控制[1-2],施工过程的安全检测、监测,安全评价和安全管理等方面[3-19],而结合大桥施工实际情况,对施工过程中影响安全的隐患进行全面、深入的分析和定量评价研究较少,因此根据施工生产实际情况及安全生产、社会需求要求,目前必须对海湾大桥施工隐患进行综合研究分析与评价。鉴于此,笔者利用“线-点-面-点-面”的分析方法,从各个角度全方位、深入研究桥梁施工过程存在的隐患,从海湾大桥实际情况出发,采用小波神经网络对隐患的危险性进行评价、分级,从宏观和微观角度制定“双线”控制措施,有利于防止施工过程中事故的发生,保证大桥施工的安全生产,并以青岛海湾大桥为例进行了应用,全面分析、评价了施工中存在的隐患,采取了有效的措施,保证了施工安全,这具有一定的现实意义、理论意义和长远效益。

## 2　桥梁施工隐患全方位动态分析

桥梁施工过程既是时间上的不断向前推移,同时又是空间上长度和高度的扩展,以及工程进度的进展。从大桥长度变化角度考虑,由于地理位置的不同,施工工艺和施工方法不同,隐患也会有所变化,以某一位置的施工为例,从施工高度变化角度研究施工隐患,随着大桥施工工艺的不同施工方法有所变化，涉及的人、设备、物料也发生变化，同一种设备在施工的不同阶段影响程度也不同，而且施工是动态的，影响因素也是动态的，施工隐患的分析不能一概而论，要全面分析施工中存在的隐患，必须结合大桥施工实际情况，从不同施工工艺具体情况出发，动态研究施工中影响因素，分析存在的隐患。

鉴于此，提出“线-点-面-点-面”法，用以全面分析大桥施工隐患，进而提高施工中的安全系数。该方法内容如下：大桥施工过程中，从高度上形成了一条向上的主线。该主线由多个工艺点组成，主要包括基础施工、墩台施工和上部施工，各工艺点施工工艺不同，影响因素具体情况随之变化，影响因素主要考虑气候、工艺、人、设备、环境、管理和应急处理等6个方面，这些影响因素可以看作由这些工艺点分别扩展开的面。把每一影响因素看作点，继续细化，各影响因素的具体影响指标组成面。明确施工中的施工工艺点，分析各施工工艺的影响因素，研究各影响因素的影响指标，从而实现对各施工工艺点的全面分析。

因此，桥梁施工隐患分析时，采取“线-点-面-点-面”的分析方法，由总体到具体逐层展开，通过各工艺点的具体分析实现对整个施工的隐患分析，不仅有时间、空间和进度的进展，又有平面和立体的扩展，可对桥梁建设存在的隐患实现全方位动态分析，其中，“线-点-面”分析流程如图1所示。以各影响因素展开的影响指标分析，即上述方法中的后半部分（“点-面”部分）如表1所示。

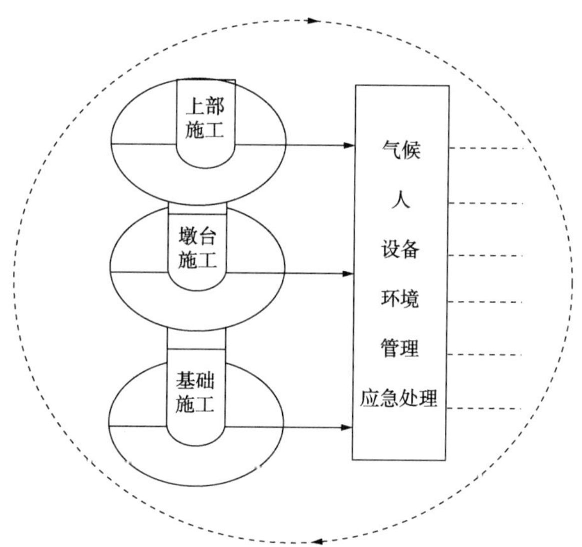


图1　桥梁施工隐患“线-点-面”分析流程

需要注意的是，桥梁施工过程是动态变化的施工中各工艺点的影响指标也不是固定不变的，因此，在隐患分析过程中，分析结果也不是一成不变的，而是要注意大桥施工变化带来的影响，实现隐患分析的实时性、层次性和动态性。

## 3　桥梁施工工艺点的危险评价——以青岛海湾大桥为例

### 3.1　危险评价方法指标选取及评价

“线-点-面-点-面”的分析方法虽能够全面分析出桥梁施工过程中各工艺点存在的隐患，

但要有针对性地采取措施控制隐患，仍需采用合理的系统安全分析方法对施工隐患进行识别，才能明确施工隐患的危险性级别。

影响因素的影响指标分析（“点-面”） 表1

<table>
<tr><th>影响因素</th><th>影 响 指 标</th><th>影响因素</th><th>影 响 指 标</th></tr>
<tr><td rowspan="6">人的因素</td><td>身体健康状态</td><td rowspan="3">施工环境</td><td>施工环境整洁度</td></tr>
<tr><td>心理状况</td><td>施工温度</td></tr>
<tr><td>受教育年限</td><td>作业环境噪声</td></tr>
<tr><td>安全意识</td><td rowspan="2">管理因素</td><td>制度制定的全面性</td></tr>
<tr><td>应急反应水平</td><td>制度实施的有效性</td></tr>
<tr><td>工作年限</td><td rowspan="3">事故处理相关因素</td><td>应急指挥中心有效性</td></tr>
<tr><td rowspan="4">物的因素</td><td>生产设备的完好率</td><td>通信联络有效性</td></tr>
<tr><td>劳动保护用品的完好率</td><td>救援物资有效性</td></tr>
<tr><td rowspan="2">现场警示牌的完好率</td><td rowspan="2">自然条件因素</td><td>风的级别</td></tr>
<tr><td>施工现场能见度</td></tr>
</table>

桥梁施工隐患受多种因素影响，且受时间和空间的影响最大。小波变换具有时频局部特性和聚焦特性，而人工神经网络具有自学习、自适应、鲁棒性、容错性和推广能力，是处理大规模问题的一种强有力的工具。而小波神经网络是基于小波分析而构造的神经网络模型，通过小波变换和神经网络有机的结合，采用非线性小波基函数构造神经网络的拓扑结构。通过对小波的分解平行和伸缩变换，采用平行因子和收缩因子而得到新的级数，具有更大的自由度，可进一步优选适当的各个参数，用较少的级数项组成小波神经网络，达到对给定时间序列的最佳逼近。如图2所示，输入层、隐含层、输出层的节点数分别是 $m$、$n$、$N$。笔者采用 Morlet 母小波，该小波是余弦调制的高斯波，在时、频域的分辨率都非常高[8-10]，能较准确地评价出隐患的危险性。

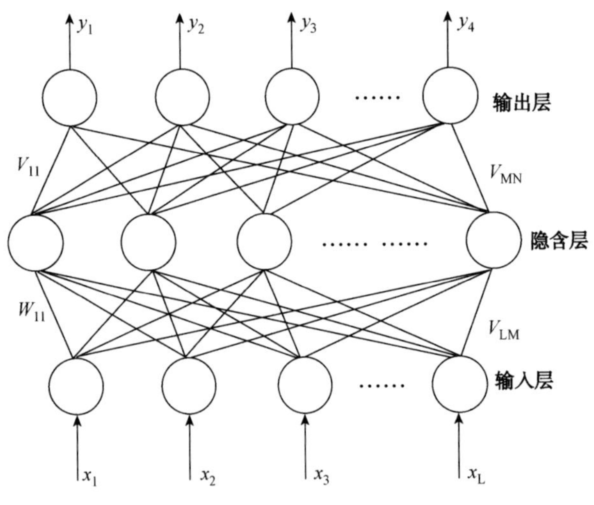


图2 小波神经网络结构

在函数空间 $L(R)$ 中选取一母小波函数 $\psi(x)\in L^2(R)$ 满足容许性条件,即

$$\int_{-\infty}^{\infty}\frac{|\psi(\omega)|2}{\omega}\mathrm{d}\omega<\infty \tag{1}$$

式中:$\psi(\omega)$ 为 $\psi(x)$ 的 Fourier 变换。

输入层、隐含层及输出层的神经元个数分别为 $m$、$n$、$N$ 个,于是在 $t$ 时刻,小波神经网络的输出 $Y$ 可表示为:

$$y_i[t]=\sigma\{\sum_{j=0}^{n}w_{jk}\phi_{(a,b)}[\sum_{k=0}^{m}w_{jk}x_k(t)]\}(i=1,2,\cdots,N) \tag{2}$$

式中:$x_k$ 为输入模式向量;$y_i$ 为输出模式向量;$w_{ij}$ 为中间隐含层到输出层的权值;$w_{ij}$ 为输入层到中间隐含层的权值;$a_j$,$b_j$ 分别为中间隐含层的伸缩和平移参数。

为得到网络权值改变的规律,用梯度下降学习算法找出误差与权值的关系,利用最小均方差能量函数进行优化:

$$E=\frac{1}{2}\sum_{p=1}^{p}\sum_{i=1}^{n}(d_i^n-y_i^p)^2 \tag{3}$$

式中:$E$ 为误差函数;$d_i$ 为输出模式向量相应的期望输出;$y_i$ 为输出模式向量。

采用 Morlet 母小波,即

$$\Psi_{a,b}(t)=\cos(1.75t)\mathrm{e}-\frac{t^2}{2} \tag{4}$$

设 $t_j=\sum_{k=0}^{m}w_{jk}x_k(t)$,则有

$$\phi_{(a,b)}(t)=\phi\left[\frac{t_j-b_j}{a_j}\right] \tag{5}$$

$$y_i(t)=\sigma[\sum_{j=0}^{n}w_{ij}\psi_{(a,b)}(t)]\quad(i=1,2,\cdots,N) \tag{6}$$

$$\sigma'(\mu)=\frac{\partial\sigma(\mu)}{\partial\mu}=\sigma(\mu)[1-\sigma(\mu)] \tag{7}$$

对于给定的学习率 $G$ 和动量系数 $L$,则

$$\Delta w_{jk}(t+1)=-\eta\frac{\partial E}{\partial W_{jk}}+\mu\Delta w_{jk}(t) \tag{8}$$

$$\Delta w_{ij}(t+1)=-\eta\frac{\partial E}{\partial W_{jk}}+\mu\Delta w_{ij}(t) \tag{9}$$

$$\Delta a_j(t+1)=-\eta\frac{\partial E}{\partial a_j}+\mu\Delta a_j(t) \tag{10}$$

$$\Delta b_j(t+1)=-\eta\frac{\partial E}{\partial b_j}+\mu\Delta b_j(t) \tag{11}$$

则求的网络结构参数:

$$w_{jk}(t+1)=\Delta w_{jk}(t+1)+w_{jk}(t) \tag{12}$$

$$w_{ij}(t+1)=\Delta w_{ij}(t+1)+w_{ij}(t) \tag{13}$$

$$a_j(t+1)=\Delta a_j(t+1)+a_j(t) \tag{14}$$

$$b_j(t+1)=\Delta b_j(t+1)+b_j(t) \tag{15}$$

## 3.2 青岛海湾大桥施工隐患风险评价

### 3.2.1 青岛海湾大桥概况

青岛海湾大桥是国家高速公路网青岛至兰州高速公路的起点段，是山东省“五纵四横一环”公路网主框架的重要组成部分，也是青岛市规划的胶州湾东西岸跨海通道“一路、一桥、一隧”中的“一桥”。

工程包括沧口航道桥、红岛航道桥和大沽河航道桥、海上非通航孔桥及陆上引桥、李村河和红岛 2 个互通立交、红岛和黄岛侧连接线工程，以及青岛、红岛和黄岛 3 个主线收费站及管理设施。

### 3.2.2 青岛海湾大桥施工隐患风险评价

根据所确定的评价指标体系各单元指标以及对小波神经网络的理论分析，以青岛海湾大桥各合同段施工中的高处作业为例，对总结出的 10 组数据材料进行分析和整理，其中，7 组数据用于系统的训练学习，3 组数据用于结果验证。原始数据的训练结果期望目标值与评价结果的输出如表 2 所示，表 3~表 5 为生产装备项目分项指标的划分标准，表 6 为生产装备因素的网络训练样本，图 3 为小波神经网络训练曲线，其中横坐标为训练步数，纵坐标为训练误差。

安全评价输出结果等级划分表　　表 2

| 输入值 | (0,1] | (1,2] | (2,3] | (3,4] | (4,5] |
|---|---|---|---|---|---|
| 级别 | Ⅰ | Ⅱ | Ⅲ | Ⅳ | Ⅴ |
| 内容 | 不安全 | 较不安全 | 一般安全 | 较安全 | 安全 |

生产设备的完好率　　表 3

| 指标 | 大于 95 | 85~95 | 70~85 | 60~70 | 小于 60 |
|---|---|---|---|---|---|
| 级别 | 5 | 4 | 3 | 2 | 1 |

劳动保护用品的完好率　　表 4

| 指标 | 大于 95 | 85~95 | 70~85 | 60~70 | 小于 60 |
|---|---|---|---|---|---|
| 级别 | 5 | 4 | 3 | 2 | 1 |

现场警示牌的完好率　　表 5

| 指标 | 大于 95 | 85~95 | 70~85 | 60~70 | 小于 60 |
|---|---|---|---|---|---|
| 级别 | 5 | 4 | 3 | 2 | 1 |

生产装备因素的网络训练样本　　表 6

| 编号 | 1 | 2 | 3 | 期望值 | 级别 |
|---|---|---|---|---|---|
| 1 | 0.9988 | 0.9833 | 0.9658 | 4.5 | Ⅴ |
| 2 | 0.8965 | 0.8763 | 0.8652 | 4.0 | Ⅳ |

续上表

| 编号 | 1 | 2 | 3 | 期望值 | 级别 |
|---|---|---|---|---|---|
| 3 | 0.7986 | 0.7865 | 0.8126 | 2.6 | Ⅲ |
| 4 | 0.7568 | 0.8029 | 0.7638 | 2.7 | Ⅲ |
| 5 | 0.7013 | 0.6853 | 0.8016 | 1.8 | Ⅱ |
| 6 | 0.5638 | 0.7012 | 0.6357 | 0.9 | Ⅰ |
| 7 | 0.6782 | 0.7015 | 0.5961 | 0.8 | Ⅰ |

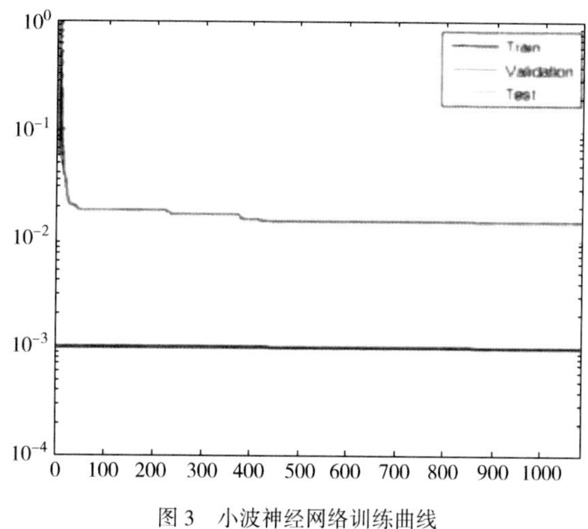


图3　小波神经网络训练曲线

在神经网络的训练过程中,传递激活函是网络训练的关键环节。传递函数的特征求输入的信息数据必须在区间[0,1]范围,因此,必须对网络训练所需要的原始数据进行初始化处理,使它们转化为分布在[0,1]区间范围内的数据。

$$\overline{x_{ik}}=\frac{x_{ik}-x_{i\min}}{x_{i\max}-x_{i\min}} \tag{16}$$

式中:$x_{ik}$,$\overline{x_{ik}}$分别为转换前、后的值;$x_{i\max}$,$x_{i\min}$分别为样本的最大值和最小值。

通过3组数据验证(表7)可知,利用该方法能够较正确地对大桥施工过程各工艺点的施工隐患进行评价。

**生产装备因素的实际值与预测值对比分析表**　　表7

| 编号 | 1 | 2 | 3 | 实际值 $y$ | 预测值 $y(i)$ | 残差 $\varepsilon$ | 相对误差(%) | 后验差比值 $c$ |
|---|---|---|---|---|---|---|---|---|
| 8 | 0.6987 | 0.9957 | 0.9785 | 5.0 | 5.0967 | 0.0967 | 1.8973 | 0.02735 |
| 9 | 0.8321 | 0.8968 | 0.9232 | 3.8 | 3.7689 | 0.0311 | 0.8252 | |
| 10 | 0.6989 | 0.7038 | 0.8056 | 1.9 | 1.9138 | 0.7211 | 0.7211 | |

在以上数据训练学习后,该模型预测值($y(i)$)与实际值($y$)对比情况如表7所示,$N$为预测值的数目,两者残差($E$)和后验差比值($c$)。

计算公式如下:

$$\varepsilon(i)=|y(i)-y| \tag{17}$$

$$c=\frac{S_e}{S_x} \tag{18}$$

$$S_c^2=\frac{1}{N}\sum_{i=1}^{N}[\varepsilon(i)-\varepsilon]^2 \tag{19}$$

$$S_e^2=\frac{1}{N}\sum_{i=1}^{N}[y(i)-y]^2 \tag{20}$$

## 4 海湾大桥施工双线控制措施

为了防止事故发生,保证桥梁施工的安全进行,根据桥梁施工隐患分析方法和相关影响因素分析,从两个方面制定全面、合理、有针对性的控制措施。主要内容如下:①制定主干线措施,即对整个施工过程都适用的、贯穿整个施工过程的措施;②制定支线措施,即针对各具体工艺点采取措施,具体情况如图4所示。由于大桥施工条件、施工隐患是随着时间和空间不断变化的,措施的制定和实施也应根据具体情况实时更新,做到动态管理。

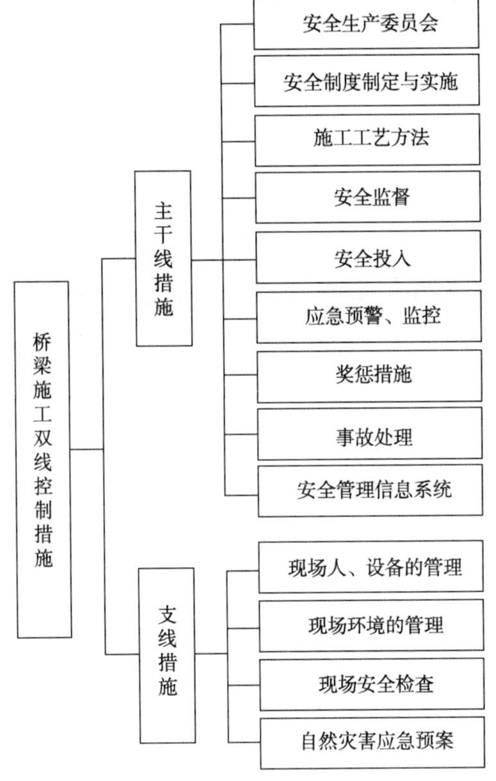


图4 桥梁施工双线控制措施

### 4.1 主线措施

为了保证整个施工过程的安全,首先应从宏观上采取措施,该措施适用于整个大桥的施工,青岛海湾大桥制定的措施主要包括:安全生产委员会的建立;工艺方法的选择;制度的制定和实施;安全监督方案的确立;应急预警机制的确定;明确安全投入渠道和数量;建立合理的奖惩措施和事故处理措施;建立安全管理信息系统。

由于桥梁施工现场分散,危险点多分布广,难以进行统一管理。安全管理信息系统有利于及时掌握大桥整个情况,青岛海湾大桥结合实际情况建立安全管理信息系统,主要包括安全管理体系、基本人员管理、基本设备管理、应急救援体系、作业现场检查、安全事故、环境预警管理和安全文件 8 个模块。其中,安全管理体系功能模块界面如图 5 所示。

图 5　安全管理体系功能模块

## 4.2　支线措施

对于施工过程的具体工艺点,从施工现场人、设备、环境、现场安全检查、应急预案方面采取相应的措施。主要针对具体的操作过程进行管理:

(1)检查施工人员的身体状况、心理状况是否合格,施工过程是否正确佩戴安全防护用品,是否存在违章操作,检查工人是否明确所从事工作中存在的危险,以及出现危险时的处理措施。

(2)检查设备的档案记录是否完整,设备各部件是否处于安全状态,检查设备的工作环境是否满足要求,检查设备的状态是否存在隐患,记录是否完整,与下一班工人有无做好安全交底工作。

(3)检查工作环境是否满足工人、设备正常工作的要求,检查施工过程中有无做好环境的维持和保护工作。

(4)桥梁施工过程中受气候影响大,在施工前检查是否有气候预警,并根据情况及时启动应急预案,及时采取应对策略。安全是相对的,为了降低事故发生造成的损失,预先分析施工过程中可能发生的危险,分析可能的影响因素,制定应急预案,并做好应急演练及应急预案的检验与修订工作。

通过对青岛海湾大桥建立了全面的安全管理体系,对每个施工工艺,针对人、设备、环境和管理等各个影响因素,分别进行了严格分析、评价,采取了针对性的控制措施,排除了可能存在的事故隐患,保证了大桥的安全生产,应用效果良好。

# 5　结语

(1)根据目前桥梁建设实际情况和研究现状,提出了由“线-点-面-点-面”的隐患全方位动态分析方法,从时间、空间和桥梁建设进度角度出发,对各工艺点从气候、工艺、人、设备、环境、管理和应急处理等 6 个方面具体分析隐患,可实时全面地分析出桥梁施工过程中可能存在的不安全因素。

（2）在对施工隐患全面分析基础上，从青岛海湾大桥实际情况出发，结合计算机软件，采用小波神经网络对施工过程中各工艺点隐患的危险性进行评价、分级，通过样本训练学习和验证，预测结果与实际情况较吻合，能较准确地评价出大桥施工隐患的危险性。

（3）基于大桥施工层次性和动态性特点，从宏观和微观角度两方面出发，建立了桥梁施工"双线"控制措施，首先从宏观角度上制定主线措施，建立完善的组织机构和制度体系，其次，从微观角度上，对于各工艺点，从人、设备、环境、现场安全检查和应急预案等方面采取具体的支线措施，保证施工的安全进行。

## 参考文献


[1] 李鹏，于玲玲.钻孔灌注桩施工中存在的质量问题和预防措施[J].海河水利，2009（2）：60-61.

[2] 战家旺，夏禾，姚锦宝.基于模态参数的桥墩结构损伤识别数值研究[J].中国安全科学学报，2007，17（3）：171-175.

[3] 王飞.论桥梁施工管理中的质量与安全控制[J].科技资讯，2009（18）：149.

[4] RedaTaha M M，Lucero J.Damage identification for structural health monitor ingusing fuzzy pattern recognition[J].Engineering Structures，2005，27（12）：1774-1783.

[5] 程卫民，董淑喜，吴立荣，等.海湾大桥施工动态安全预警系统的研究[J].中国安全科学学报，2008，18（8）：164-170.

[6] 刘纲，黄宗明，杨溥，等.大型桥梁钢-混接头状态监测及安全评估方法[J].重庆建筑大学学报，2009，31（3）：90-97.

[7] 李晓利，张峰光，范家文.基于小波神经网络的化工安全评估[J].太原理工大学学报，2007，38（2）：142-145.

[8] 蒋绍阶，江崇国.灰色神经网络最优权组合模型预测城市需水量[J].重庆建筑大学学报，2008，30（2）：113-115.

[9] 王三明，蒋军成，姜慧.基于人工神经网络理论的系统安全评价[J].工业安全与防尘，2001，27（2）：27-30.

[10] Gholizadeh S，Salajegheh E，Torkzadeh P.Structural optimization with frequency constraints by genetical gorithmusing wavele tradial basis function neural network[J].Journal of Soundand Vibration，2008，312（1-2）：316-331.

[11] 王穗平，赵泽辉，刘亚磊，等.基于巡检的高速公路桥梁安全监测与维护研究[J].中国安全科学学报，2009，19（5）：165-170.

[12] 张磊，王春生，任更峰，等.高墩大跨连续刚构桥施工期安全评价[J].中国安全科学学报，2008，18（1）：139-145.

[13] 郑玉国，钟新谷，袁帅华，等.斜拉桥成桥安全检测及评价[J].中国安全科学学报，2006，16（10）：135-140.

[14] 孙全胜.桥梁施工过程的布拉格光纤光栅安全监测技术[J].中国安全科学学报，2006，16（8）：128-134.

[15] Dan M Frangopo，Kiyohiro Ima.Reliability of long span bridges based on design experience

with the Honshu-Shikoku bridges[J].Journal of Constructional Steel Research,2004,60(3-5):373-392.

[16] Hassan Moghim,HamidR Ronagh.Impact factors for acomposite steel bridge using nonlinear dynamic simulation [J]. International Journal of Impact Engineering, 2008, 35 (11): 1228-1243.

[17] Jamie E Padgett,Reginald Des Roches.Three-dimensional nonlinear seismic per for mance e-valuation of retrofit measures for typical steel girder bridges[J].Engineering Structures,2008, 30(7):1869-1878.

[18] 刘辉,张超.人-机-环境系统建筑施工现场安全综合评价研究[J].重庆建筑大学学报,2007,29(5):107-111.

[19] 李自光.桥梁施工成套机械设备[M].北京:人民交通出版社,2003.

# 桥梁施工隐患分析与控制

**摘　要**:目前,从时间和空间角度对于桥梁施工过程中影响安全生产的隐患分析还比较少。根据桥梁建设的情况、研究现状和特点,采取"线—点—面—点—线"的方法,将整个工艺过程看作线、具体的工艺看作点、各工艺的所有影响因素组成面,对每个影响因素从施工前、施工中和施工后三个阶段分析存在的隐患。在以上分析基础上,采取"双线"措施,从宏观角度制定主线措施,对于每个影响因素制定支线措施,确保每个环节都是安全的。该方法在青岛海湾大桥进行应用,结果表明与实际相符,能全面分析施工中存在的隐患。

**关键词**:桥梁　工艺　影响因素　隐患　措施

## 1　引言

我国的桥梁建设事业发展迅猛,桥梁建设的地域逐步向近海拓展,海上特大型桥梁工程从无到有,逐步发展壮大。由于施工过程受自然环境恶劣、气候多变、点多线长面广、人员多且分散、大型设备及特种设备较多、交通不便、人员活动范围有限等因素的影响,事故时有发生。目前对于桥梁建设的研究多集中在桥梁质量、某一类施工事故或安全管理制度制定等方面,而关于施工过程中影响安全施工的隐患分析非常少。研究桥梁在施工过程中存在的隐患,采取全面、合理、有针对性的控制措施,对于防止施工过程中事故的发生、保证安全生产具有重要的意义。

## 2　桥梁施工隐患分析

桥梁施工的工艺包括下部施工和上部施工。按照施工的进展顺序依次是桥梁基础、桥梁墩台和桥面。

在施工过程中,既是时间的不断向前推进,同时又是空间上的扩展和工程进度的进展,形成了一条统一的主线。

对于任一施工工艺,即施工主线的某一线段,由具体的操作组成,如基础施工中的钻进、清孔、吊装钢筋笼、灌注混凝土等,可看做线上的某一点。这些具体的操作能否安全完成,与操作过程中的人、设备、环境、管理等因素密切相关,这些因素可以看作由这一点扩展开的面。

由于面上的因素直接决定能否安全操作,因此,对每一个因素做到施工前、施工过程中和施工后的严格管理,保证每个操作过程的安全。由此推展开来,才能保证整个桥梁施工的安全。

因此,隐患分析采取"线—点—面—点—线"的方法,由总体到具体,既有时间、空间、进度的进展,又有平面的扩展,具体分析过程如图1所示。

利用以上隐患分析方法,桥梁施工隐患分析情况如表1所示。

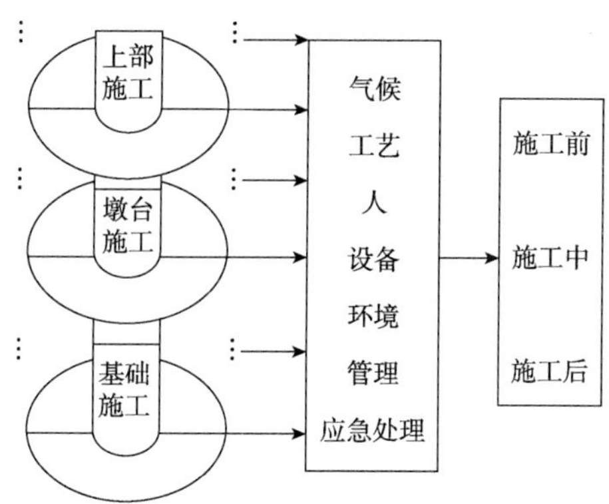


图1　桥梁施工隐患分析过程

**桥梁施工隐患分析**　　表1

| 工艺 | 办　法 | 主要工序/过程 | 主要事故类型 | 设　备 |
|---|---|---|---|---|
| 基础施工 | 扩大基础 | 基坑开挖、基坑排水、基底处理以及(浇筑)基础结构物 | 坍塌、机械伤害、触电 | ①通用机械设备：主要包括混凝土机械、起重吊装机械、预应力张拉设备、模板、装配式支架等；②基础施工机械设备：主要包括预测基础桩、泥浆系统及其设备、桩工设备、钻孔设备等；③桥梁上部结构施工机械：主要包括桥梁桥施工机械、拱桥施工机械、斜拉桥施工机械、悬索桥施工机械 |
| | 桩及管柱基础 | 由钢筋混凝土、预应力混凝土或多根管柱上连钢筋混凝土承台、支撑并传递桥梁上部结构和墩台全部荷载于地基的机构物 | | |
| | 沉井基础 | 由开口的井筒构成的地下承重结构物 | | |
| | 地下连续墙基础 | 用槽壁法施工筑成的地下连续墙体作为土中支撑单元的桥梁基础 | | |
| | 锁口钢管桩基础 | 由锁口相连的管柱围成的闭合式管柱基础 | | |
| 墩台施工 | 砌筑墩台 | 墩台定位，放样，基础施工，立模板和支架，浇筑墩(台)身混凝土或砌石，扎顶帽混凝土并预留支座锚栓孔等 | 高处坠落、物体打击、机械伤害、起重事故、触电、溺水 | |
| | 装配式墩台 | | | |
| | 现场浇筑墩台 | | | |
| 上部施工 | 固定支架就地浇筑法 | 在桥位处搭设支架，在支架上浇筑桥体混凝土，达到强度后拆除模板支架 | 高处坠落、物体打击、机械伤害、起重事故、触电、溺水 | ①通用机械设备：主要包括混凝土机械、起重吊装机械、预应力张拉设备、模板、装配式支架等；②基础施工机械设备：主要包括预测基础桩、泥浆系统及其设备、桩工设备、钻孔设备等；③桥梁上部结构施工机械：主要包括桥梁桥施工机械、拱桥施工机械、斜拉桥施工机械、悬索桥施工机械 |
| | 悬臂施工法 | 从桥墩开始，两侧对称进行现浇梁段或将预制节点段对称进行拼装 | | |
| | 转体施工法 | 将桥梁构件先在桥位处岸边(或路边及适当位置)进行预制，待混凝土达到设计强度后旋转构件就位 | | |
| | 顶推施工法 | 在沿桥纵轴方向的台后设置预制场地，分节段预制，用纵向预应力筋将预制节段与施工完成梁体连成整体，然后通过水平千斤顶施力，将梁体向前顶推出预制场地 | | |
| | 逐孔施工法 | 从桥两端一段逐孔施工，直到对岸，有用临时支撑组拼预制节段的逐孔施工法，移动支架逐孔现浇施工法以及整孔吊装或分段施工法等 | | |
| | 横移施工法 | 在待安装结构的位置旁预制该结构，并横向移运该结构物，将它安置在规定的位置上 | | |
| | 提升与浮运施工 | 在未来安置结构物以下的地面上预制该结构并把它提升就位。浮运施工将桥梁在岸上预制，通过大型浮运至桥位，利用船的上下起落安装就位 | | |

## 3 “双线”控制措施

为了保证桥梁施工的安全进行，根据桥梁施工过程的隐患分析情况，应预先采取全面、合理有针对性的控制措施。

现从两个方面采取措施：一是采取主干线措施，即对整个施工过程都适用的，贯穿整个施工过程的措施；二是支线措施，即针对具体操作的措施。

### 3.1 主干线措施

为了保证整个施工过程的安全，从宏观上主要采取以下措施。

(1)安全生产委员会的建立

总公司设有安全生产委员会，由公司内安全处、办公室、政工处、人力资源处、总工处、工程处、计划合约处、财务处、信息处、和监理处等部门负责人和各驻地办工程师及施工单位项目经理任委员组成。设主任1人，由公司总经理担任；副主任9人，由公司书记、副书记、总工程师、副总工程师、总会计师、总经济师和监理处处长担任。

贯彻执行国家和地方各级政府的有关安全生产的法律、法规、指示和要求以及审批颁发桥梁施工期间的各项安全管理规定、办法、制度、措施和预案，并全面负责安全生产管理工作。安全生产委员会要时刻以桥梁的安全施工为前提，从实际情况出发。

(2)人的管理

人的管理应该是全方位的，实行全员管理，不仅包括施工的工人，应该涉及与施工有关的所有人员，如公司的领导、门卫及外来人员等。

桥梁施工过程中，工人是施工的主体，既是事故的施动者，又是事故的受害者，因此，对工人的教育至关重要。工人应具备必需的安全知识、安全意识，明确所从事岗位的隐患及紧急处理措施。

公司领导掌控整个施工过程的安全，对领导应进行安全知识、安全意识、安全管理等方面的培训。

外来人员在入桥前应接受培训，明确应注意的问题，既要保证不影响桥梁正常施工，又要保证自身的安全。

(3)设备的管理

由于桥梁施工过程中涉及大量大型的机械设备、船舶等，为了保证安全施工，应从本质上保证施工的安全，严格按照相关法律法规安装、使用和管理设备。

(4)环境的管理

桥梁施工环境恶劣，工作范围有限，因此，应做好施工现场环境的管理，物品摆放符合要求，不影响正常生产。

在施工过程中，有大量的废水、废液、泥浆和固体废弃物生产，应按照规定运到相应的地方处理，做好环境保护。

(5)施工现场的管理

为了保证施工现场的安全，应做好安全检查和监督工作，检查人的操作、安全防护用品的使用、设备及无匹的状态、工作环境是否满足生产要求、隐患的检查与整改、紧急事件的处理等。

施工现场做好安全文化的建设,施工入口及通道设置安全标语、安全口号。施工现场根据需要设置警示牌、安全操作规程等。

(6)工艺方法的选择

在桥梁施工的不同阶段,根据施工需求、地质条件等选取合适的施工方法,从保证安全生产、经济和保护环境为出发点。

(7)应急处理

桥梁施工过程中受气候影响大,在施工前首先检查是否气候预警,并及时启动应急预案,采取应对策略。安全是相对的,为了降低事故发生造成的损失,预先分析施工过程中可能发生的事故及可能的影响因素,制定应急预案,并做好应急演练及应急预案的检验和修订工作。

(8)制度的制定和实施

有法可依是保证措施有效实施的基础,主要制定的制度包括安全教育与考核、安全检查、安全监督、应急预警、安全生产责任制、奖惩措施、安全操作规程、事故处理、隐患整改、评比制度和特种设备管理等。

## 3.2　支线措施

对于具体的操作,应从施工前、施工过程中和施工后各阶段所涉及的人、设备、环境、管理等方面采取措施。

(1)人的管理

施工前,检查工人的身体状况是否适合工作,特种作业人员是否佩戴特种作业证,工人是否明确所从事工作中存在的危险及处理措施;施工过程中,检查工人是否遵守安全操作规程和按要求佩戴安全防护用品;施工结束后,核实工人是否检查设备的状态并与下一班工人做好安全交底工作。

(2)设备的管理

施工前,检查设备的档案记录,目前是否处于安全状态;施工过程中,检查设备的工作环境是否满足要求;施工结束,检查设备的状态,是否存在隐患。

(3)施工前,检查工作环境是否满足工人、设备正常工作的要求;施工过程中,要做好环境的维持;施工后,做好环境的及时恢复工作。

(4)安全检查、监督

施工前,明确存在的施工工艺、工种,可能存在的危险和导致的后果,以及相应的处理对策,明确可能涉及的人员、通信方式和物资准备情况等;施工过程中,全面检查施工的各个环节,发现问题及时整改;施工后,及时做出总结和下一步的计划等。

# 4　青岛海湾大桥隐患分析与控制

现以青岛海湾大桥第10合同段为例,分析存在的事故隐患,如表2所示。

青岛海湾大桥隐患分析与控制 表2

| 工 艺 | 方 法 | 主要事故类型 | 设 备 |
| --- | --- | --- | --- |
| 基础施工 | 桩基施工 | 机械绞碾,触电,起重和车辆伤害,机具设备倒塌,物体打击,搬运重物压、碰,跌伤和高空坠落等 | 推土机、打夯机、压路机、打桩机、振动沉拨机、静力压拨机、砂浆搅拌机、泥浆泵、电焊机、钢筋弯曲与切断机、起重机、混凝土搅拌机、混凝土运输车、发电机、运输船等(水上施工;浮运打桩机、船上钻机、沉桩机械、浮运起重机、混凝土运输船等) |
| 墩台施工<br>上部施工 | 现场浇筑 | 高处坠落、物体打击、机械伤害、起重事故、触电、溺水 | 混凝土泵车、振捣器、电焊机、钢筋切割机、钢筋弯曲机、吊车、潜水泵、圆盘锯、移动式空压机等 |

在以上分析的基础上,建立全面的安全管理体系,对每个施工工艺,针对各个影响因素从施工前、施工过程中和施工后分别严格检查,排除隐患,保证安全生产。

## 5 结语

(1)根据目前桥梁建设实际情况和研究现状,建立“线—点—面—点—线”的隐患分析方法,从时间、空间和桥梁建设进度角度出发,可全面分析出可能存在的影响因素。

(2)建立“双线”措施,首先从宏观上采取措施,建立完善的机构和制度体系;其次对于分析出的各个影响因素,从施工前、施工中和施工后采取具体的措施,保证施工安全进行。

(3)在青岛海湾大桥进行应用,效果良好,有利于桥梁建设的安全施工。

### 参 考 文 献


[1] 陈明凯,唐克建,李邦伟.桥梁施工的安全管理[J].安全,2009(7):18-21.

[2] 李鹏,于玲玲.钻孔灌注桩施工中存在的质量问题和预防措施[J].海河水利,2009(2):60-61.

[3] 王灿,丁幼松.公路与桥梁施工事故原因分析及应对措施[J].科技信息,2009(13):664-665.

[4] 常彦海.公路桥梁建设工程施工管理分析[J].科技创新导报,2009(24):81.

[5] 陈育河.浅析怎样加强施工管理[J].科技资讯,2009(9):139.

[6] 王飞.论桥梁施工管理中的质量与安全控制[J].科技资讯,2009(18):149.

[7] 李自光.桥梁施工成套机械设备[M].北京:人民交通出版社,2003.

# 桥梁水下无封底混凝土套箱技术

国家技术发明奖推荐书(2011年度)

## 1 项目基本情况

专业评审组:221 土木建筑

<table>
<tr><td>项目名称</td><td>名称</td><td colspan="3">水下无封底混凝土套箱建造技术</td></tr>
<tr><td colspan="2"></td><td colspan="3">姜言泉、徐庆军、李丕明、李术才、侯福金、韩冰</td></tr>
<tr><td rowspan="5" colspan="2">推荐单位(盖章)<br>或推荐专家(签章)</td><td rowspan="5">中国公路学会</td><td>项目名称可否公布</td><td>可</td></tr>
<tr><td>项目密级</td><td>公开</td></tr>
<tr><td>定密日期</td><td></td></tr>
<tr><td>保密期限(年)</td><td></td></tr>
<tr><td>定密审查机构</td><td></td></tr>
<tr><td colspan="2">主题词</td><td colspan="3">水下无封底混凝土套箱;胶囊封水;弹性应力吸收层;防腐蚀;防撞</td></tr>
<tr><td rowspan="3">学科分类名称</td><td>1</td><td>桥涵工程</td><td>代码</td><td>5801020</td></tr>
<tr><td>2</td><td>海洋工程结构与施工</td><td>代码</td><td>5705040</td></tr>
<tr><td>3</td><td>桥涵工程</td><td>代码</td><td></td></tr>
<tr><td colspan="2">所属国民经济行业</td><td colspan="3">交通运输、仓储和邮政业</td></tr>
<tr><td colspan="2">所属科学技术领域</td><td colspan="3">桥梁工程建设</td></tr>
<tr><td colspan="2">任务来源</td><td colspan="3">企业</td></tr>
<tr><td colspan="5">具体计划、基金的名称和编号:山东高速集团科技项目“水下无封底混凝土套箱建造技术”DGS 2005Y01</td></tr>
<tr><td colspan="2">授权发明专利(项)</td><td>1(整体)</td><td>授权的其他知识产权(项)</td><td>4</td></tr>
<tr><td colspan="2">项目起止时间</td><td>起始:2006年12月1日</td><td colspan="2">完成:2007年12月12日</td></tr>
</table>

国家科学技术奖励工作办公室制。

## 2 项目简介

非通航孔桥承台是跨海大桥基础水下施工、防腐蚀难度最大的分项工程之一,它具有以下特点:非通航孔桥一般占跨海大桥总长90%以上,承台数量很多;海上自然条件恶劣,在跨海桥梁工程中承台施工受水环境影响最大;处于特别严重的腐蚀环境,在水下对承台进行防腐处理非常困难。针对以上特点,为避免风险、缩短工期和进行防腐涂装,我国目前已建和在建的多座跨海长桥均将承台底提高到低潮位以上,利用低潮位,在干环境下进行封底和防腐涂装。上述措施虽改善了施工条件,但低潮时基桩外露,对桥梁景观有一定影响,并使基桩处于更严重的腐蚀环境。

青岛海湾大桥出于景观考虑,承台淹没在水下,按常规方法施工虽然技术成熟,但工序多、周期长，不适应跨海大桥工程。为解决非通航孔桥水下承台施工和防腐蚀问题，研发了"水下无封底混凝土套箱建造技术"，并在青岛海湾大桥6个合同段和青岛即墨至海阳丁字河口跨海大桥573个承台施工中获得成功应用。该项技术综合解决了跨海大桥非通航孔桥承台建造和使用中的一系列问题：施工周期短，工程成本低；混凝土套箱为承台提供永久性保护，大幅度提高了承台的耐腐蚀性能和抗船舶撞击的能力。

"水下无封底混凝土套箱建造技术"包括充气（充水）胶囊封水、套箱防开裂、体系转换及承台防护等部分，形成了海上承台水下施工成套技术。

（1）采用胶囊封水，并在护筒和套箱间焊接剪力键承受浮力和重力，取代了封底混凝土封水和传力两大功能，简化了工序，缩短了施工周期，避免了水下混凝土封底带来的一系列问题。

（2）采用预制混凝土套箱作围堰，在套箱内壁设置聚苯乙烯材料作为弹性应力吸收层，解决了承台混凝土水化膨胀及套箱与承台新老混凝土收缩变形不协调等引起的套箱开裂难题。

（3）体系转换：为平衡套箱内抽水产生的浮力，在护筒顶设置反压系统；抽水完成后在套箱底板和护筒之间设置剪力键；然后解除反压和悬吊系统，改由剪力键传力，实现体系转换。

（4）混凝土套箱作为承台的长期保护结构，提高了承台的耐久性和防撞能力，免去了对承台采用附加保护措施。

该项技术成果在青岛海湾大桥应用，取得了1.6亿元的直接经济效益。"水下无封底混凝土套箱及其应用方法"获国家发明专利，"水下无封底混凝土套箱施工工法"获国家级工法，出版专著1部，发表论文7篇。该项技术综合解决了跨海大桥非通航孔桥承台水下施工、防腐蚀和防撞等问题，改善了桥梁景观，具有广阔的应用前景，其核心技术已为港珠澳大桥采用。

本项目获2009年中国公路学会科学技术特等奖，是一项拥有完全知识产权的原创技术，填补了国内外桥梁水下基础施工技术的空白。中国公路学会鉴定委员会评价该项技术主要创新点如下：

（1）首次研发了水下无封底混凝土套箱技术，降低了海中承台施工的风险，优化了资源配置。

（2）通过计算分析和试验研究，合理确定止水胶囊的技术参数，创建了胶囊止水的水下无封底混凝土套箱成套技术。

（3）提出并应用弹性应力吸收层技术，成功解决了混凝土套箱的开裂问题。

综上所述，该课题成果具有较强的创新性及推广应用价值，总体达到国际领先水平。

## 3 主要技术发明

承台是把单桩连成整体基础的结构，承台底一般设置在水面以下，在床面较低的情况下，承台采用有底套箱施工：在钻孔桩施工完成后，将套箱悬挂在桩顶，然后在套箱内进行水下混凝土封底，待封底混凝土达到强度后，在套箱内抽水，解除悬挂系统进行承台施工。上述施工方法虽已沿用多年，但并不适应跨海大桥工程，由于跨海大桥非通航孔桥承台数量很多、施工环境恶劣、防腐处理困难,为避免水下封底、进行承台防腐蚀处理和缩短施工周期,东海大桥和杭州湾大桥等跨海大桥均将承台底提高到低潮位以上。东海大桥采用混凝土套箱,兼顾承台施工和防腐蚀,但承台混凝土水化过程体积膨胀和套箱与承台新、老混凝土收缩变形不协调引起套箱开裂的问题始终未能完全解决,为防止混凝土套箱胀裂,承台混凝土必须分两到三次灌注;杭州湾大桥改用钢套箱,取得较好效果,但拆模时间很难满足新浇混凝土与流动海水接触时间的规定,研究表明,新浇混凝土过早与海水接触,对结构耐久性影响很大。

青岛海湾大桥出于景观考虑,承台淹没在水下,为解决上述问题,开展了“水下无封底混凝土套箱建造技术”研究,发明了无封底套箱及其施工工艺。该项技术在青岛海湾桥应用,大幅度缩短了施工周期,解决了混凝土套箱开裂问题,混凝土套箱为承台提供长期性保护,提高了承台的防腐蚀性能和防撞能力。因承台不露底,桥梁景观得到较大改善。其主要创新点如下。

## 3.1　核心技术发明创新点

(1)胶囊封水技术

所属学科:桥梁工程学科(580120)。

知识产权:①发明专利200710113358.5;②国家一级工法 YJGF076-2008;③专著《桥梁水下无封底混凝土套箱建造技术》[ISBN978-7-114-08211-5]。④论文:特大跨海桥梁水下无封底混凝土套箱关键技术[J].公路,2009(9);New Types of Concrete Boxed Cofferdam for the Construction of Offshore Pile Caps,ICCTP,2010。

(2)弹性应力吸收层防套箱开裂技术

所属学科:混凝土与钢筋混凝土结构(5603540)。

知识产权:①发明专利200710113358.5;②国家一级工法 YJGF076-2008;③专著《桥梁水下无封底混凝土套箱建造技术》[ISBN978-7-114-08211-5]。

(3)体系转换技术

所属学科:桥梁工程学科(580120)。

知识产权:①发明专利200710113358.5;②国家一级工法 YJGF076-2008;③专著《桥梁水下无封底混凝土套箱建造技术》[ISBN978-7-114-08211-5];④论文:特大跨海桥梁水下无封底混凝土套箱关键技术[J].公路,2009(9)。

(4)承台防护新技术

所属学科:桥梁工程学科(580120)和混凝土与钢筋混凝土结构(5603540)。

知识产权:①专著《桥梁水下无封底混凝土套箱建造技术》[ISBN978-7-114-08211-5];②论文:考虑海水冻融和侵蚀耦合作用的混凝土 Ottosen 强度准则[J].中国公路学报,2010(5);海水侵蚀后混凝土三轴强度准则研究[J].工程力学,2010(9);海水侵蚀环境下混凝土力学性能退化模型[J].岩土力学,2010(5)。

## 3.2　技术内容

### 3.2.1　技术路线

技术路线如图1所示。

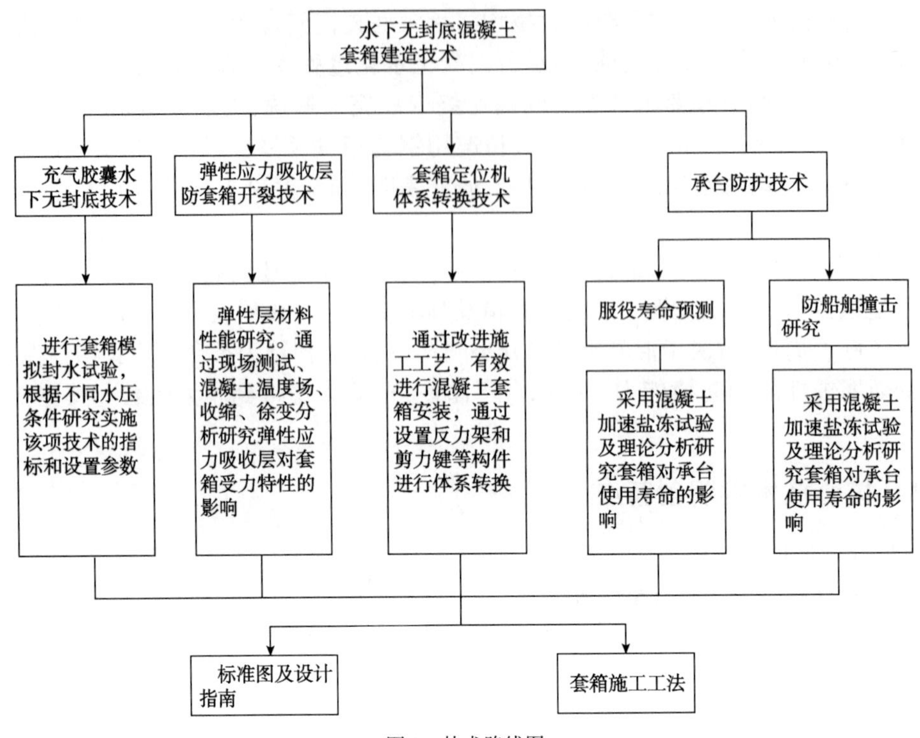


图 1　技术路线图

3.2.2　主要研究成果

3.2.2.1　钢筋混凝土套箱结构

套箱主要由五部分组成(图 2)：①预制钢筋混凝土套箱；②防浪板；③剪力键及悬吊、反压系统；④止水胶囊；⑤弹性应力吸收层。

3.2.2.2　胶囊封水

胶囊封水结构如图 3 所示。模拟试验(图 4)表明：当止水缝隙呈月牙形，最大缝隙为150mm，在 10m 高水头的压力下，胶囊压力达到0.15MPa 时止水成功，且在0.25MPa 的压力下试验 24h 以上胶囊无损。胶囊技术参数：

内径 150mm，壁厚 10mm，最大压力0.4MPa。在实际使用中，当胶囊压力控制在0.18～0.2MPa 时，即可成功止水。

3.2.2.3　弹性应力吸收层防套箱开裂技术

在灌注承台混凝土时，由于承台混凝土水化过程体积膨胀和套箱与承台新、老混凝收缩变形不协调易引起套箱开裂，设置弹性应力吸收层能够有效避免套箱开裂。具体措施为：在预制混凝土套箱侧壁与承台之间增设一层密度为 20kg/m$^3$ 的 10～20mm 厚聚苯乙烯材料作为缓冲层。现场实测和分析表明：设置弹性应力吸收层后，套箱拉应力值均未超过混凝土的抗拉强度，套箱不会发生开裂。

3.2.2.4　剪力键及体系转换技术

套箱由水运至工点吊装(图 5)，并悬挂在护筒顶面。在套箱内抽水时会产生很大的浮力，此项浮力由设置在护筒上的牛腿反压系统承受(图 6)。套箱内抽干水后，在套箱底板与护筒之间焊接剪力键(图7),解除反压及悬挂系统,完成体系转换,由剪力键承受浮力和重力(取代依靠封底混凝土与护筒之间黏结力传力的功能)。

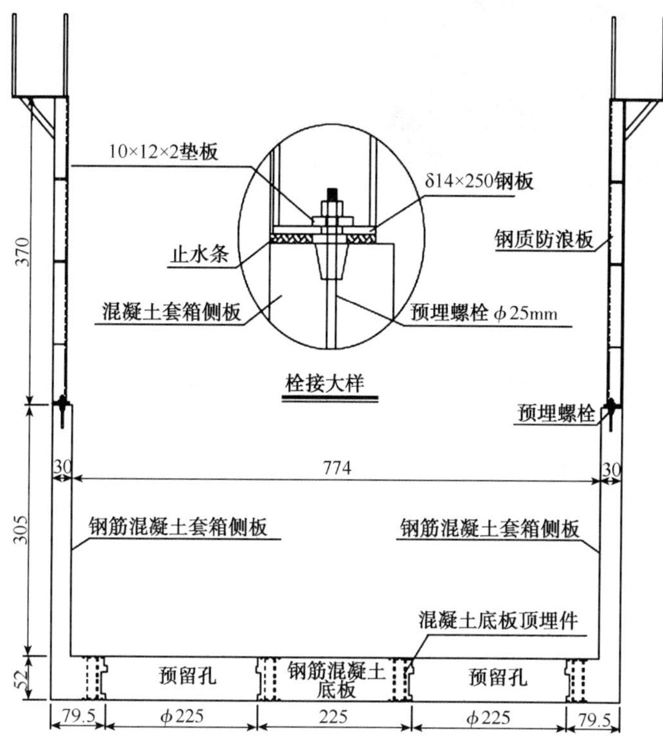


图2 混凝土套箱安装前结构示意图(尺寸单位:mm)

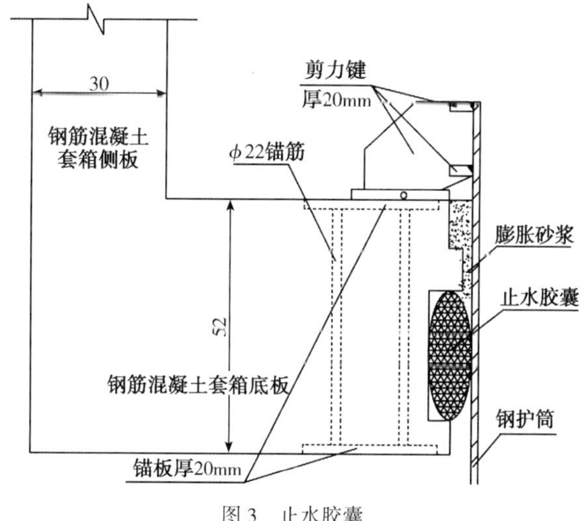


图3 止水胶囊

3.2.2.5 承台防护新技术

混凝土套箱为承台提供永久性防护,可有效提高承台的耐久性和抗船舶撞击能力。

(1)荷载与盐冻耦合条件下混凝土寿命预测方法

开展了冻融、盐冻、荷载与盐冻耦合条件下的混凝土耐久性试验。

图4　充气止水试验

图5　套箱安装

图6　牛腿反压系统

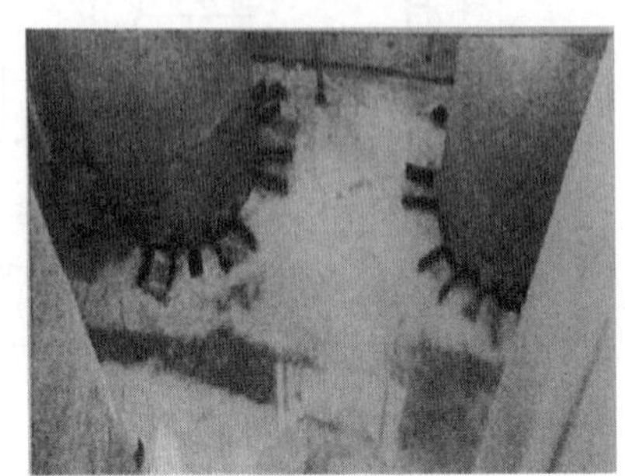

图7　剪力键

①通过快速冻融试验得到荷载与盐冻耦合作用下的混凝土损伤劣化模型，其具体表达式如下：

$$D=[1\ 435.52\times f_c^{-4.06}\times(1+f_p)^{4.57}\times N]^{0.92}$$

式中：$D$ 为损伤因子；$f_c$ 为混凝土抗压强度；$f_p$ 为外荷载；$N$ 为混凝土室内冻融次数。

②假定当动弹性模量降低40%（$D=0.4$）时混凝土失效，由实验室快速冻融试验和损伤模型得到混凝土失效需经历的室内冻融次数 $N$，基于混凝土损伤理论，研究混凝土在实验室冻融循环次数与室外自然环境下冻融循环次数之间的换算系数 $\kappa$，即室外冻融次数 $N'=\kappa N$。确定桥梁所处地区每年平均冻融次数 $N_0$，则套箱使用寿命的计算可表示为 $N'/N_0$。

依据上述方法计算，青岛海湾大桥混凝土套箱可延长承台使用寿命55年。

（2）套箱对承台防撞能力的影响

采用Abaqus软件，基于显式有限元方法，建立船舶和桥墩的有限元模型，对船撞击桥墩全过程进行仿真模拟。通过对高、低水位情况下的船舶正撞、斜撞和侧撞各工况进行分析（图8），结果表明，在不同工况下混凝土套箱能提高桥墩抗撞击能力20%~70%。

3.2.2.6　成果标准化

编制《水下无封底混凝土套箱设计指南》、《水下无封底混凝土套箱施工工艺指南》和《水下无封底混凝土套箱结构设计标准图》。

## 3.3　与当前国内外同类技术主要参数、效益、市场竞争力的比较

国内外采用有底套箱进行承台施工时，均采用混凝土封底。无封底套箱技术不仅解决了水下承台施工问题，而且可大幅度提高承台的耐久性和防撞能力，对跨海大桥工程具有特殊意义，与国内外同类技术比较具有显著的优越性，如表1所示。

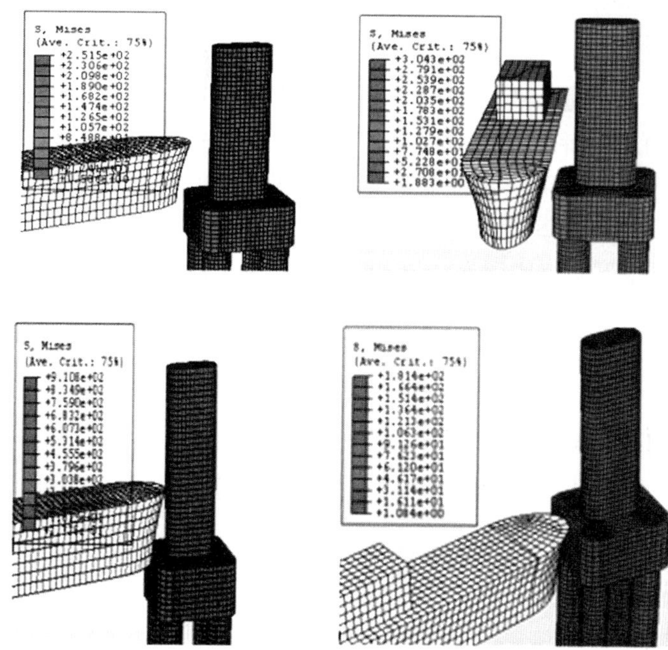

图8　高、低水位船舶正、侧撞应力图

**项目研究成果与国内外同类技术对比**　　表1

| 对比项目 | 国内、外同类技术 | 本项研究成果 |
|---|---|---|
| 套箱封水技术 | 水下混凝土封底：主要适用于数量少、非腐蚀环境的承台施工。其施工组织较复杂，调用资源多，施工周期长 | 胶囊封水和采用剪力键传力：适用于跨海大桥非通航孔桥施工。其施工周期短、投入资源少、经济性好 |
| 混凝土套箱防裂技术 | 防裂措施很多，但未见成功报道 | 发明弹性应力吸收层防套箱开裂技术，解决了套箱开裂难题 |
| 对承台防护 | 海上承台于严重和极端严重的腐蚀环境，需要采取诸多附加防腐蚀措施，防腐蚀成本高，施工难度大，可靠性差，非通航孔一般不设防撞装置 | 利用混凝土套箱提供长期保护，大幅度提高了承台的耐久性和防撞能力 |
| 施工功效 | 青岛海湾大桥部分非通航孔桥承台采用水下混凝土封底，施工周期为40~60大，杭州湾大桥承台平均施工周期约为30天 | 青岛海湾大桥非通航孔桥采用无封底套箱方案的承台，施工周期为6~20天 |
| 环境保护 | 承台建成后，封底混凝土成为废弃物，不仅增加基础负担，而且增大了阻水比。承台防腐涂装对水环境有一定影响 | 减少了废弃混凝土方量，取消了承台侧面防腐涂装保护了海洋环境 |
| 施工安全 | 海上作业时间长，施工风险大 | 最大限度地实现工场化作业，大大减少了水上作业时间，有效保证了施工安全 |

通过表1的比较可以看出：水下无封底混凝土套箱施工工效高，技术先进，具有广阔前景。

## 4 第三方评价

中国公路学会鉴定委员会意见如下：

课题依托青岛海湾大桥工程，开展了水下无封底混凝土套箱技术的研究，构思新颖，技术路线正确，方法合理，有效解决了海湾大桥承台施工的关键技术。

该项技术主要创新点如下：

(1)首次研发了水下无封底混凝土套箱技术，规避了海中承台施工的风险，优化了资源配置。

(2)通过计算分析和试验研究，合理确定止水胶囊的技术参数，创建了胶囊止水的水下无封底混凝土套箱成套技术。

(3)提出并应用弹性应力吸收层技术，成功解决了混凝土套箱的开裂问题。

综上所述，该课题成果具有较强的创新性及推广应用价值，总体达到国际领先水平。

## 5 应用情况、经济效益和社会效益

### 5.1 应用情况

(1)水下无封底混凝土套箱技术主要用于跨海大桥非通航孔桥水下承台施工，对缩短施工周期、提高承台耐久性和防撞能力作用显著；对提高施工安全性、降低原材料和能源消耗、保护施工海域环境等有重要作用，社会、经济效益显著，具有广阔的推广应用前景。推广应用情况如表2所示。

推广应用情况 表2

| 工程实例 | 应用范围 | 推广的主要成果 |
|---|---|---|
| 青岛海湾大桥 | 水深3m以上海中非通航孔桥承台施工 | 整体 |
| 港珠澳大桥 | 非通航孔桥承台设计 | 非通航孔桥预制承台封水 |
| 即墨至海洋跨海大桥 | 海中非通航孔桥承台施工 | 承台设计、施工 |

(2)成果提出的《水下无封底混凝土套箱设计指南》、《水下无封底混凝土套箱结构设计标准图》和《水下无封底混凝土套箱施工工艺指南》等，以及编制《水下无封底混凝土套箱建设技术》专著，为大型水上桥梁基础设计、施工、管养提供了较为全面的技术指导，应用单位目录如表3所示。

应用单位目录 表3

| 应用单位名称 | 应用技术 | 应用的起止时间 | 应用单位联系人电话 | 经济效益(万元) |
|---|---|---|---|---|
| 山东省路桥集团有限公司(青岛海湾大桥第十合同段) | 应用成套技术 | 2007年5月~2007年10月 | 梅佳鸿 15966832013 | 2 419.2 |
| 中交公路规划设计院有限公司 | 应用成套技术，水下承台设计 | 2009年12月至今 | 王麒 13910735865 | |

续上表

| 应用单位名称 | 应用技术 | 应用的起止时间 | 应用单位联系人电话 | 经济效益（万元） |
|---|---|---|---|---|
| 中交第二公路工程局有限公司（青岛海湾大桥土建工程第七合同段项目经理部） | 应用成套技术 | 2007年7月～2008年4月 | 程建新 15853268503 | 1830 |
| 路桥集团国际建设股份有限公司（青岛海湾大桥土建工程第六合同段项目经理部） | 应用成套技术 | 2007年7月～2008年5月 | 吴健 15853211783 | 2 461.64 |
| 山东省路桥集团有限公司（青岛海湾大桥第二合同段） | 应用成套技术 | 2007年8月～2008年8月 | 李莹炜 13675326486 | 3 061.02 |
| 中铁十四局集团有限公司（青岛海湾大桥土建工程第四合同段项目经理部） | 应用成套技术 | 2007年9月～2008年10月 | 庄纪文 158810022068 | 3 202.5 |
| 中铁九局集团有限公司（青岛海湾大桥土建工程第五合同段项目经理部） | 应用成套技术 | 2007年9月～2008年10月 | 蔡玉田 13375579965 | 3 008 |
| 山东省路桥集团有限公司（烟台市滨海公路海阳段丁字河口大桥项目经理部） | 应用成套技术 | 2008年10月～2009年12月 | 范效滨 18906382916 | 532.4 |
| 合计 | | | | 16 514.76 |

（3）根据国家公路网规划，我国桥梁建设从跨越江河湖泊逐步向外海延伸，目前正在建设港珠澳大桥，今后将要建设琼州海峡大桥、渤海湾跨海大桥以及台湾海峡大桥等世界级重大项目。水下无封底混凝土套箱成套技术代表了当前跨海长桥基础施工的前沿技术，为大型桥梁水下承台建设提供了丰富的技术储备，创新了水下承台施工技术体系，为国内外跨海长桥建设提供了新的设计理念和施工技术，对水下桥梁基础设计、施工、管养具有重要的指导作用，推广应用前景十分广阔。

## 5.2　经济效益

| 项目总投资额 | | | 回收期（年） | |
|---|---|---|---|---|
| 年份 | 新增利润 | 新增税收 | 创收外汇（美元） | 节支总额 |
| 2008 | | | | 9 403.8 |
| 2009 | | | | 6 631.8 |
| 2010 | | | | 479.16 |
| | | | | |
| 累计 | | | | 16 514.8 |

各栏目的计算依据：（限200字）

2008～2010年，技术发明比传统工艺提高工效50%，工期加快30%以上。此项技术分别在青岛海湾大桥第2、4、5、6、7、10合同和即墨至海洋丁字口跨海大桥中应用：每合同段分别节省约封底混凝土费、周转材料费、防腐蚀措施费、机械船舶费、人工费、燃料动力费等3061.02、3202.5、3008、2461.64、1830、2419.2、532.4万元；

混凝土套箱可延长承台寿命约50年，在桥梁服役期间可减少三次水中防腐蚀涂装施工，其间接经济效益远远大于直接效益

### 5.3 社会效益

(1)与提高承台高程方案比较,综合解决了跨海大桥非通航孔桥水下承台施工和防护问题,改善了桥梁景观,对我国后续跨海桥梁建设提供了新的思路和方案,完善了桥梁基础施工技术体系。

(2)具有显著的技术、经济效益和广阔的推广应用前景。

(3)减少了套箱封底产生的废弃物,承台不需要进行附加防腐处理,对于保护海洋生态环境具有重要意义。

## 6 本项目曾获科技奖励情况

| 获奖项目名称 | 获奖时间 | 奖项名称 | 奖励等级 | 授奖部门(单位) |
|---|---|---|---|---|
| 水下无封底混凝土<br>套箱关键技术研究 | 2009年12月 | 中国公路学会<br>科学技术奖 | 特等奖 | 中国公路学会 |
| | | | | |
| | | | | |
| | | | | |
| | | | | |
| | | | | |
| | | | | |
| | | | | |
| | | | | |
| | | | | |
| | | | | |
| | | | | |
| | | | | |
| | | | | |
| | | | | |
| | | | | |
| | | | | |
| | | | | |

本表所填科技奖励是指:

1.省、自治区、直辖市政府和国务院有关部门、中国人民解放军设立的科技奖励;

2.经登记的社会力量设立的科技奖励;

3.国际组织和外国政府授予的科技奖励。

## 7　候选人情况表

<table>
<tr><td>姓名</td><td>姜言泉</td><td>性别</td><td>男</td><td>排名</td><td>1</td></tr>
<tr><td>出生年月</td><td>1958年7月</td><td>出生地</td><td>山东潍坊</td><td>民族</td><td>汉</td></tr>
<tr><td>身份证号</td><td>370111195807092315</td><td>党派</td><td>中国共产党</td><td>国籍</td><td>中国</td></tr>
<tr><td>行政职务</td><td>指挥长</td><td>归国人员</td><td></td><td>归国时间</td><td></td></tr>
<tr><td>工作单位</td><td>山东高速青岛公路有限公司</td><td>所在地</td><td>青岛</td><td>办公电话</td><td>0532-80990199</td></tr>
<tr><td>完成单位</td><td colspan="3">青岛海湾大桥建设指挥部</td><td>住宅电话</td><td></td></tr>
<tr><td>通讯住址</td><td colspan="3">青岛市崂山区苗岭路29号</td><td>邮政编码</td><td>266061</td></tr>
<tr><td>电子信箱</td><td colspan="3">jiangyanquan@126.com</td><td>移动电话</td><td></td></tr>
<tr><td>毕业学校</td><td>同济大学</td><td>毕业时间</td><td>1988年7月</td><td>文化程度</td><td>本科</td></tr>
<tr><td>技术职称</td><td>工程技术应用研究员</td><td>专业、专长</td><td>路桥工程</td><td>最高学位</td><td>学士</td></tr>
<tr><td colspan="2">曾获国家科技奖励情况</td><td colspan="4">2009年《水下无封底混凝土套箱关键技术研究》获中国公路学会科学技术特等奖(第1位);2009年《青岛海湾大桥高精度卫星三维定位测量系统》获山东省科技进步二等奖(第1位);2007年《青岛海湾大桥测量控制系统研究与应用》获山东省科技进步奖二等奖(第4位);2005年《山东省高速公路路域生态环境评价及生态绿化模式构建的研究》获山东省科学技术进步三等奖(第4位)</td></tr>
<tr><td colspan="2">参加本项目的起止时间</td><td colspan="4">自2006年12月至2007年12月</td></tr>
<tr><td colspan="6">本人对本项目技术创造性贡献(限300字):<br>1.本项目总体负责人,制定了项目总体研究方案架构,提出了充气胶囊止水和弹性应力吸收层两大关键技术难点解决方案和应用混凝土套箱为结构防腐、防撞提供保护的新思路,组织和推动了本项目的实施;<br>2.对第(1)、(2)核心发明点做出创造性贡献。<br>旁证材料:①发明专利200710113358.5;②实用新型专利ZL 200720029353X;③专著《桥梁基础工程——水下无封底混凝土套箱》[ISBN978-7-114-08211-5];④国家一级工法YJGF076-2008;⑤论文(1)(2)<br>本人在该项技术研发工作中投入工作量占本人工作总量的55%</td></tr>
<tr><td>声明</td><td colspan="5">本人严格按照《国家科学技术奖励条例》及其实施细则的有关规定和国家科学技术奖励工作办公室对推荐工作的具体要求,如实提供了本推荐书及相关材料,且不存在任何违反《中华人民共和国保守国家秘密法》和《科学技术保密规定》等相关法律法规及侵犯他人知识产权的情形。如有不符,本人愿意承担相关后果并接受相应的处理<br>本人签名:<br>年　月　日</td></tr>
</table>

## 8　推荐单位意见

（专家推荐不填写此表）

<table>
<tr><td>推荐意见（限600字）<br>《水下无封底混凝土套箱建造技术》首次综合解决了跨海大桥非通航孔桥水下承台施工、耐久性和防撞问题。该项创新技术规避了海中承台施工的风险，优化了资源配置；采用胶囊止水和剪力键传力取代了混凝土封底功能；提出并应用弹性应力吸收层技术，成功解决了混凝土套箱的开裂难题。该项技术为拥有完全知识产权的原创技术，已在青岛海湾大桥、即墨至海阳跨海大桥承台施工获得成功应用，并为港珠澳大桥初步设计采用。具有广阔的应用推广前景，对行业技术进步具有推动作用。该项目获得了2009年中国公路学会技术进步特等奖，特推荐申报2011年度“国家技术发明奖”一等奖。</td></tr>
<tr><td>声明：<br>本单位严格按照《国家科学技术奖励条例》及其实施细则的有关规定和国家科学技术奖励工作办公室对推荐工作的具体要求，对推荐书内容及全部附件材料进行了严格审查，确认该项目符合《国家科学技术奖励条例实施细则》规定的推荐资格条件，推荐材料全部内容属实，且不存在任何违反《中华人民共和国保守国家秘密法》和《科技技术保密规定》等相关法律法规及侵犯他人知识产权的情形。<br>我单位承诺将严格按照国家科学技术奖励工作办公室的有关规定和要求，认真履行作为推荐单位的义务并承担相应的责任。<br><br>推荐单位公章<br><br>年　月　日</td></tr>
</table>

## 9　主要知识产权证明目录

| 授权项目名称 | 知识产权类 | 国（区）别 | 授权号 |
|---|---|---|---|
| 水下无封底混凝土套箱及其应用方法 | 国家发明专利 | 中国 | 200710113358.5 |
| 桥梁基础工程——水下无封底混凝土套箱 | 专著 | 中国 | ISBN978-7-114-08211-5 |
| 水下无封底混凝土套箱施工工法 | 2007~2008年度<br>国家级工法（一级） | 中国 | YJGF076-2008 |
| 水下无封底混凝土套箱施工工法 | 2008年公路工程工法 | 中国 | GGG（鲁）C 2054-2008 |
|  |  |  |  |
|  |  |  |  |
|  |  |  |  |
|  |  |  |  |
|  |  |  |  |
|  |  |  |  |
|  |  |  |  |

# 胶州湾大桥 4D 技术应用研究

## 1　4D 形象进度系统

4D 形象进度系统,旨在通过直观的三维现实场景平台,反映工程项目管理中的进度计划、实际进度、进度偏差等信息,并在此基础上同时扩展工程项目其他领域(如投资、质量等)的相关信息。该系统通过采用基于 IFC 标准的建筑工程 4D 施工管理系统(简称 4D-GCPSU),综合应用 4D-CAD、工程数据库、人工智能、虚拟现实、网络通信以及计算机软件集成技术,引入建筑业国际标准 IFC,通过建立基于 IFC 的 4D 施工管理扩展模型 4DSMM++,将建筑物及其施工现场 3D 模型与施工进度计划相链接,并与施工资源和场地布置信息集成一体,实现了施工进度、人力、材料、设备、成本和场地布置的 4D 动态集成管理以及整个施工过程的 4D 可视化模拟。系统实现了建筑设计与施工管理的数据交换和共享,可以直接导入设计阶段定义的建筑物三维模型,并用于 4D 施工管理,在很大程度上减少了数据的重复输入,提高了数据的利用效率,减少了人为产生的信息歧义和错误。

图 1 展示了胶州湾大桥四维模型的形成及三维形象进度的展现,即 4D 模拟。

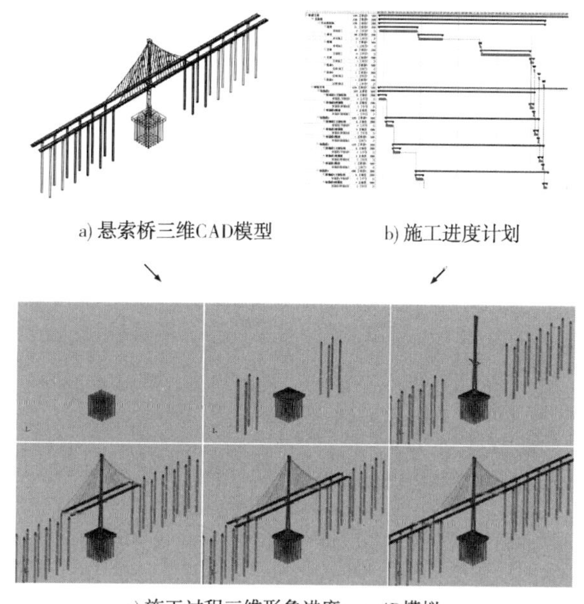


图 1　胶州湾大桥四维模型形成及三维形象进度展现

## 2　施工现场视频监控系统

胶州湾大桥工程视频监控系统前端,由青岛侧栈桥 2 个监控点、黄岛和红岛侧栈桥各 3 个监控点、大沽河航道桥 3 个监控点、红岛航道桥及红岛互通各 1 个监控点和沧口航道桥 2 个监控点及预制件厂 4 个监控点共 20 套前端视频监控摄像机构成。在 3 个航道的施工平台选用30倍光学变焦的室外球机,其他监控点选用枪型摄像机机配34倍光学变焦镜头,并加装室外全方位云台。系统提供最高可达4CIF(720×576)解析度,25帧/s的高质量监视画面,并可根据需要远程改变监控的角度、焦距和光圈等。视频监控图像通过网络视频服务器经网络传输至红岛信息中心。

施工现场视频监控系统提供及时准确的施工现场信息,为可视化工程进程管理创造了必要的条件。施工现场视频监控的图像传至指挥部的信息中心大屏幕上显示,管理者可以随时直观地了解工程施工现场的工程进度情况,方便远程协调、工程管理和领导决策。通过视频信息随时了解和掌握工程进展,远程指挥协调工作能够将施工现场的图像与语音通过网络传输到任何有互联网的地点,如工程指挥部、办公室、家中、出差地。由于海湾大桥施工现场不具备良好的外部通信条件,选择较经济的无线传输(15个监控点采用微波方式传输)加光纤传输(6个监控点采用光纤传输)组建局域网方案,实现视频图像、语音、控制信息的传输,实现与现场完全同步、实时的图像效果。通过信息中心或办公室电脑实现现场监控图像的显示和录像回放,也通过语音传输系统将指示发送到第一现场,能够实现将现场图像实时显示并存储,并可远程登录检索历史视频图像文件。

## 3 GPS船舶调度子系统

GPS船舶调度子系统主要用于施工船舶安全调度与监控,当在极端天气的情况下,通过GPS系统提前向施工的船舶进行预警,可以用系统平台的短信和通话功能对船舶进行调度。当施工船舶过于靠近大桥施工结构主体时系统也会提供预警,保障大桥施工的顺利进行与船舶的安全。通过系统地图可以查看到每个施工船舶在大桥施工现场的方位,并可以调阅施工船舶的历史运行轨迹。

# 一、实用新型专利

## 1 水下无封底混凝土套箱

| | |
|---|---|
| [19]中华人民共和国国家知识产权局<br>[45]授权公告日2008年10月22日<br>[22]申请日2007.10.19<br>[21]申请号200720029353.X<br>[73]专利权人山东高速集团青岛高速公路有限公司 地址266041山东省青岛市李沧区永平路21号408室<br>[72]发明人 姜言泉 徐庆军 李丕明 侯福金 蔡建军 王兆兴 王广洋 季 辉 赵建铭 吴继福 王秀芬 董支宝 范效滨 | [12]实用新型专利说明书专利号ZL 200720029353.X<br>[11]授权公告号CN 201137151Y<br>[74]专利代理机构济南诚智商标专利事务有限公司代理人 王汝银 |

### 实用新型专利名称

水下无封底混凝土套箱

### 摘要

水下无封底混凝土套箱,解决了传统钢围堰施工需要浇注很厚的混凝土封底,钢材用量大,施工周期长,承台质量不易控制的缺点。其箱体的上部设有敞口,底部设有箱底,柱面箱墙封闭;箱底部预留孔数量和同一个墩位的钻孔灌注桩数量相同,箱墙顶部预埋用于连接防浪板的预埋螺栓,箱底部预留孔周圈设置止水气囊预留槽;箱底内预埋锚固钢。板将水下无封底混凝土套箱与混凝土承台浇筑成一体,混凝土套箱上部安装临时防浪板围堰,承台混凝土浇筑完成后拆除防浪板。它安装简便、快捷,能加快施工进度,安全可靠、同时套箱本身可以起到防海水侵蚀的作用,提高工程的耐久性。本实用新型专利主要适合于浅海作业。

水下无封底混凝土套箱,其特征在于:柱状箱体的上部设有敞口,底部设有箱底,柱面箱墙封闭;箱体的内墙面与承台的外表面之间设有间隙,箱体高度同承台尺寸一致;箱底部预留孔数量和同一个墩位的钻孔灌注桩数量相同,预留孔的直径比钻孔桩钢护筒的直径要大,预留孔的中心位置与钻孔灌注桩的中心位置对应;箱墙顶部预埋用于连接防浪板的灌注螺栓,箱底部预留孔周圈设置止水气囊预留槽;箱底内预埋锚固钢板。

### 1.1 技术领域

本实用新型专利涉及水下高桩承台建造时所使用的一种关键部件,即水下无封底混凝土套箱。

## 1.2 背景技术

目前国内外水下高桩承台全部采用传统的钢吊箱法，其钢吊箱围堰是为水中高桩承台施工而设计的临时阻水结构，其作用是通过钢吊箱围堰的侧板和底板阻水，为承台施工提供无水的干处施工环境。钢吊箱施工需首先在加工工厂将钢围堰加工成型，用大型船舶或浮运运至施工现场，用大型浮吊安装，液压设备下沉就位后，设置吊杆锚固，经过水下人工堵漏后浇注至少 1~2m 厚的水下封底混凝土，待混凝土强度达到要求后，抽出套箱内的水，进行封底混凝土整平后才能进行承台施工。承台施工完成后，需拆除钢吊箱。此法施工工期长，水上作业量大，材料用量大，承台施工质量不易控制。如果一次封底不成功，则二次封底时可能造成承台底高程的抬高，给施工带来很大风险。本实用新型专利内容如下。

本实用新型专利的目的在于提供一种水下无封底混凝土套箱，该套箱采用工厂化预制，质量容易控制，安装方便、快捷，能加快施工进度，同时混凝土套箱本身可作为永久结构防止承台遭受海水侵蚀，大大提高了主体结构的耐久性。本实用新型专利还提供了水下无封底混凝土套箱在实施水下高承台建造施工中的应用方法。

本实用新型专利解决技术问题所采取的方案：水下无封底混凝土套箱，其柱状箱体的上部设有敞口，底部设有箱底，柱面箱墙封闭；箱体的内墙面与承台的外表面之间设有间隙，箱体高度同承台尺寸一致；箱底部预留孔数量和同一个墩位的钻孔灌注桩数量相同，预留孔的直径比钻孔灌注桩钢护筒的直径要大，预留孔的中心位置与钻孔灌注桩的中心位置对应；箱墙顶部预埋用于连接防浪板的螺栓，箱底部预留孔周圈设置止水气囊预留槽；箱底内预埋锚固钢板。

水下无封底混凝土套箱的应用方法：混凝土套箱上部安装临时防浪板围堰，将水下无封底混凝土套箱与混凝土承台浇筑成一体，承台混凝土浇筑完成后拆除防浪板。

具体的施工方法，其步骤如下：

(1)混凝土套箱预制：混凝土套箱在预制场整体预制，整体吊装出运。

(2)混凝土套箱吊运及安装固定：套箱预制完成后，采用起重船装船出运到指定墩位并安装，混凝土套箱下放至设计高程位置；利用吊架临时悬挂在钢护筒上，并利用反压牛腿临时固定。

(3)对安装在套箱底部预留槽与钻孔灌注桩钢护筒之间的止水气囊进行充气止水；止水后抽干套箱内的水，并调整套箱水平和上下位置，用连接钢板将混凝土套箱内底板上预埋钢板与钻孔钢护筒进行焊接固定，撤除起重船吊钩和反压牛腿，从而完成体系转换；混凝土套箱安装完成后的顶面与混凝土承台平齐。

(4)安装防浪板：防浪板采用整体拼接，在低潮位时，通过防浪板底部法兰盘与套箱墙顶预埋螺栓连接成整体，防浪板与混凝土套箱之间设泡沫止水橡胶条。

(5)承台施工：体系转换后，混凝土套箱内形成干施工条件，依据图纸绑扎承台钢筋，钢筋绑扎完成并检验合格后，进行承台混凝土浇筑；混凝土浇筑完成并达到要求后拆除防浪板，承台施工完成。

在本实用新型专利施工方法中，水下无封底混凝土套箱安装完成后，将 2cm 厚的高强弹性泡沫用强力胶黏在套箱内侧混凝土壁上，混凝土承台施工完成后将强力胶黏在混凝土承台和水下无封底混凝土套箱之间的缝隙内，可以防止承台混凝土因热胀冷缩而引起水下无封底混凝土套箱裂缝,也可以防止水进入,起到弹性伸缩作用。

在本实用新型专利施工方法中,混凝土承台浇筑完成后拆除防浪板前,应人工清理承台和套箱之间顶面缝隙至 2cm 深,并用 2cm 厚的止水橡胶条填塞缝隙。该橡胶条会遇水膨胀,可以避免海水渗到套箱与承台间的缝隙内,确保承台免受海水的侵蚀。

## 1.3　具体实施方式

如图 1 所示,水下无封底混凝土套箱结构分为永久结构和临时结构两部分。其中永久结构部分包括:混凝土套箱 1、锚固钢板 9、止水胶囊 7 等;临时结构部分包括:防浪板 3、反压牛腿 3、吊架、止水橡胶条 12。

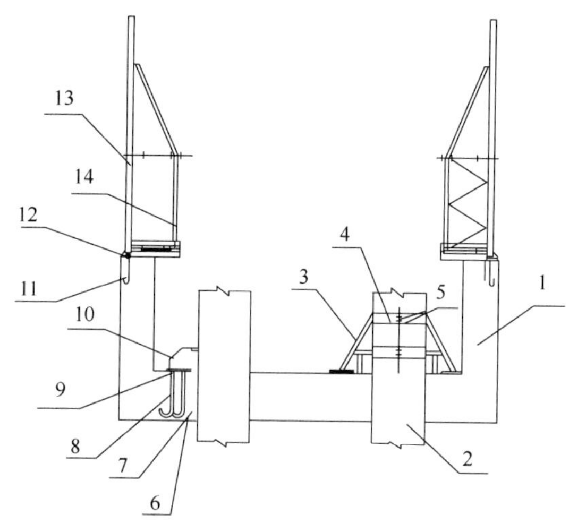


图 1　混凝土套箱及其施工结构图

1-混凝土套箱;2-钢护筒;3-反压牛腿;4-抱箍;5-螺栓;6-砂浆;7-止水胶囊;8-锚筋;9-锚固钢板;10-连接钢板;11-预埋螺栓;12-止水橡胶条;13-防浪板;14-型钢加筋肋

混凝土套箱 1(钢筋混凝土套箱)的结构设计、安装说明:

柱状箱体的上部设有敞口,底部设有箱底,柱面箱墙封闭;箱体的内墙面与承台的外表面之间设有间隙,箱体高度同承台尺寸一致;箱底部预留孔数量和同一个墩位的钻孔灌注桩数量相同;箱墙顶部预埋用于连接防浪板的螺栓 11,箱底部预留孔周圈设置止水气囊预留槽;箱底内预埋锚固钢板 9,与锚固钢板 9 一体的锚筋 8 位于箱底内。

混凝土强度等级:混凝土采用海工耐久混凝土,保护层厚度取 50mm。混凝土的配置应选用优质水泥和级配良好的优质骨料,水泥以及骨料应符合交通部标准《海港工程混凝土结构防腐蚀技术规程》(JTJ 275—2000)的规定及规范要求。

封底混凝土套箱预制安装技术要求:

(1)套箱预留孔平面位置应根据现场实测位置确定,以便减少安装误差。

(2)套箱吊装索具采用现有定型钢绞线索具。

(3)套箱止水采用充气止水气囊。

(4)套箱安装施工作业须在落潮时进行,根据功效合理安排作业时间。

(5)套箱与钢护筒连接时,应该确保焊缝质量。

(6)上部防浪板与混凝土套箱采用圆台螺母连接,预制时应保证位置准确。

(7)安装防浪板时,应该将内部支撑安装好。

混凝土套箱的断面尺寸根据承台尺寸来确定,一般套箱长宽尺寸比承台长宽大 2cm,高度同承台尺寸一致。混凝土套箱侧壁厚 30cm,底板厚 40cm,该尺寸可以根据套箱的断面尺寸、水压力、浇筑混凝土产生的侧向压力和冲击力等计算后做适当调整。

混凝土套箱底部根据钻孔灌注桩的实际数量和位置预留孔洞,预留孔数量和同一个墩位的钻孔灌注桩数量相同,预留孔的直径比钻孔灌注桩钢护筒的直径要大一些,预留孔的中心位置同钻孔灌注的中心位置相同。

吊架:吊架是吊装混凝土套箱的临时工具,由钢框架和吊索组成。钢框架用型钢焊接成多边形框架,框架下均布 8 根下吊索,8 根下吊索用于吊挂混凝土套箱,框架上均布 4 个吊耳,与吊耳连接的上吊索与起重船相连。

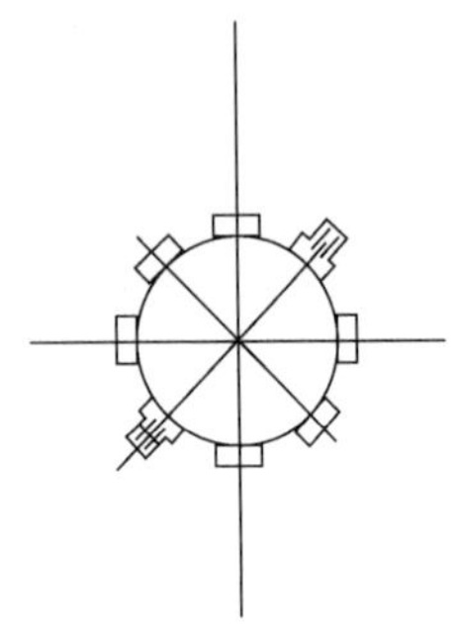

图 2　反压牛腿示意图

反压牛腿 3:反压牛腿的作用是防止混凝土套箱上浮。如图 1 和图 2 所示,1 个套箱设 8 组反压牛腿,上端通过抱箍 4(上下各一个)固定于钢护筒 2 上,下端支撑于套箱底板上,防止套箱抽水后,套箱随水的浮力上移。反压牛腿结构由 3 根工字钢焊接而成 $n$ 型,上端一根工字钢焊接于抱箍上,两侧工字钢下端斜撑在套箱底板上,斜撑水平角 60°。

抱箍 4:抱箍的作用是固定反压牛腿,提供向下的支撑力防止套箱上浮。抱箍结构为两片半圆形钢板结构,半径与钢护筒相同,每片半圆钢板端头设法兰,用高强螺栓 5 把两片半圆形钢板的端头紧固从而使抱箍固定在钢护筒上,抱箍内塞橡胶皮以增加摩擦阻力,每套抱箍共设 6 套固定高强螺栓。

每一钢护筒均设止水气囊、反压牛腿和抱箍。

防浪板 13:防浪板的作用是防止水分进入套箱内,安装于混凝土套箱 1 的顶部,防浪板的底脚板通过混凝土套箱墙顶的预埋螺栓 11 及橡胶垫圈与套箱连接成整体,在防浪板和混凝土套箱顶面之间设置泡沫止水橡胶条 12,以阻止水分渗入,以形成内部水密空腔,为桥墩承台钢筋绑扎和混凝土浇筑提供干施工条件。防浪板 13 为筒状钢结构,外围面板采用钢板,采用型钢加筋肋 14 保证其刚度不变形,在内部设置型钢支撑,以抵抗外部水压力,如图 1 所示。

### 1.4　施工方法

本实用新型专利的水下无封底混凝土套箱技术,承台围堰采取混凝土有底套箱结构,与混凝土承台浇筑成一体,混凝土套箱上部安装临时防浪板围堰,承台混凝土浇筑完成后拆除。

混凝土套箱施工总工艺流程如图 3 所示。

混凝土套箱制作:混凝土套箱在预制场整体预制,整体吊装出运。预制混凝土套箱模板采用定型钢模,现有专业厂家可制作。

混凝土套箱吊运及安装固定:套箱预制完成后,采用起重船装船出运到指定墩位并安装,通过吊架将混凝土套箱起吊下放到指定的墩位处,将吊架放在事先调整好高程的钢护筒上,钢护筒高程根据设计承台高程和吊索长度事先计算调整到位,在低潮位时安装反压牛腿等混凝土临时固定设施，在体系转换后拆除吊架和反压牛腿。

在混凝土套箱的底部预留孔周圈设置止水气囊预留槽，当混凝土套箱吊装就位并调整后，对事先在套箱底部预留槽与钻孔灌注桩钢护筒之间安装的止水气囊 7 进行充气，在低潮时间抽干套箱内积水，并调整套箱水平位置，用连接钢板 10 将混凝土套箱底板上的预埋锚固钢板 9 与钢护筒 2 进行焊接，永久固定后，撤除吊架和反压牛腿，从而完成体系转换。止水气囊 7 上方填充砂浆 6。

套箱安装完成后，将 2cm 厚的高强弹性泡沫用强力胶黏在套箱内侧混凝土壁上，可以防止承台混凝土因热胀冷缩而引起套箱裂缝，起到弹性伸缩作用。

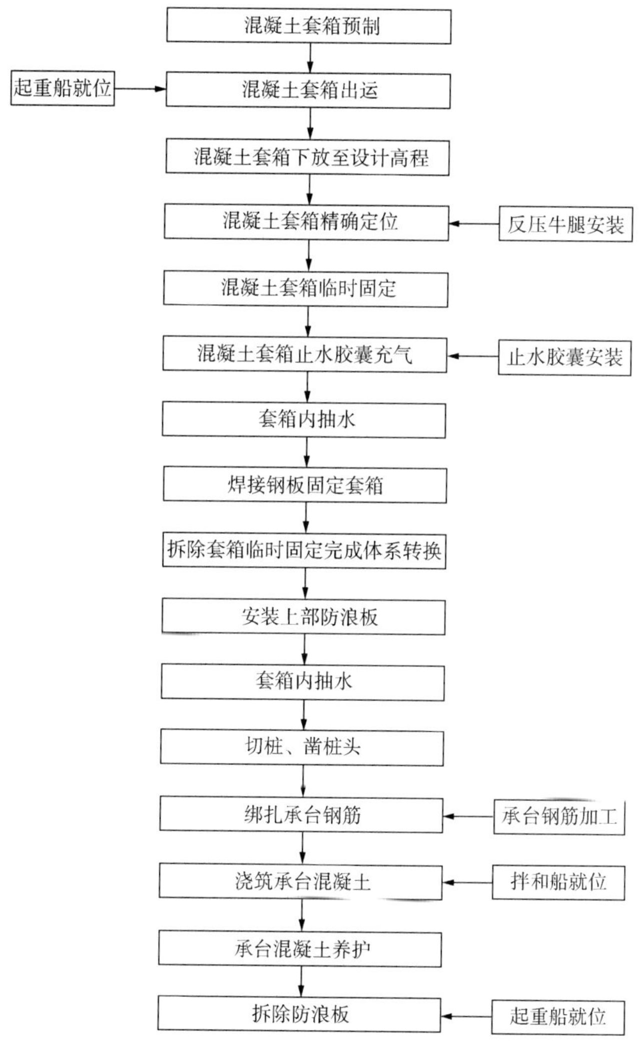


图 3　混凝土套箱施工总工艺流程图

体系转换后，混凝土套箱顶面与承台混凝土平齐，防浪板的作用主要是为承台干施工创造条件。

在运输及存放过程中，应对钢结构采取相应措施防止变形，对发生变形的构件在安装前需整形好后方可使用。

承台施工:防浪板安装完成,混凝土套箱内形成干施工条件后,切凿头;依据图纸绑扎承台钢筋,承台钢筋加工完成并检验合格后,拌和船就位,浇筑承台混凝土并进行养护。

承台浇筑完成并拆除防浪板后,人工清理承台和套箱之间的顶面缝隙至2cm深,并用2cm厚的止水橡胶条填塞,该橡胶条遇水膨胀,可以避免海水渗到套箱与承台间的缝隙内,确保承台免受海水的侵蚀。止水橡胶条安装后,起重船就位,拆除防浪板。拆除后的防浪板在下次施工时可以再次使用。

本实用新型专利主要适于浅海作业。

实践证明,本技术不但容易保证承台质量、提高结构耐久性,而且施工方便、快捷、高效,且具有很好的经济效益,为大桥建设节省了投资,具有较好的推广应用价值。

## 2　超大块段钢箱梁吊装专用吊具

(19)中华人民共和国国家知识产权局

[12]实用新型专利说明书

专利号ZL 200720029353.X

| [45]授权公告日2008年10月22日 | [11]授权公号CN 201137151Y |
|---|---|
| [22]申请日2007.10.19<br>[21]申请号200720029353.X<br>[73]专利权人山东高速集团青岛高速公路有限公司<br>地址266041山东省青岛市李沧区水平路21号408室<br>[72]发明人　姜言泉　徐庆军　李丕明　侯福金　蔡建军　王兆兴　王广洋　季　辉　赵建铭　吴继福　王秀芬　董支宝　范效斌 | [74]专利代理机构济南诚智商标专利事务所有限公司<br>代理人王汝银 |

### 实用新型名称

超大块段钢箱梁吊装专用吊具

### 摘要

本实用新型涉及一种超大块段钢箱梁吊装专用吊具。它在主梁横向中心两侧对称设有平衡梁与托底梁,平衡梁中部通过销轴与主梁上部中间位置相连,托底梁上部通过法兰与主梁下部固连,平衡梁与托底梁的两端分别通过锁具与上方的吊钩相连;平衡梁与托底梁外侧的主梁两端上表面对称设有若干组法兰安装盘,主梁两端的法兰安装盘上通过螺栓分别对称安装有一上扁担梁,上扁担梁两端分别通过销轴和锁具与下方的下扁担梁,下扁担梁两端对称设有若干个安装孔,下扁担梁两端的安装孔中分别通过销轴对称安装一转向拉板,转向拉板下端安装连接锁具。本实用新型吊装安全快捷,能适用不同长度、偏心和纵横坡度的梁段吊装,既能保证施工质量又能加快施工。

(1)超大块段钢箱梁吊装专用吊具,包括主梁,其特征在于:在主梁横向中心两侧对称设置有平衡梁与托底梁,平衡梁中部通过销轴与主梁上部中间位置相连,托底梁上部通过法兰与主梁下部固连,平衡梁与托底梁的两端分别通过索具与上方的4个吊钩相连;在平衡梁与托底梁外侧的主梁两端上表面对称设有若干组法兰安装盘,在主梁两端的法兰安装盘上通过螺栓分别对称安装有一上扁担梁,上扁担梁两端分别通过销轴和索具与下方的一下扁担梁连接,下扁担梁两端对称设有若干个安装孔,在下扁担梁两端的安装孔中分别通过销轴对称安装有一转向拉板,转向拉板下端安装连接索具。

（2）根据权利要求1所述的超大块段钢箱梁吊装专用吊具,其特征在于:所述主梁、上扁担梁、下扁担梁均为鱼腹式变截面钢箱结构。

（3）根据权利要求1或2所述的超大块段钢箱梁吊装专用吊具,其特征在于:所述索具为钢丝绳索具。

## 2.1　技术领域

本实用新型专利涉及一种吊装设备,尤其是一种用于水上超大块段钢箱梁安装所使用的吊装专用吊具。

## 2.2　背景技术

目前国内外水上钢箱梁吊装采用的传统方法有小节段悬拼、满堂支架小节段吊装、顶推等。这些方法要求梁段不能存在较大偏心,对钢箱梁的结构形式限制也较大。随着我国交通基础建设事业的不断发展及施工技术水平的不断提高,近几年也出现了中等块段钢箱梁吊装方法,其钢箱梁吊装的吊具通常采用大型钢桁架结构,抗扭性能差,同样要求钢箱梁结构不能存在较大偏心。

为了解决海上施工环境恶劣,有效作业时间短,工地焊缝焊接环境差等问题,钢箱梁吊装应采用大节段整体吊装技术。钢箱梁大节段吊装主要需解决吊具问题,采用的吊具必须能同时适用于不同梁段长度和梁段偏心的吊装,能直接调整梁段的纵坡,且各受力点受力明确均衡,确保梁体结构健康等要求,目前尚没有一种吊具能满足上述要求。

## 2.3　实用新型专利内容

本实用新型专利提供了一种超大块段钢箱梁吊装专用吊具,它结构简单、操作方便,能同时适用于不同长度和偏心的梁段吊装,能直接调整梁段的纵横坡,且能满足各临时吊点受力明确、均衡、梁体结构健康,使超大块段钢箱梁吊装安全、方便、快捷,在保证施工质量的同时能加快施工进度,解决了现有技术中存在的问题。

本实用新型专利为解决上述技术问题所采用的技术方案是在主梁横向中心两侧对称设置平衡梁与托底梁,平衡梁中部通过销轴与主梁上部中间位置相连,托底梁上部通过法兰与主梁下部固连,平衡梁与托底梁的两端分别通过索具与上方的4个吊钩相连;在平衡梁与托底梁外侧的主梁两端上表面对称设有若干组法兰安装盘,在主梁两端的法兰安装盘上通过螺栓分别对称安装上扁担梁,上扁担梁两端分别通过销轴和索具与下方的下扁担梁连接,下扁担梁两端对称设有若干个安装孔,在下扁担梁两端的安装孔中分别通过销轴对称安装有转向拉板,转向拉板下端安装连接索具。

上述主梁、上扁担梁、下扁担梁均为鱼腹式变截面钢箱结构。上所述索具为钢丝绳索具。

本实用新型专利结构简单、操作方便,通过销轴将平衡梁与主梁连接,实现了4个吊钩到3点起吊的转换,满足"三点确定一个平面"的原理,满足主梁起吊不受扭的要求,确保了吊装安全；通过设置在主梁上的上扁担梁及与上扁担梁通过销轴、索具连接的下扁担梁、转向拉板、与钢箱梁吊点连接的索具，达到各受力构件逐级简支分配，使各吊点受力明确、均衡，并且使钢箱梁在整个吊装过程中不产生水平及扭曲应力；本吊具各级受力分配点处采用铰接销轴连接，使梁段坡度在空中进行自由调整时，吊具不发生受扭或失稳的情况，且不增加任何附加应力；在平衡梁与托底梁外侧的主梁两端上表面对称设有若干组法兰安装盘，上扁担梁与主梁之间采用法兰安装盘连接，通过将上扁担梁安装在主梁的横向不同位置的法兰安装盘上，可使本吊具适应不同长度的梁段吊装，通过调整上扁担梁的法兰盘与主梁上的法兰安装盘的纵向安装位置，即错位安装，可实现本吊具对重心偏离很大的梁体的吊装，实现了一套吊具适应不同长度、不同纵横坡度偏心梁段的吊装。使用本吊具吊装超大块段钢箱梁安全、方便、快捷，在保证上施工质量的同时能加快施工进度。

## 2.4 附图说明

图4为本实用新型专利的结构示意图；图5为主梁、上扁担梁、下扁担梁部分结构放大示意图；图6为主梁与平衡梁连接结构放大示意图；图7为主梁与托底梁连接结构放大示意图。

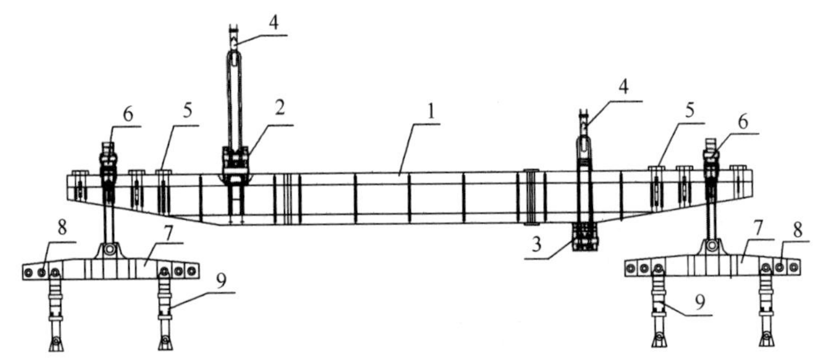


图4 超大块段钢箱梁吊具结构示意图

1-主梁；2-平衡梁；3-托底梁；4-吊钩；5-法兰安装盘；6-上扁担梁；7-下扁担梁；8-安装孔；9-转向拉板

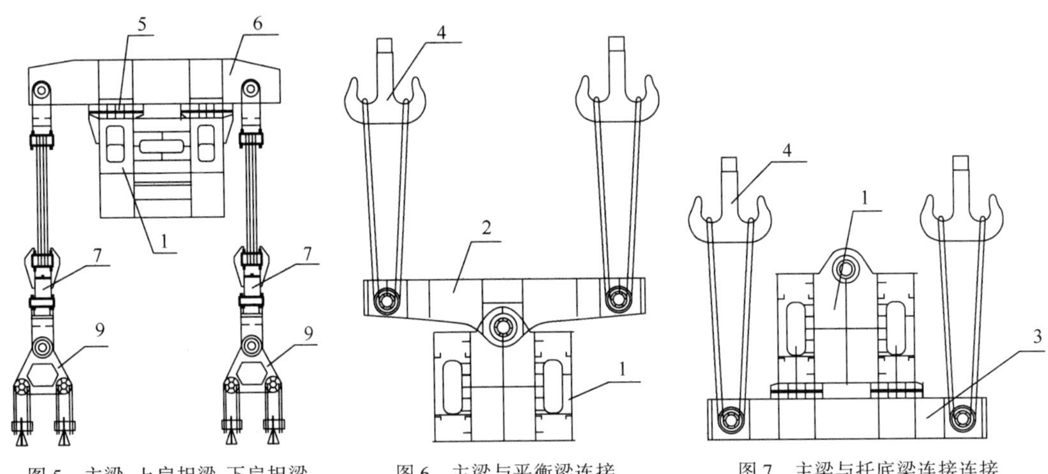


图5 主梁、上扁担梁、下扁担梁部分结构放大示意图

图6 主梁与平衡梁连接结构放大示意图

图7 主梁与托底梁连接连接结构放大示意图

## 2.5 具体实施方式

工作时，首先根据现场实际情况确定箱梁分段情况及选用的大型起重船。然后，根据钢箱梁的块段长度，梁体截面及受力特点，大型起重船的性能，来调节吊具上扁担梁 6 的横向及纵向固定位置，以及转向拉板 9 的位置，调整好后，即可开始吊装作业。

采用起重船 4 钩吊装作业时，容易出现“三条腿”受力不均匀的情况，本实用新型专利吊具通过设置平衡梁 2 并与吊具主梁 1 之间采用铰接销轴连接，实现了三点起吊功能，使主梁 1 起吊不受扭，确保了吊装安全。

本实用新型专利采用梁索相结合的结构取代了常用的桁架结构形式，主梁 1 采用变截面箱型结构，通过钢丝绳索具逐级简支分配，各级分配连接点处采用销轴连接，在空中可直接采用改变起重船吊钩 4 起升的高度进行梁段坡度的自由调整，而且，由于吊具各级连接点处均采用铰接销轴结构，使得吊具本身并不产生附加应力。

本实用新型专利通过调整上扁担梁 6 在主梁 1 横向上的不同法兰安装盘 5 的安装位置来调整吊点位置，可适应不同节段长度的梁段吊装，通过调整上扁担梁 6 的法兰盘与主梁 1 上的法兰安装盘 5 的纵向安装位置，即错位安装来调节吊装重心位置，可适应重心偏离很大的梁体的吊装，使本吊具实现了一套吊具适应不同长度、不同纵横坡度偏心梁段的吊装。

本实用新型专利未详述之处，均为本技术领域技术人员的公知技术。

# 3 开启式防撞护栏

(19)中华人民共和国国家知识产权局

(12)实用新型专利权

(10)授权公告号 CN 201605536U

(45)授权公告日2010 10 13

(21)申请号201020102941.3　　E01F15/04{2^.01}

(22)申请日2010.01.28

(73)专利权人山东高速青岛公路有限公司

地址266100山东省青岛市崂山区苗岭路 29 号

专利权人北京中路安交通科技有限公司中交公路规划设计院有限公司

(72)发明人　姜言泉　白书峰　邵新鹏　于天胜

陈淑珍　侯福金　土　麒　张　颖

翟文琦　陈文明　闫书明　岁德龙

郤永刚　胡德功　刘小勇　李启乾

贾日学　汤文杰

(51)Int.Cl.

E01D/5//(9(2006.01)

权利要求书 1 页说明书 2 页附图 1 页

## 实用新型专利名称

开启式防撞护栏

## 摘要

本实用新型专利是一种在公路或桥梁上使用的安全护栏，是一种开启式防撞护栏。开始式防撞护栏由护栏主体和活动门组成，其中护栏主体包括立柱、横梁、混凝土底座，立柱通过锚固螺栓与混凝土底座连接在一起，多根横梁由上而下地连接在立柱的一侧；活动门包括连接梁、支撑梁、连接板和连接销，连接梁的长度不大于左右相邻的两横梁的间距，连接梁的根数与横梁相同，连接梁与支撑梁垂直地焊接在一起，连接梁的两端焊接有连接板，连接板与护栏主体的横梁通过连接销连接在一起，拔下一侧的连接销，活动门即可绕另一侧的连接销旋转而开启。当需要进行检修或维修时，可打开活动门，方便检修人员或一些工具进入，当完成检修时，再把活动门关闭，其防护能力不减，非常安全。

(1)开启式防撞护栏的特征：由护栏主体和活动门组成，其中护栏主体包括立柱、横梁、混凝土底座，立柱通过锚固螺栓与混凝土底座连接在一起，多根横梁由上而下地连接在立柱的一侧；活动门包括连接梁、支撑梁、连接板和连接销，连接梁的长度不大于左右相邻的两横梁的间距，连接梁的根数与横梁相同，连接梁与支撑梁垂直地焊接在一起，连接梁的两端焊接有连接板，连接板与护栏主体的横梁通过连接销连接在一起，拔下一侧的连接销，活动门即可绕另一侧的连接销旋转而开启。

(2)根据权利要求1所述的开启式防撞护栏，其特征在于：所述横梁和连接梁的断面为矩形、方形、圆形、椭圆形。

(3)根据权利要求1所述的开启式防撞护栏，其特征在于：所述横梁和连接梁的根数为2~6根。

### 3.1 技术领域

本实用新型专业涉及一种公路或桥梁上用的安全护栏，特别是涉及一种具有开启功能以便于对公路或桥梁进行检修的开启式防撞护栏。

### 3.3 背景技术

现在的高速公路和桥梁都设置安全护栏。为了方便对公路和桥梁进行维修或检修，需要在护栏留有检修口，这在大跨度斜拉桥、悬索桥的维修或检修中经常用到。现在对于检修口多采用铁链搭接的处理方式，虽然方便开启，但这样不仅会影响护栏的连续防护性能，还存在车辆插入检修口护栏端头的安全隐患。如果能够研究开发一种可开启的护栏结构形式，使其当进行检修或维修时，可满足开启方便的使用功能，正常关闭时，满足防撞能力等同于标准段护栏的防护功能，就可以解决开启和防护的矛盾，具有双重功效。

### 3.3 发明内容

本实用新型专利的目的是为了克服现有安全护栏没有开启功能的缺陷，发明一种由护栏主体和活动门组成的开启式防撞护栏。活动门可方便开启，使维修工作顺利进行，活动门正常关闭时,其防护能力等同于标准段护栏,消除了安全隐患。

本实用新型专利的目的是按以下方式来实现的:开启式防撞护栏,由护栏主体和活动门组成,其中护栏主体包括立柱、横梁、混凝土底座,立柱通过锚固螺栓与混凝土底座连接在一起,多根横梁由上而下地连接在立柱的一侧;活动门包括连接梁、支撑梁、连接板和连接销,连接梁的长度不大于左右相邻的两横梁的间距,连接梁的根数与横梁相同,连接梁与支撑梁垂直地焊接在一起,连接梁的两端焊接有连接板,连接板与护栏主体的横梁通过连接销连接在一起,拔下一侧的连接销,活动门即可绕另一侧的连接销旋转而开启。

上述横梁和连接梁的断面为矩形、方形、圆形、椭圆形。

上述横梁和连接梁的根数为 2~6 根。

本实用新型专利的积极效果如下:本实用新型专利结构简单、合理,且施工简易,开启方便,外形美观;当需要进行检修或维修时,可打开活动门,方便检修人员或一些工具进入,当完成检修时再把活动门关闭,消除了安全隐患。

## 3.4　附图说明

图 8 为本实用新型结构图。

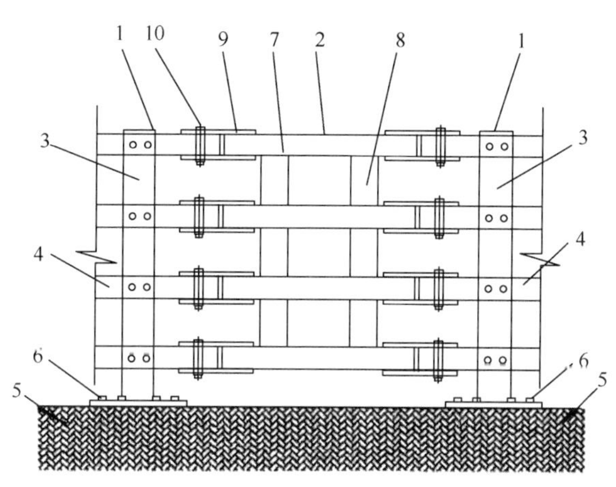


图 8　开启式防撞护栏结构图

1-护栏主体;2-活动门;3-立柱;4-横梁;5-混凝土底座;6-锚固螺栓;7-连接梁;8-支撑梁;9-连接板;10-连接销

## 3.5　具体实施方式

如图 8 所示,开启式防撞护栏,由护栏主体 1 和活动门 2 组成,其中护栏主体 1 包括立柱 3、横梁 4、混凝土底座 5,立柱 3 通过锚固螺栓 6 与混凝土底座 5 连接在一起,多根横梁 4 由上而下地连接在立柱的一侧;活动门 2 包括连接梁 7、支撑梁 8、连接板 9 和连接销 10,连接梁 7 的长度不大于左右相邻的两横梁 4 的间距,连接梁 7 的根数与横梁 4 相同,连接梁 7 与支撑梁 8 垂直地焊接在一起,连接梁 7 的两端焊接有连接板 9,连接板 9 与护栏主体 1 的横梁 4 通过连接销 10 连接在一起,拔下一侧的连接销 10,活动门 2 即可绕另一侧的连接销 10 旋转而开启。

上述横梁 4 和连接梁 7 的断面为矩形、方形、圆形、椭圆形。

上述横梁 4 和连接梁 7 的根数为 2~6 根。

本实用新型专利的活动门是通过连接销与护栏主体连接，使用时拔下活动门一侧的连接销，活动门即可绕另一侧的连接销旋转而开启。在具体实施中，活动门的宽度可根据实际需要来确定。

## 4 一种用于低杆照明透镜配光装置

(19)中华人民共和国国家知识产权局

(12)实用新型专利权

(10)授权公告号 CN 202561589U

(45)授权公告日20121128

(21)申请号201220203398.5

(22)申请日2012.05.09

(73)专利权人 东营泰克拓普光电科技有限公司

地址 257091 山东省东营市经济开发区东六路 56 号

(72)发明人 仇智勇 姜言泉 杨志强 张国庆 郭宝林 丁小杰

(51)Int.Cl.

F21S 8/00 01}

F21V 5/^(2006.01)

F21V 17/06{2Q)0&.01)

F21Y 101/02{2QQ&.01)

(ESM)同样的发明创造已同日申请发明专利

### 实用新型专利名称

一种用于低杆照明透镜配光装置

### 摘要

本实用新型专利提供一种用于低杆照明透镜配光装置，灯具本体上方固定有透镜支架，透镜固定于透镜支架上，LED 光源安装于透镜下方的铝基板上，透明 PC 面罩固定于灯具本体上；灯具本体内部装有驱动固定框，下方安装有电源盒和支架，透镜底部为 3 个以上不同形状不同方向的折射曲面，上部为透镜外表表面曲面，具有结构简单合理，照射效果好，不占用空地，节约成本，维修方便的优点。

(1)一种用于低杆照明透镜配光装置，包括灯具本体、铝基板、LED 光源、透镜、透明 PC 面罩、支架、透镜支架，其特征在于灯具本体上方固定有透镜支架，透镜固定于透镜支架上，LED 光源安装于透镜下方的铝基板上，透明 PC 面罩固定于灯具本体上；灯具本体内部装有驱动固定框，下方安装有电源盒和支架。

(2)根据权利要求 1 所述的一种用于低杆照明透镜配光装置，其特征在于透镜的底部为 3 个以上不同形状不同方面的折射曲面，上部为透镜外表表面曲面。

## 4.1 技术领域

本实用新型专利涉及一种照明装置,尤其是一种 LED 照明装置。

## 4.2 背景技术

LED 灯由于其低能耗、寿命高的优点,近来在道路照明中被广泛应用。目前,桥梁照明、高速公路照明都采用高杆照明设备,高杆照明存在道路路面照度不均匀、灯具存在很大眩光,影响驾驶员行驶安全,维护非常不方便的缺点。

## 4.3 实用新型专利内容

本实用新型专利的目的在于避免现有技术的不足而提供一种用于低杆照明透镜配光装置。

本实用新型的技术方案:一种用于低杆照明透镜配光装置,包括铝基板、灯具本体、LED 光源、透镜、透明 PC 面罩、支架、透镜支架,灯具本体上方固定有透镜支架,透镜固定于透镜支架上,LED 光源安装于透镜下方的铝基板上,透明 PC 面罩固定于灯具本体上;灯具本体内部装有驱动固定框,下方安装有电源盒和支架。

上述的透镜底部为 3 个以上不同形状不同方面的折射曲面,上部为透镜外表表面曲面。

与现有技术相比,本实用新型专利的优点是灯具采用透镜配光方式,LED 光源所发光照射到透镜的多个不同形状的曲面上,通过透镜曲面的形状把光线很均匀地折射到路面。而且此种装置结构简单合理,照射效果好,不占用空地,节约成本,维修方便。

## 4.4 附图说明

图 9 为本实用新型的结构示意图;图 10 为本实用新型所述透镜的仰视图;图 11 为本实用新型所述透镜的左视图;图 12 为本实用新型所述透镜的右视图。

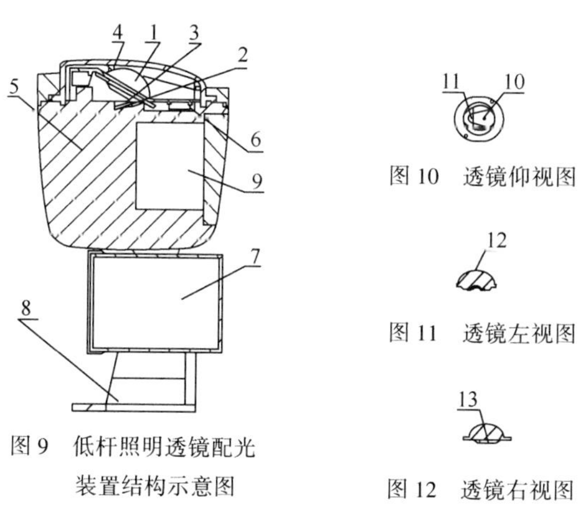


图 9　低杆照明透镜配光装置结构示意图

图 10　透镜仰视图

图 11　透镜左视图

图 12　透镜右视图

图中:1-透镜;2-铝基板;3-LED 光源;4-透明 PC 面罩;5-灯具本体;6-透镜支架;7-电源盒;8-支架;9-驱动固定框;10-折射曲面 A;11-折射曲面 B;12-透镜外表面曲面;13-折射曲面 C。

## 4.5 具体实施方式

一种用于低杆照明透镜配光装置,包括铝基板 2、灯具本体 5、LED 光源 3、透镜 1、透明 PC 面罩 4、支架 8、透镜支架 6,灯具本体 5 上方固定有透镜支架 6,透镜 1 固定于透镜支架 6 上,LED 光源 3 安装于透镜 1 下方的铝基板 2 上,透明 PC 面罩 4 固定于灯具本体 5 上;灯具本体 5 内部装有驱动固定框 9,下方安装有电源盒 7 和支架 8。

上述的透镜 1 底部为 3 个不同形状、不同方面的折射曲面 A10、B11、C13,上部为透镜外表表面曲面 12。

# 二、发 明 专 利

## 1 水下无封底混凝土套箱及其应用方法

[12]发明专利申请公布说明书

[21]申请号200710113358.5

[43]公开日2008年4月9日

[11]公开号

CN 10115816A

| | |
|---|---|
| [22]申请日 2007.10.19<br>[21]申请号 200710113358.5<br>[71]申请人 山东高速集团青岛高速公路有限公司<br>地址 266041 山东省青岛市李沧区永平路21号408室<br>[72]发明人 姜言泉 许庆军 李丕明 侯福金 蔡建军 季 辉 王兆星 王广洋 赵建铭 吴继福 王秀芬 董支宝 范效滨 | [74]专利代理机构 济南诚智商标专利事务所有限公司<br>代理人 王汝银 |


### 发明名称

水下无封底混凝土套箱及其应用方法

### 摘要

水下无封底混凝土套箱及其应用方法,解决了传统钢围堰施工所需要浇筑很厚的混凝土封底,钢材用量大,施工周期长,承台质量不易控制的缺点。将水下无封底混凝土套箱与混凝土承台浇筑成一体,混凝土套箱上部安装临时防浪板围堰,承台混凝土浇筑完成后拆除防浪板。混凝土套箱可以工厂化预制生产,施工质量容易控制,安装简便、快捷,能加快施工进度,缩短工期、安全可靠且经济合理,同时套箱本身可以起到防海水侵蚀的作用,提高工程的耐久性。本发明主要适于浅海作业。

(1)水下无封底混凝土套箱,其特征在于:柱状箱体的上部设有敞口,底部设有箱底,柱面箱墙封闭;箱体的内墙面与承台的外表面之间设有间隙,箱体高度同承台尺寸一致;箱底部预留孔数量和同一个墩位的钻孔灌注桩数量相同,预留孔的直径比钻孔灌注桩钢护筒的直径要大,预留孔的中心位置同钻孔灌注桩的中心相对应;箱墙顶部预埋用于连接防浪板的灌注螺栓,箱底部预留孔周圈设置止水气囊预留槽;箱底内预埋锚固钢板。

(2)水下无封底混凝土套箱应用方法为将水下无封底混凝土套箱与混凝土承台浇筑成一体,混凝土套箱上部安装临时防浪板围堰,承台混凝土浇筑完成后拆除防浪板。

(3)根据要求2所述的水下无封底混凝土套箱的应用步骤:

①混凝土套箱预制:混凝土套箱在预制场整体预制,整体吊装出运。

②混凝土套箱吊运及安装固定:套箱预制完成后,采用起重船装船出运到指定墩位并安装,将混凝土套箱下放至设计高程位置;利用吊架临时悬挂在钢护筒上,并利用反压牛腿临时固定。

③对安装在套箱底部预留槽与钻孔灌注桩钢护筒之间的止水气囊进行充气止水;止水后抽干套箱内的水,并调整套箱水平和上下位置,用连接钢板将混凝土套箱内底板上预埋钢板与钻孔灌注桩钢护筒进行焊接固定,撤除起重船吊钩和反压牛腿,从而完成体系转换;混凝土套箱安装后的顶面与混凝土承台平齐。

④安装防浪板:防浪板采用整体拼接,在低潮位时,通过防浪板底部法兰盘与套箱墙顶预埋螺栓连接成整体,防浪板与混凝土套箱之间设泡沫止水橡胶条。

⑤承台施工:体系转换后,混凝土套箱内形成干燥的环境条件,依据图纸绑扎承台钢筋,钢筋绑扎完成并检验合格后,进行承台混凝土浇筑;混凝土浇筑完成并达到要求后拆除防浪板,承台施工完成。

(4)根据要求3所述的水下无封底混凝土套箱的应用步骤,套箱安装完成后,将2cm厚的高强弹性泡用强力胶黏在套箱内侧混凝土壁上,承台施工完成后将强力胶黏在承台和套箱之间的缝隙内。

(5)根据要求3或4所述的水下无封底混凝土套箱应用步骤,承台浇筑完成后拆除防浪板前,人工清理承台和套箱之间顶面缝隙至2cm深,并用2cm厚的止水橡胶条填塞缝隙。

## 1.1 技术领域

本发明涉及水下高桩承台建造时所使用的一种关键结构,及该结构在实施水下高桩承台建造施工中的应用方法。

## 1.2 背景技术

目前国内外水下高桩承台施工全部采用传统的钢吊箱承台施工法。钢吊箱承台施工中的钢吊箱围堰是为水中高桩承台施工而设计的临时阻水结构,其作用是通过钢吊箱围堰的侧板和底板阻水,为承台施工提供无水干燥的施工环境。钢吊箱施工需首先在加工工厂将钢围堰加工成型,用大型船舶或浮运运至施工现场,用大型浮吊安装,液压设备下沉就位后,设置吊杆锚固,经过水下人工堵漏后浇筑至少1~2m厚的水下封底混凝土,待混凝土强度达到要求后,抽干套箱内的水,进行封底混凝土整平后,才能进行承台施工。承台施工完成后,拆除钢吊箱。此法施工工期长,水上作业量大,材料用量大,承台施工质量不易控制。如果一次封底不成功,则二次封底时可能造成承台底高程的增加,给施工带来很大风险。

## 1.3 发明内容

本发明的目的在于提供一种水下无封底混凝土套箱,该套箱采用工厂化预制,因此质量容易控制,同时安装方便、快捷,能加快施工进度,混凝土套箱本身可作为永久结构,防止承台遭受海水侵蚀,极大地提高了主体结构的耐久性。本发明还提供了水下无封底混凝土套箱在实施水下高桩承台建造施工中的应用方法。

本发明解决技术问题所采取的方案:水下无封底混凝土套箱,柱状箱体的上部设有敞口,底部设有箱底,柱面箱墙封闭;箱体的内墙面与承台的外表面之间设有间隙,箱体高度同承台尺寸一致;箱底部预留孔数量和同一个墩位的钻孔灌注桩数量相同,预留孔的直径比钻孔灌注桩钢护筒的直径要大,预留孔的中心位置同钻孔灌注桩的中心位置对应;箱墙顶部预埋用于连接防浪板的螺栓,箱底部预留孔周圈设置止水气囊预留槽;箱底内预埋锚固钢板。

水下无封底混凝土套箱应用方法为将水下无封底混凝土套箱与混凝土承台浇筑成一体,混凝土套箱上部安装临时防浪板围堰,承台混凝土浇筑完成后拆除防浪板。

## 1.4 具体的施工方法

(1)混凝土套箱预制:混凝土套箱在预制场整体预制,整体吊装出运。

(2)混凝土套箱吊运及安装固定:套箱预制完成后,采用起重船装船出运到指定墩位,现场采用起重船安装,混凝土套箱下放至设计高程位置;利用吊架临时悬挂在钢护筒上,并利用反压牛腿临时固定。

(3)对安装在套箱底部预留槽与钻孔灌注桩钢护筒之间的止水气囊进行充气止水;止水后抽干套箱内的水,并调整套箱水平衡上下位置,用连接钢板将混凝土套箱内底板上预埋钢板与钻孔灌注桩钢护筒进行焊接固定,撤除起重船吊钩和反压牛腿,从而完成体系转换;混凝土套箱安装后的顶面与混凝土承台平齐。

(4)安装防浪板:防浪板采用整体拼接,在低潮位时,通过防浪板底部法兰盘与套箱墙顶预埋螺栓连接成整体,防浪板与混凝土套箱之间设泡沫止水橡胶条。

(5)承台施工:体系转换后,混凝土套箱内形成干燥的环境条件,依据图纸绑扎承台钢筋,钢筋绑扎完并检验合格后,进行承台混凝土浇筑;混凝土浇筑完成并达到要求后拆除防浪板,承台施工完成。

在本发明的施工方法中,套箱安装完成后,将2cm厚的高强弹性泡沫用强力胶黏在套箱内侧混凝土壁上,承台施工完成后将强力胶黏在承台和套箱之间的缝隙内,可以防止承台混凝土因热胀冷缩而引起套箱裂缝,也可以防止水分进入,起到弹性伸缩作用。

在本发明的施工方法中,承台浇筑完成后拆除防浪板前,人工清理承台和套箱之间的顶面缝隙至2cm深,并用2cm厚的止水橡胶条填塞缝隙。该橡胶条遇水膨胀,可以避免海水渗到套箱与承台间的缝隙内,确保承台免受海水的侵蚀。

水下无封底混凝土套箱及其应用方法,替代了大型混凝土封底,混凝土套箱采用工厂化预制,质量容易控制,安装方便快捷,能加快施工进度,缩短施工周期,减少水上作业量,同时混凝土套箱本身可作为永久结构防止承台遭受海水侵蚀,极大地提高了主体结构的耐久性,具有快速、经济、安全、高效、更耐久的特点。

## 1.5 附图说明

图1是混凝土套箱及其施工结构图;图2是反压牛腿示意图;图3是混凝土套箱施工总工艺流程图。

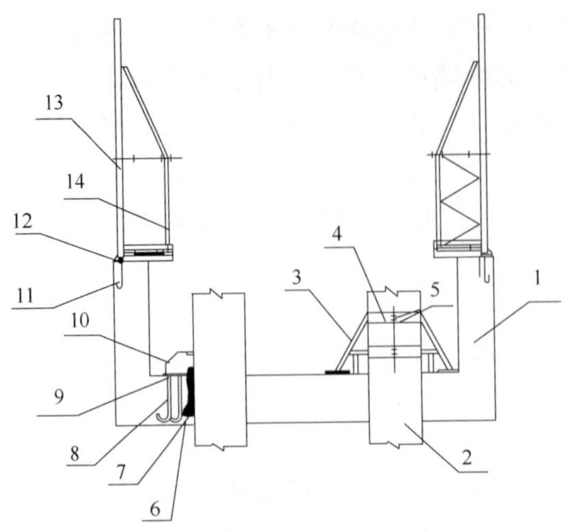


图 1　水下无封底混凝土套箱及其施工结构图

1-混凝土套箱;2-钢护筒;3-反压牛腿;4-抱箍;5-螺栓;6-砂;7-止水气囊;8-锚筋;9-锚固钢板;10-连接钢板;11-预埋螺栓;12-止水橡胶条;13-防浪板;14-型钢加筋肋

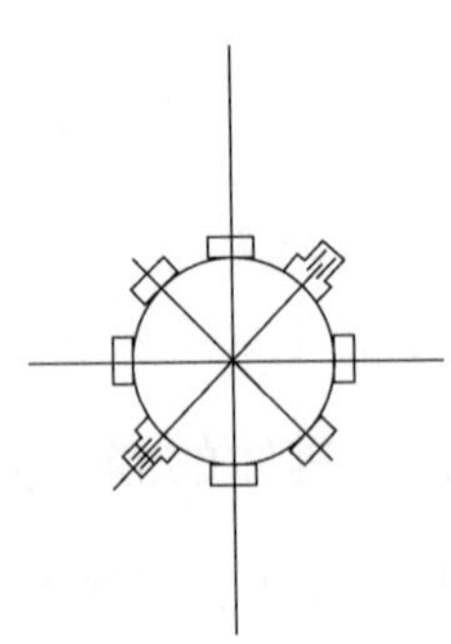

图 2　反压牛腿示意图

## 1.6　具体实施方式

如图 1 所示,水下无封底混凝土套箱结构分为永久结构和临时结构两部分,其中永久结构部分包括:混凝土套箱 1、锚固钢板 9、止水气囊 7 等;临时结构部分包括:防浪板 3、反压牛腿 3、吊架、止水橡胶条 12。

混凝土套箱 1(钢筋混凝土套箱)的结构设计、安装说明:

柱状箱体的上部设有敞口,底部设有箱底,柱面箱墙封闭;箱体的内墙面与承台的外表面之间设有间隙,箱体高度同承台尺寸一致;箱底部预留孔数量和同一个墩位的钻孔灌注桩数量相同;箱墙顶部预埋用于连接防浪板的螺栓 11,箱底部预留孔周圈设置止水气囊预留槽;箱底内预埋锚固钢板 9,与锚固钢板 9 一体的锚筋 8 也位于箱底内。

混凝土强度等级:混凝土采用海工耐久混凝土,保护层厚度取 50imn。混凝土的配置应选用优质水泥和级配良好的优质骨料,水泥以及骨料应符合交通部标准《海港工程混凝土结构防腐蚀技术规程》(JTJ 2752000)的规定及规范要求。

水下无封底混凝土套箱预制安装技术要求:

(1)套箱预留孔平面位置应根据现场实测确定,以便减少安装误差。

(2)套箱吊装索具采用现有定型钢绞线索具。

(3)套箱止水采用充气止水气囊。

(4)套箱安装须趁落潮施工作业,根据进度合理安排作业时间。

(5)套箱与钢护筒连接时,应该确保焊缝质量。

(6)上部防浪板与混凝土套箱采用圆台螺母连接,预制时应保证位置准确。

(7)安装防浪板时,应该将内部支撑安装好。

混凝土套箱的断面尺寸根据承台尺寸来确定,一般套箱长宽尺寸比承台长宽大 2cm,高度同承台高度一致。混凝土套箱侧壁厚30cm，底板厚40cm，该尺寸可以根据套箱的断面尺寸、水压力、浇筑混凝土产生的侧向压力和冲击力等计算后作适当调整。

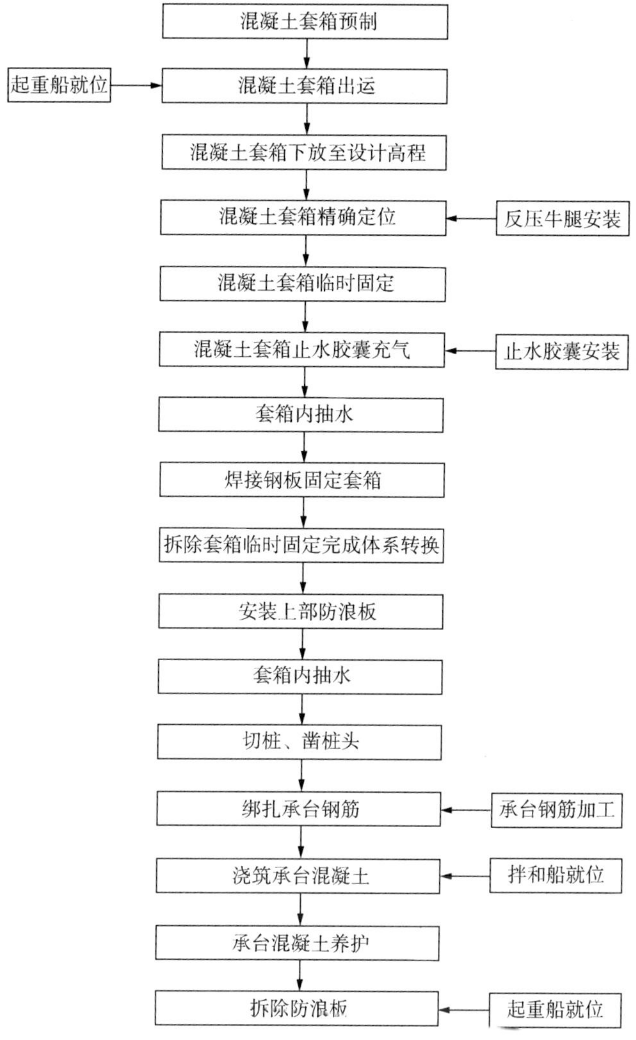


图3　水下无封底混凝土套箱施工总工艺流程图

混凝土套箱底部根据钻孔灌注桩的实际数量和位置预留孔洞，预留孔数量和同一个墩位的钻孔灌注桩数量相同，预留孔的直径比钻孔灌注桩钢护筒的直径要大一些，预留孔的中心位置同钻孔灌注桩的中心位置相同。

吊架：吊架是吊装混凝土套箱的临时工具，由钢框架和吊索组成。钢框架是用型钢焊接而成的多边形框架，框架下均布8根下吊索，8根下吊索用于吊挂混凝土套箱，框架上均布4个吊耳，与吊耳连接的上吊索与起重船相连。

反压牛腿3：反压牛腿的作用是防止混凝土套箱上浮。如图1和图2所示，1个套箱设8组反压牛腿，上端通过抱箍4（上下各一个）固定于钢护筒2上，下端支撑于套箱底板上，防止因套箱内水抽干后，套箱随水浮力上移。反压牛腿结构由3根工字钢焊接而成n型，上端1根工字钢焊接于抱箍上，两侧工字钢下端斜撑在套箱底板上，斜撑水平角60°。

抱箍4:抱箍的作用是固定反压牛腿,提供向下的支撑力防止套箱上浮。抱箍结构由两片半圆形钢板结构组成,半径与钢护筒相同,每片半圆钢板端头设法兰,用高强螺栓5把两片半圆形钢板的端头紧固从而使抱箍固定在钢护筒上,抱箍内塞橡胶条以增加摩擦阻力,每套抱箍共设6套固定高强螺栓。

每一钢护筒均设止水气囊、反压牛腿和抱箍。

防浪板13:防浪板的作用是防止水分进入套箱内,安装于混凝土套箱1的顶部,防浪板的底脚板通过混凝土套箱墙顶的预埋螺栓11及橡胶垫圈与套箱连接成整体,在防浪板和混凝土套箱顶面之间设置泡沫止水橡胶条12,阻止水分渗入,形成内部水密空腔,为桥墩承台钢筋绑扎和混凝土浇筑提供干燥的施工环境。防浪板13为筒状钢结构,外围面板,采用型钢加筋肋14保证其刚度不变形,在内部设置型钢支撑,以抵抗外部水压力,如图1所示。

## 1.7 施工方法

水下无封底混凝土套箱技术,承台围堰采取混凝土有底套箱结构,与混凝土承台浇筑成一体,混凝土套箱上部安装临时防浪板围堰,承台混凝土浇筑完成后拆除。

混凝土套箱施工总工艺流程如图3所示。

混凝土套箱制作:混凝土套箱在预制场整体预制,整体吊装出运。预制混凝土套箱模板采用定型钢模,现有专业厂家可制作。

混凝土套箱吊运及安装固定:套箱预制完成后,采用起重船装船出运到指定墩位,现场用起重船通过吊架将混凝土套箱起吊下放到指定的墩位处,将吊架放在事先调整好高程的钢护筒上,钢护筒高程根据设计承台高程和吊索长度事先计算调整到位,在低潮位时安装反压牛腿等临时固定设施,在体系转换后拆除吊架和反压牛腿。

在混凝土套箱的底部预留孔周圈设置止水气囊预留槽,当混凝土套箱吊装调整到位后,对事先在套箱底部预留槽与钻孔灌注桩钢护筒之间安装的止水气囊7进行充气,在低潮时间抽干套箱内积水,并调整套箱水平位置,用连接钢板10将混凝土套箱底板上的预埋锚固钢板9与钢护筒2进行焊接,进行永久固定后,撤除吊架和反压牛腿,从而完成体系转换。止水气囊7上方填充砂浆6。

套箱安装完成后,将2cm厚的高强弹性泡沫用强力胶黏在套箱内侧混凝土壁上,可以防止承台混凝土因热胀冷缩而引起套箱裂缝,起到弹性伸缩作用。

体系转换后,混凝土套箱顶面与混凝土承台平齐,防浪板的作用主要是为承台创造干燥的施工条件。

在运输及存放过程中,应对钢结构采取相应措施防止变形,对已发生变形的构件在安装前需整形好后方可使用。

承台施工:防浪板安装完成,混凝土套箱内形成干燥的施工条件后切凿桩头;依据图纸绑扎承台钢筋,承台钢筋加工完成并检验合格后,拌和船就位,浇注承台混凝土、混凝土养护。

承台浇筑完成并拆除防浪板后,人工清理承台和套箱之间顶面缝隙至2cm深,并用2cm厚的止水橡胶条填塞,该橡胶条遇水膨胀,可以避免海水渗到套箱与承台间的缝隙内,确保承台免受海水的侵蚀。止水橡胶条安装后,起重船就位,拆除防浪板。防浪板拆除后在下次施工时可以再次使用。

本发明主要适合于浅海作业。

实践证明,本技术不但容易保证承台质量、提高结构耐久性,而且施工方便、快捷、高效,且具有很好的经济效益,为大桥建设节省了投资,具有较大的推广应用价值。

## 2　超大块段钢箱梁吊装专用吊具

(10)申请公布号 CN 101717035 A

(43)申请公布日2010 06 02

[21]申请号201010003055.X

[71]申请人山东高速集团青岛高速公路有限公司

地址 266041 山东省青岛市崂山区苗岭路 29 号1807室

申请人 中交二公局第五工程有限公司　路桥集团国际建设股份有限公司 山东省路桥集团有限公司

[72]发明人　姜言泉　霰建平　程建新　欧阳瑰琳　闫宗山　曾卫兵　董淑喜　李　鹏　吴　健　李莹炜　蔡建军　聂　宁　史双涛　刘宪波　王晓乾　崔学涛　杜　清　白丽锋　蔡　堂

[74]专利代理机构　济南诚智商标专利事务所有限公司 37105

代理人　侯福金

### 发明名称

超大块段钢箱梁吊装专用吊具

### 摘要

本发明涉及一种超大块段钢箱梁吊装专用吊具。它在主梁横向中心两侧对称设有平衡梁与托底梁,平衡梁中部通过销轴与主梁上部中间位置相连,托底梁上部通过法兰与主梁下部固连,平衡梁与托底梁的两端分别通过索具与上方的吊钩相连;平衡梁与托底梁外侧的主梁两端上表面对称设有若干组法兰安装盘,主梁两端的法兰安装盘上通过螺栓分别对称安装有一上扁担梁,上扁担梁两端分别通过销轴和索具与下方的下扁担梁连接,下扁担梁两端对称设有若干个安装孔,下扁担梁两端的安装孔中分别通过销轴对称安装一转向拉板,转向拉板下端安装连接索具。本发明吊装安全快捷,能适用不同长度、偏心和纵横坡度的梁段突吊装,既能保证施工质量又能加快施进度。

(1)超大块段钢箱梁吊装专用吊具,包括主梁,其特征在于:在主梁横向中心两侧对称设置有平衡梁与托底梁,平衡梁中部通过销轴与主梁上部中间位置相连,托底梁上部通过法兰与主梁下部固连,平衡梁与托底梁的两端分别通过索具与上方的 4 个吊钩相连;在平衡梁与托底梁外侧的主梁两端上表面对称设有若干组法兰安装盘,在主梁两端的法兰安装盘上通过螺栓分别对称安装有一上扁担梁,上扁担梁两端分别通过销轴和索具与下方的一下扁担梁连接,下扁担梁两端对称设有若干个安装孔,在下扁担梁两端的安装孔中分别通过销轴对称安装有一转向拉板,转向拉板下端安装连接索具。

(2)根据权利要求 1 所述的超大块段钢箱梁吊装专用吊具,其特征在于:所述主梁、上扁担梁、下扁担梁均为鱼腹式变截面钢箱结构。

(3)根据权利要求1或2所述的超大块段钢箱梁吊装专用吊具,其特征在于:所述索具为钢丝绳索具。

## 2.1 技术领域

本发明涉及一种吊装设备,尤其是一种用于水上超大块段钢箱梁安装所使用的超大块段钢箱梁吊装专用吊具。

## 2.2 背景技术

目前国内外水上钢箱梁吊装传统的方法有小节段悬拼、满堂支架小节段吊装、顶推等方法。这些方法要求梁段不能存在较大偏心,对钢箱梁结构形式限制较大。随着我国交通基础建设的不断发展及施工技术水平的不断提高,近几年也出现了中等块段钢箱梁吊装方法,其钢箱梁吊装的吊具通常采用大型钢桁架结构,其抗扭性能差,同样要求钢箱梁结构不能存在较大偏心。

为了解决海上施工环境恶劣,有效作业时间短,工地焊缝焊接环境差等因素,钢箱梁采用大节段整体吊装技术。钢箱梁大节段吊装主要需要解决吊具问题,其采用的吊具必须能同时适用于不同梁段长度和梁段偏心的吊装,能直接调整梁段的纵坡,且各受力点受力明确,受力均衡,确保梁体结构健康等要求,目前,尚没有一种吊具能满足上述要求。

## 2.3 发明内容

本发明提供了一种超大块段钢箱梁吊装专用吊具,它结构简单、操作方便,能同时适用于不同长度和偏心的梁段吊装,能直接调整梁段的纵横坡,且能满足各临时吊点受力明确、受力均衡、梁体结构健康,使超大块段钢箱梁吊装安全、方便、快捷,在保证施工质量的同时能加快施工进度,解决了现有技术中存在的问题。

本发明为解决上述技术问题所采用的技术方案是:它包括主梁,在主梁横向中心两侧对称设置有平衡梁与托底梁,平衡梁中部通过销轴与主梁上部中间位置相连,托底梁上部通过法兰与主梁下部固连,平衡梁与托底梁的两端分别通过索具与上方的4个吊钩相连;在平衡梁与托底梁外侧的主梁两端上表面对称设有若干组法兰安装盘,在主梁两端的法兰安装盘上通过螺栓分别对称安装有一上扁担梁,上扁担梁两端分别通过销轴和索具与下方的一下扁担梁连接,下扁担梁两端对称设有若干个安装孔,在下扁担梁两端的安装孔中分别通过销轴对称安装有一转向拉板,转向拉板下端安装连接索具。

所述主梁、上扁担梁、下扁担梁均为鱼腹式变截面钢箱结构。

所述索具为钢丝绳索具。

本发明结构简单,操作方便,通过设置平衡梁与主梁采用销轴连接,实现了4个吊钩到3点起吊的转换,满足“三点确定一个平面”的原理,满足主梁起吊不受扭,确保了吊装安全;通过设置在主梁上的上扁担梁及与上扁担梁通过销轴、索具连接的下扁担梁、转向拉板、与钢箱梁吊点连接的索具,达到各受力构件逐级简支分配,使各吊点受力明确,受力均衡,并且使钢箱梁在整个吊装过程中不产生水平及扭曲应力;本吊具各级受力分配点处采用销轴铰接连接，可实现在空中自由进行梁段坡度的调整，而吊具不发生受扭或失稳，且不增加任何附加应力；在平衡梁与托底梁外侧的主梁两端上表面对称设有若干组法兰安装盘，上扁担梁与主梁之间采用法兰安装盘连接，通过将上扁担梁安装在主梁的横向不同位置的法兰安装盘上，可使本吊具适应不同长度的梁段吊装，通过调整上扁担梁的法兰盘与主梁上的法兰安装盘的纵向安装位置，即错位安装，可实现本吊具对重心偏离中心很大的梁体的吊装，实现了一套吊具适应不同长度、不同纵横坡度偏心梁段的吊装。使用本吊具吊装超大块段钢箱梁，安全、方便、快捷，在保证上施工质量的同时能加快施工进度。

图 4 为本发明的结构示意图；图 5 为主梁、上扁担梁、下扁担梁部分结构放大示意图；图 6 为主梁与平衡梁连接结构放大示意图；图 7 为主梁与托底梁连接结构放大示意图。

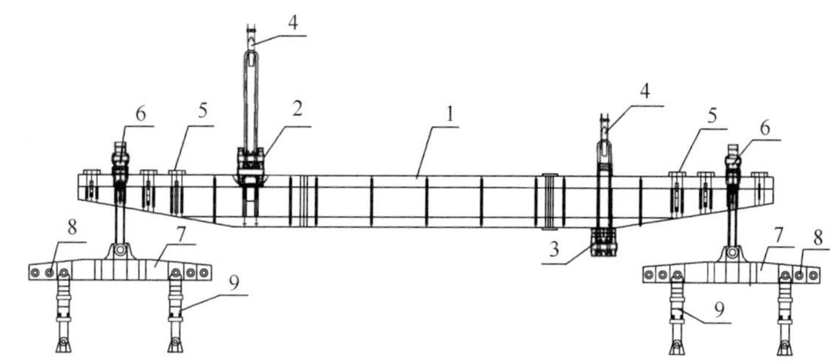


图 4　超大块段钢箱梁吊具结构示意图

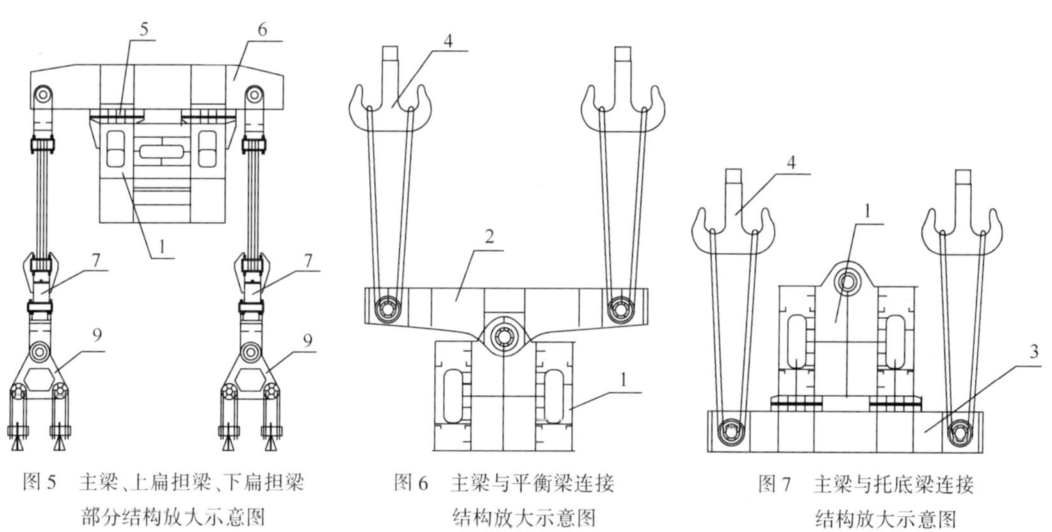


图 5　主梁、上扁担梁、下扁担梁部分结构放大示意图

图 6　主梁与平衡梁连接结构放大示意图

图 7　主梁与托底梁连接结构放大示意图

图中：1-主梁；2-平衡梁；3-托底梁；4-吊钩；5-法兰安装盘；6-上扁担梁；7-下扁担梁；8-安装孔；9-转向拉板。

## 2.4　具体实施方式

为能清楚说明本方案的技术特点，下面通过具体实施方式，并结合图示对本发明进行详细阐述。如图 1～图 4 所示，本发明包括主梁 1，在主梁 1 横向中心两侧对称设置有平衡梁 2 与托底梁 3，平衡梁 2 中部通过销轴与主梁 1 上部中间位置相连，托底梁 3 上部通过法兰与主梁1下部固连，平衡梁2与托底梁3的两端分别通过索具与上方的4个吊钩4相连；在平衡梁2与托底梁3外侧的主梁1两端上表面对称设有若干组法兰安装盘5，在主梁1两端的法兰安装盘5上通过螺栓分别对称安装有一上扁担梁6，上扁担梁6两端分别通过销轴和索具与下方的一下扁担梁7连接，下扁担梁7两端对称设有若干个安装孔8，在下扁担梁7两端的安装孔8中分别通过销轴对称安装有一转向拉板9，转向拉板9下端安装连接索具。

所述主梁1、上扁担梁6、下扁担梁7均为鱼腹式变截面钢箱结构。

所述索具为钢丝绳索具。

工作时，首先根据现场实际情况确定箱梁分段情况及选用的大型起重船。然后根据钢箱梁的块段长度，梁体截面及受力特点，大型起重船的性能，来调节吊具的上扁担梁6的横向及纵向固定位置，以及转向拉板9的位置，调整好后即可开始吊装作业。采用起重船四钩吊装作业时，容易出现"三条腿"不均匀受力的不利吊装情况，本发明吊具通过设置平衡梁2并与吊具主梁1之间采用销轴铰接连接，实现了三点起吊功能，满足主梁1起吊不受扭，确保了吊装安全。

本发明采用梁索相结合的结构取代了常用的桁架结构形式，主梁1采用变截面箱型结构，通过钢丝绳索具逐级简支分配，各级分配连接点处采用销轴连接，在空中可直接采用改变起重船吊钩4起升的高度进行梁段坡度自由调整，而且，由于吊具各级连接点处均采用销轴铰接结构，使得吊具本身并不产生附加应力，通过钢丝绳索具逐级简支分配，使得各级连接点受力明确，受力均衡。

本发明通过调整上扁担梁6在主梁1横向上的不同法兰安装盘5上的安装位置来调整吊点位置，可适应不同节段长度的梁段吊装，通过调整上扁担梁6的法兰盘与主梁1上的法兰安装盘5的纵向安装位置，即错位安装来调节吊装重心位置，可适应重心偏离中心很大的梁体的吊装，使本吊具实现了一套吊具适应不同长度、不同纵横坡度偏心梁段的吊装。

本发明未详述之处，均为本技术领域技术人员的公知技术。

## 3 一种用于低杆照明透镜配光装置

(10)申请公布号 CN 102679217 A

(43)申请公布日 2012.09.19

| | |
|---|---|
| [21] 申请号 201210140288.3<br>[22] 申请日 2012.05.09<br>[71] 申请人 东营泰克拓普光电科技有限公司 地址257091 山东省东营市经济开发区东六路56号<br>[72] 发明人 仇智勇 姜言泉 杨志强 张国庆 郭宝林 丁小杰 | [74]专利代理机构 山东济南齐鲁科技专利事务所有限公司 37108<br>代理人 宋永丽 |

## 发明名称

一种用于低杆照明透镜配光装置

## 摘要

本发明提供一种用于低杆照明透镜配光装置,灯具本体上方固定有透镜支架,透镜固定于透镜支架上,LED 光源安装于透镜下方的铝基板上,透明 PC 面罩固定于灯具本体上;灯具本体内部装有驱动固定框,下方安装有电源盒和支架,透镜底部为 3 个以上不同形状不同方面的折射曲面,上部为透镜外表表面曲面,具有结构简单合理,照射效果好,不占用空地,节约成本,维修方便的优点。

(1)一种用于低杆照明透镜配光装置,包括灯具本体、铝基板、LED 光源、透镜、透明 PC 面罩、支架、透镜支架,其特征在于灯具本体上方固定有透镜支架,透镜固定于透镜支架上,LED 光源安装于透镜下方的铝基板上,透明 PC 面罩固定于灯具本体上;灯具本体内部装有驱动固定框,下方安装有电源盒和支架。

(2)根据权利要求 1 所述的一种用于低杆照明透镜配光装置,其特征在于透镜的底部为 3 个以上不同形状、不同方面的折射曲面,上部为透镜外表表面曲面。

## 3.1　技术领域

本发明涉及一种照明装置,尤其是一种 LED 照明装置。

## 3.2　背景技术

LED 灯由于其低能耗、寿命高的优点,近来道路照明中有广泛应用。目前,桥梁照明、高速公路照明目前都采用高杆照明设备,高杆照明存在道路路面照度不均匀、灯具存在很大眩光,影响驾驶员行驶安全,而且维护非常不方便。

## 3.3　发明内容

本发明的目的在于避免现有技术的不足而提供一种用于低杆照明透镜配光装置。

本发明的技术方案是:一种用于低杆照明透镜配光装置,包括铝基板、灯具本体、LED 光源、透镜、透明 PC 面罩、支架、透镜支架,灯具本体上方固定有透镜支架,透镜固定于透镜支架上,LED 光源安装于透镜下方的铝基板上,透明 PC 面罩固定于灯具本体上;灯具本体内部装有驱动固定框,下方安装有电源盒和支架。

所述的透镜底部为 3 个以上不同形状、不同方面的折射曲面,上部为透镜外表表面曲面。

与现有技术相比,本发明的优点是:灯具采用透镜配光方式,LED 光源所发光照射到透镜的多个不同形状的曲面,通过透镜的曲面的形状把光线很均匀折射到路面。结构简单合理,照射效果好,不占用空地,节约成本,维修方便。

图 8 为本发明的结构示意图;图 9 为本发明所述透镜的仰视图;图 10 为本发明所述透镜的左视图;图 11 为本发明所述透镜的右视图。

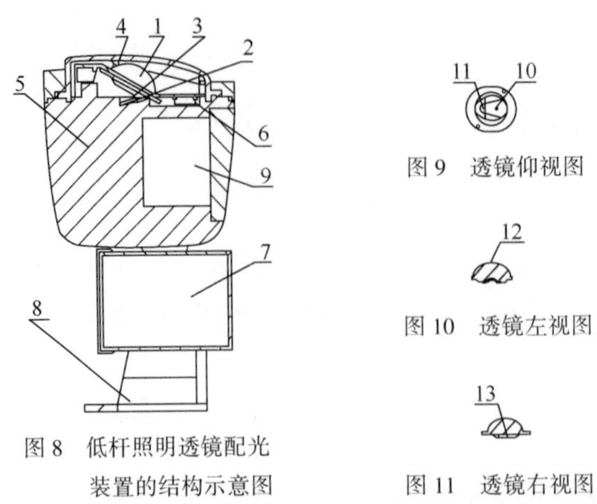


图 8　低杆照明透镜配光装置的结构示意图

图 9　透镜仰视图

图 10　透镜左视图

图 11　透镜右视图

图中:1-透镜;2-铝基板;3-LED 光源;4-透明 PC 面罩;5-灯具本体;6-透镜支架;7-电源盒;8-支架;9-驱动固定框;10-折射曲面 A;11-折射曲面 B;12-透镜外表面曲面;13-折射曲面 C。

## 3.4　具体实施方式

一种用于低杆照明透镜配光装置,包括铝基板 2、灯具本体 5、LED 光源 3、透镜 1、透明 PC 面罩 4、支架 8、透镜支架 6,灯具本体 5 上方固定有透镜支架 6,透镜 1 固定于透镜支架 6 上,LED 光源 3 安装于透镜 1 下方的铝基板 2 上,透明 PC 面罩 4 固定于灯具本体 5 上;灯具本体 5 内部装有驱动固定框 9,下方安装有电源盒 7 和支架 8。

所述的透镜 1 底部为 3 个不同形状、不同方面的折射曲面 A10、B11、C13,上部为透镜外表表面曲面 12。

# 三、施 工 工 法

## 水下无封底混凝土套箱施工工法

### 1　引言

青岛海湾大桥海中区非通航孔桥承台底高程位于常低潮位以下，并且水深较深，按照传统的钢吊箱方案进行施工时需要进行水下封底混凝土施工。青岛海湾大桥属国内第三大跨海大桥，海中区非通航孔桥承台众多，工期紧，安全、质量和环保要求极高。在环境恶劣的海上进行大量的钢吊箱的水下封底施工，在质量、安全和环保方面存在许多不利于工程施工的不可预见因素，并且施工速度缓慢，耗时长使海上船机设备的投入极大。另一方面，承台侧面设计有防腐涂装层，钢吊箱的壁板不能直接作为承台的外模，需要投入承台模板；承台拆模后等待进行表面涂装的时间很长，因此为满足工期的要求，钢吊箱的投资巨大。为此，路桥集团国际建设股份有限公司联合山东高速青岛公路有限公司，借鉴东海大桥、杭州湾大桥混凝土套箱的应用经验，研发设计了水下无封底的混凝土套箱施工工法，试验施工后该技术在 2007 年 12 月 27 日通过了青岛市科技局的鉴定。跨过 2007 年冬季后，路桥集团国际建设股份有限公司承建的第六合同段从 2008 年 4~7 月短短的 4 个月时间内，安全保质地完成 40 多个承台的施工，现该工法已经成功应用于青岛海湾大桥海中区非通孔航道桥承台施工，充分体现了该工法的先进性。

### 2　工法特点

(1)水下无封底混凝土套箱采用了冲水气囊止水的先进技术，利用连接件对混凝土套箱和钢护筒进行刚性连接以抵抗自重和浮力的作用，避免了进行水下封底混凝土施工，如封底失效、漏水及安全等方面的风险。

(2)水下无封底混凝土套箱无须进行水下混凝土封底施工、承台模板安装、钢吊箱拆除等工序，避开了这些工序在施工中诸多的质量、安全风险，有利于施工的正常开展及施工质量控制，确保工期。单个承台的有效施工时间钢吊箱为 21 天，而本工法只要 8 天，因此具有施工快速的优点，极大地节省了船机费用的投入，特别是对海上承台施工有相当大的优势。

(3)承台混凝土浇筑完成后，混凝土承台与混凝土套箱结为一体，混凝土套箱相当于承台的保护套，混凝土承台侧表面不需再进行防腐涂装施工，从而节省了涂装施工费用。

(4)混凝土套箱可采用陆地或平台预制，便于实现工厂化施工和管理。相对于需要进行封底施工、承台模板安装等繁琐工序的方案，混凝土套箱现场施工工序要简单很多，有利于现场的施工管理及安全、质量控制；混凝土套箱可批量生产，增加投入以加快施工进度的效果较需要水下封底的施工工艺要明显得多。

### 3　适用范围

(1)原海(河)床面的高程或进行适当清淤后的高程低于混凝土套箱下放到位后的底面

高程,并且水深与施工船舶作业有关。

(2)桥墩的桩基础应全部采用直桩,钻孔灌注桩钢护筒(或钢管桩)的顶部高程应设置到常水位以上。

(3)适用于同类型大批量的大、中、小型承台施工。应用于同类型少量承台或巨型承台施工时,需要进行技术、经济等方面的比选。

## 4 工艺原理

### 4.1 水下无封底混凝土套箱的结构组成

水下无封底混凝土套箱结构主要由钢筋混凝土套箱及其连接件、钢制防浪板、止水气囊三大部分组成,利用浮吊整体安装,其结构示意图如图1和图2所示。

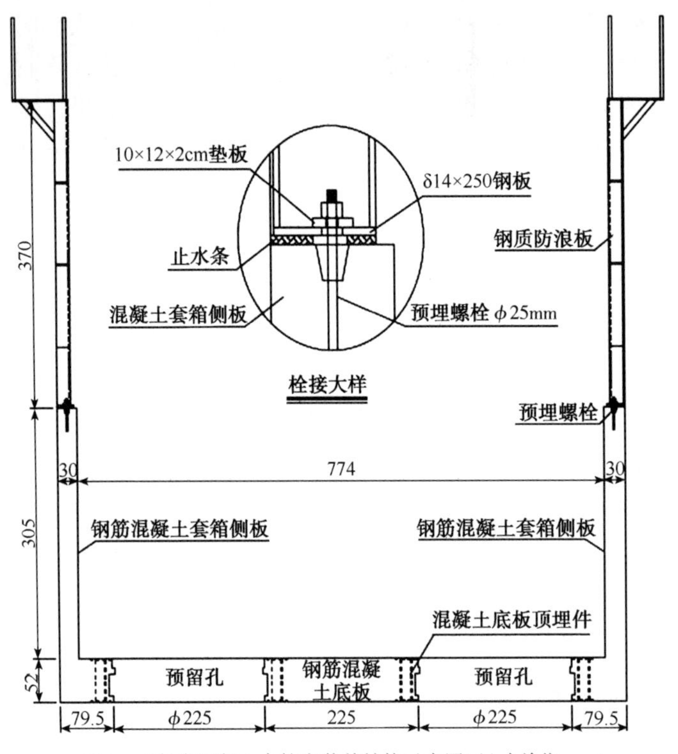


图1 无封底混凝土套箱安装前结构示意图(尺寸单位:cm)

### 4.2 防浪板的连接方式

防浪板是混凝土套箱接高的围水结构物,用以满足套箱安装后承台、墩身施工的挡水需要。防浪板采用螺栓与混凝土套箱顶部实施连接,采用遇水膨胀橡胶止水条止水。具体设置如图1所示。

### 4.3 套箱的止水方式

套箱的止水采用止水气囊,套箱预制时在底板处设置气囊的固定槽,气囊与套箱一同下

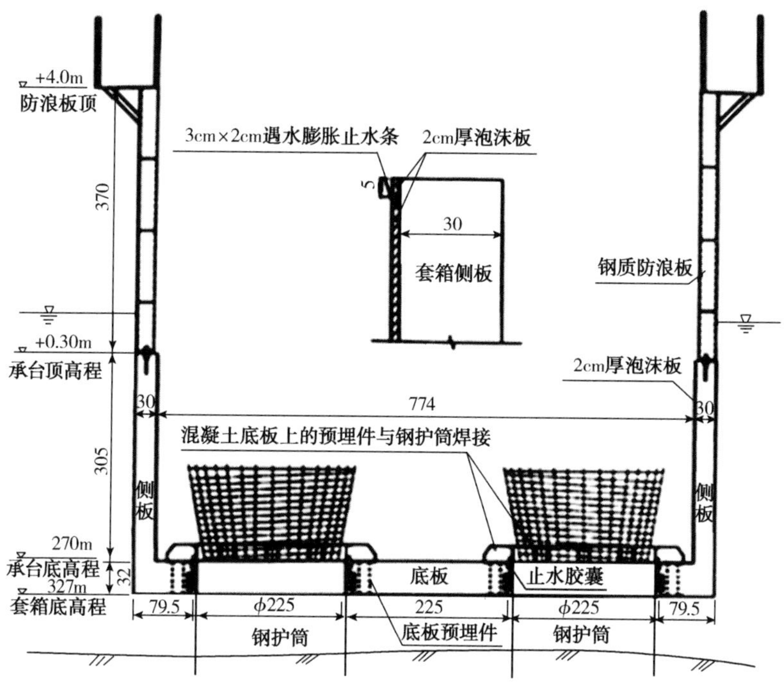


图2　无封底混凝土套箱安装后结构示意图(尺寸单位:cm)

水后,往气囊内充水至水压为0.2~0.35MPa,实现止水后在气囊的顶部设置速凝砂浆,用以保护气囊并作为止水的又一道屏障,具体设置如图2所示。

### 4.4　套箱于承台新旧混凝土接合面的处理方式

为防止承台混凝土的膨胀对套箱侧板造成挤压而使套箱开裂,在套箱内壁设置一层2cm厚的泡沫面板;同时为了防止防浪板拆除后,海水从套箱侧板与承台侧面的缝隙渗入,在套箱侧板内壁顶部设置一圈3cm高、2cm厚的遇水膨胀橡胶止水条,具体设置如图2所示。

## 5　施工工艺流程及操作要点

### 5.1　施工工艺流程图(图3)

### 5.2　施工工艺操作要点

本工法的施工操作要点主要包括防浪板的制作与安装,钢筋混凝土套箱的预制与安装、套箱止水,承台钢筋混凝土的施工以及防浪板拆除几大部分。

5.2.1　防浪板的制作与安装

(1)防浪板的制作

①防浪板应根据相应的海况条件和施工需要进行设计。由于为临时结构物,其底部连接板的平整度应满足±5mm的要求,以确保止水效果,其他位置的制作精度可适当放宽,满足挡水的目的即可。

②应严格按照设计图纸进行防浪板底板螺栓孔位的开设,确保开设的孔位与混凝土套箱

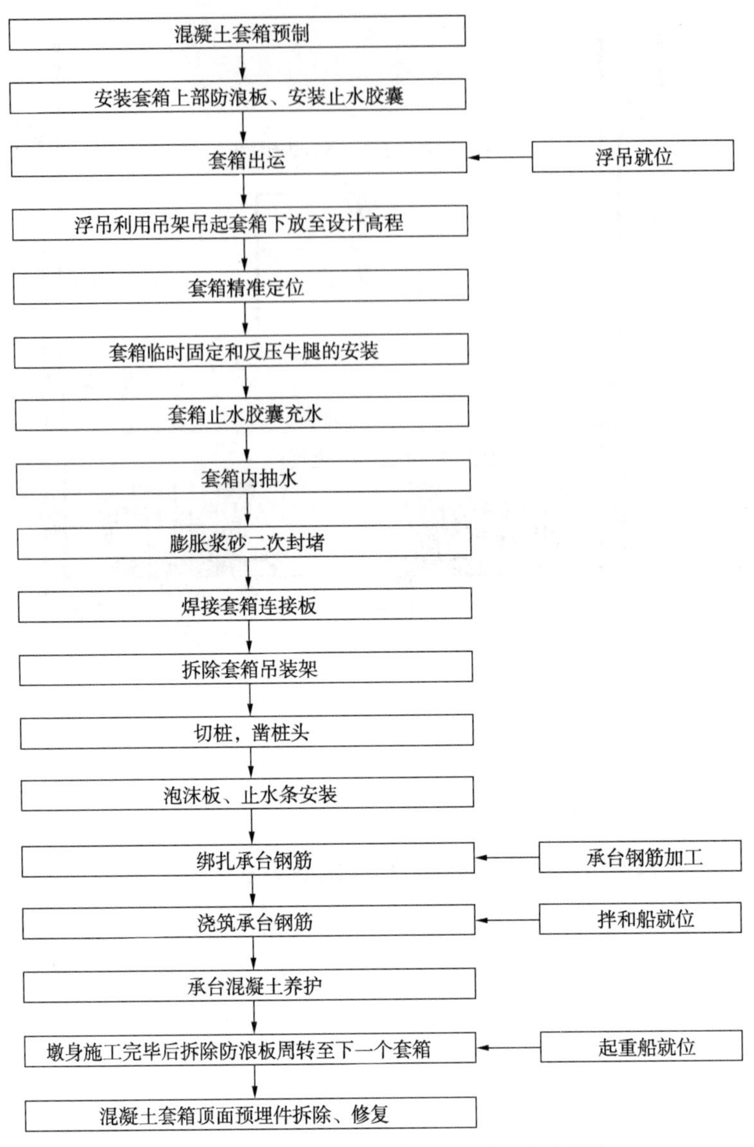


图 3　水下无封底混凝土套箱施工承台工艺流程图

上预埋的螺栓对应。

③防浪板的面板连接缝、面板与底部连接板凳连接缝要求双面满焊，以防漏水。

(2)防浪板的安装

①防浪板安装前，应在混凝土套箱顶面粘贴两道 3cm(宽)×2cm(厚)的遇水膨胀止水条，然后利用吊车分块进行安装，螺栓将防浪板紧固在混凝土套箱上，防浪板分块之间的接缝处同样设置两道 3cm(宽)×2cm(厚)的遇水膨胀止水条，以确保密水性，具体的方式如图 1 所示。

②防浪板安装前，应将混凝土套箱侧板表面打磨平整，不允许有明显的翘曲、凹陷的现象。

③防浪板与混凝土套箱侧板栓接后，应仔细检查防浪板与混凝土套箱之间的接缝是否还有间隙，对有间隙的部位应利用混凝土砂浆或玻璃胶进行封堵。

④在安装过程中应注意对单块防浪板进行保护，以防止磕坏，导致接缝不严密而漏水。

5.2.2　钢筋混凝土套箱预制

混凝土套箱的预制可选择在陆地或海中临时平台上进行，尽可能方便出运，台座的处理按照一般预制件的标准进行处理即可。

(1)混凝土套箱模板的设计与制作

按照混凝土套箱的外形尺寸进行模板的设计，其强度和刚度应符合混凝土施工的相关标准，制作精度与承台结构的标准一致。混凝土套箱模板由外模、内模、底板预留孔模板组成，如图4和图5所示。

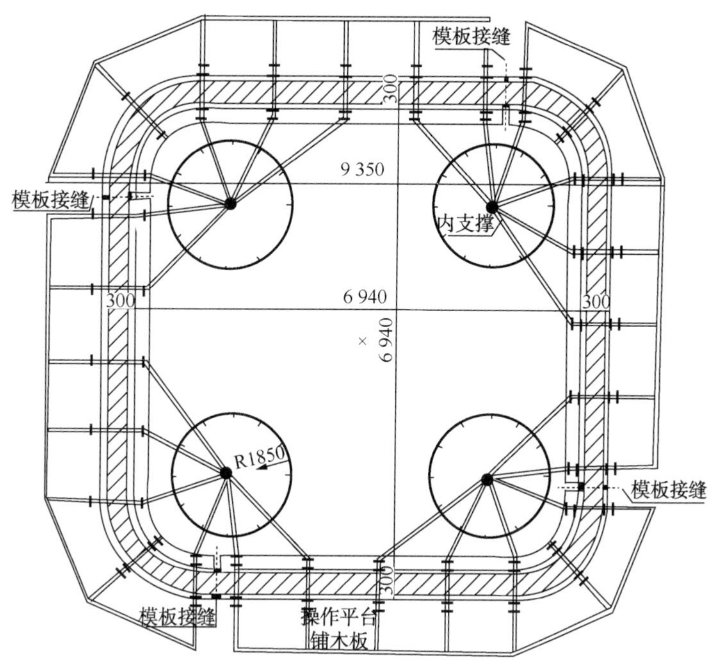


图4　混凝土套箱模板整体平面图(尺寸单位:cm)

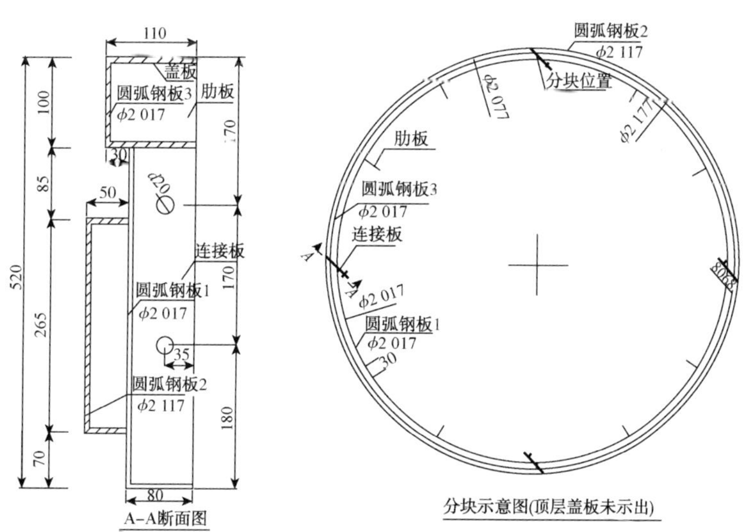


图5　底板预留孔模板(尺寸单位:cm)

(2)混凝土套箱预制

混凝土套箱的预制应按照常规预制构件的工艺进行,根据其本身及应用的特点,需要注意以下几点:

①套箱底板预留孔的位置应与桩群钢护筒的实际位置一致,预制前应实测桩群墩位的位置,以此来进行预留孔的放样。

②在钢筋施工时应注意各种预埋件(如顶部连接螺栓、底板预埋板件)的预埋工作,并确保位置准确、固定牢固。

③在模板安装时应严格控制模板的垂直度和顶面高程,在混凝土浇筑完毕后应对套箱的顶面进行抹面收光,顶面的平整度控制在±3mm。

④应合理选择预留孔模板拆除的时机,避免过早拆除,拆除时应注意预留槽棱边的保护。

⑤应做好混凝土套箱的养护工作,保湿、防风工作应做到位,防止套箱的薄壁结构上出现裂缝,以形成海水的腐蚀通道。同时在现场制作试件时,同条件养护,以确定吊装时间。

5.2.3 混凝土套箱安装

(1)安装前准备

①应拆除钻孔平台,割除桩间平联及钢护筒上附着的可能刮伤气囊的部件,同时派潜水员清除附着在钢护筒上气囊位置处的海洋生物或其排泄物,以确保气囊的止水效果。

②为使吊架水平的放在钢护筒顶上,应减少现场套箱高程调整工作,需将4根钢护筒统一割至+0.5m高程,要求高差在5mm内,此项工作可在钻孔平台拆除前完成。套箱的吊杆应定长制作,吊杆上应设置套筒螺母,可以微调吊杆的长度,从而调整套箱的高程,可调高度为6cm。

③钢套箱下放前,应先在4根钢护筒顶上(+0.5m)用GPS或全站仪测定出套箱吊架支撑在钢护筒顶上的位置,画出吊架主梁底部在钢护筒顶上的支撑线。然后将支撑位置的外边线再向外移(位置放松)2cm,焊接吊架(套箱)下落导向槽钢,具体布置如图6所示。

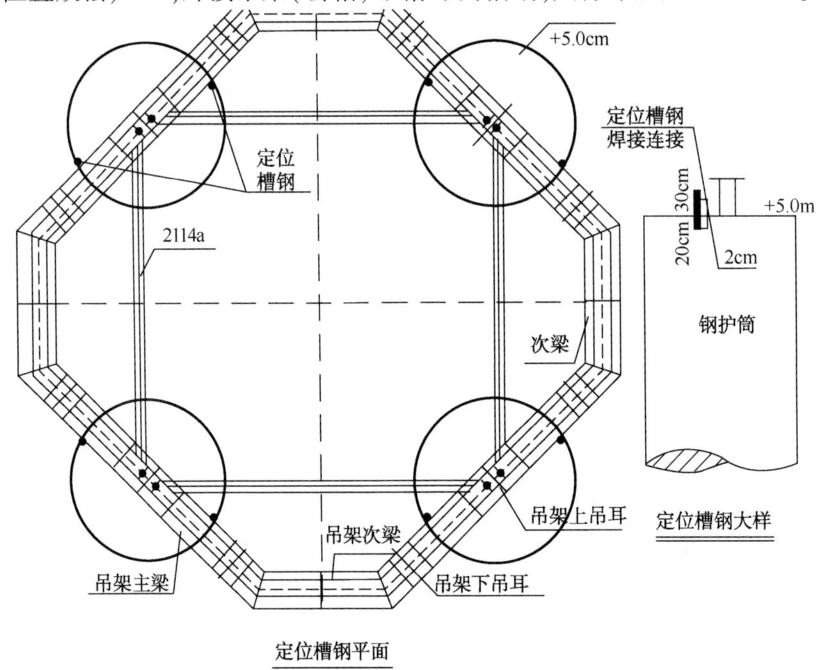


图6 定位、导向槽钢的设置

④应在混凝土套箱预制现场完成防浪板和止水气囊的安装。防浪板的安装如前所述，止水气囊的安装步骤如图7~图9所示。

图7　气囊接触周边打磨（步骤一）

图8　气囊周边限位钢筋焊接（步骤二）

⑤套箱安装前，应对近3~5d的海上天气预报进行收集，若有台风或不适于吊装作业的天气，应将预定安装时间推后。

⑥应将现场安装所需要的套箱加固、封孔材料、调位千斤顶、连接钢板、气割焊等小型操作工具及材料，放置在防浪板顶部并做好固定。

（2）混凝土套箱的运输

混凝土套箱可由浮吊吊装到运输船上从而运输到施工现场，若浮吊能满足提吊并自航的要求，也可由浮吊将套箱吊着从预置场运输至施工现场。浮吊利用专用吊架起吊混凝土套箱，在混凝土套箱达到吊装强度后，开始安装吊杆和吊架，在安装的过程中应根据实测数据微调吊杆的长度，以确保吊架搁在钢护筒上后，可以满足混凝土套箱刚好放置在设计的高程位置。吊架的挂设如图10和图11所示。

图9　将胶囊安装至限位钢筋内（步骤三）

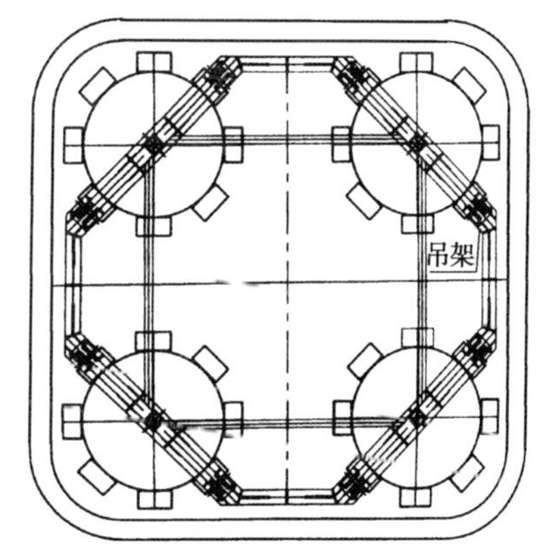

图10　吊架挂设平面图

（3）混凝土套箱的安装

①利用浮吊将钢套箱吊至桩群顶部后将其下放，如图12所示。

②套箱的精确定位：通过在混凝土套箱与钢护筒之间的调位千斤顶进行，在套箱粗定位完成后，选择潮位低于混凝土顶部1m时进行，安放8个10t的千斤顶进行精确调位，如图13和图14所示。需要说明的是，在套箱下放过程中，通过焊接在钢护筒上的定位、导向槽钢的

作用,套箱的轴线平面偏差在允许范围内(2cm)时,不再进行千斤顶的二次调位。套箱的高程在套箱下放前,已经根据钢护筒的实际筒顶高程进行了吊杆长度的调节,下放到位后高程即可满足要求。若套箱下放后不满足高程要求应在钢护筒与吊架的接触处,进行支垫或割除小部分钢护筒,使高程满足要求。

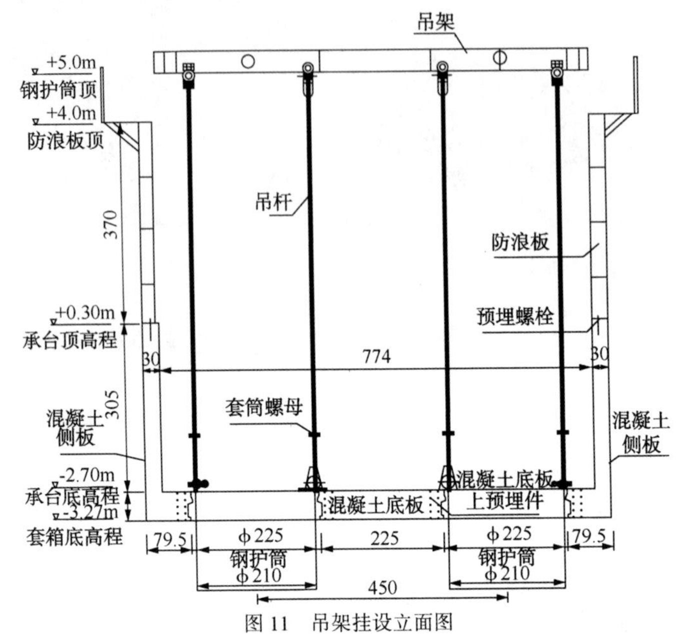

图 11　吊架挂设立面图

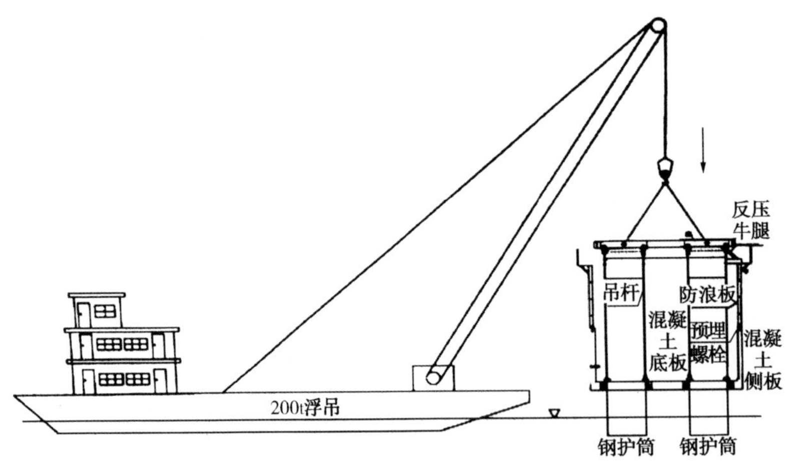

图 12　套箱吊装示意图

③反压牛腿焊接:套箱平面位置确定后,应在钢护筒上焊接反压牛腿,牛腿反压在防浪板顶部,防止在止水后套箱在浮力作用下上浮,反压牛腿布置如图 15 和图 16 所示。

5.2.4　套箱的止水与连接

(1)套箱止水

①反压牛腿焊接完毕后,应尽量选择在低潮位进行气囊止水。采用高压清洗机作为充水设备,利用高压管(如气割用的氧气管)连接清洗机与气囊的气闷管。开动清洗机逐个对气囊

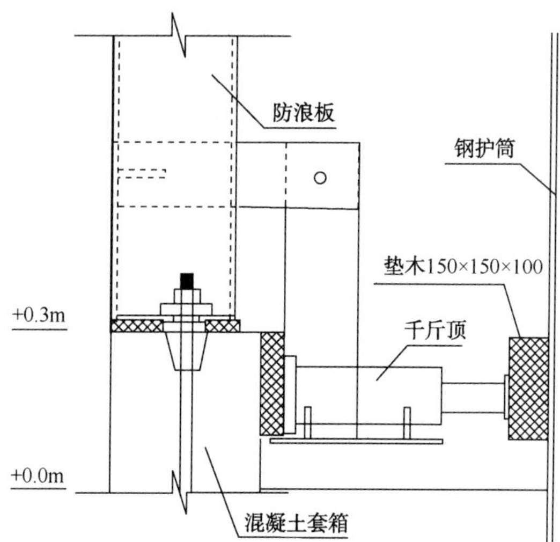


图 13　套箱平面位置调整(尺寸单位:mm)

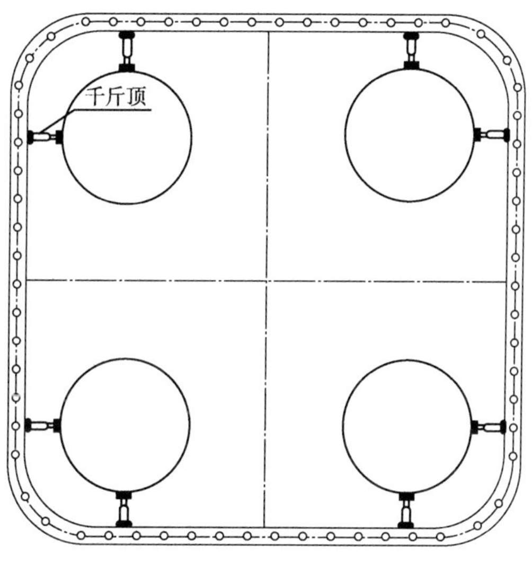


图 14　套箱平面调位千斤顶位置图

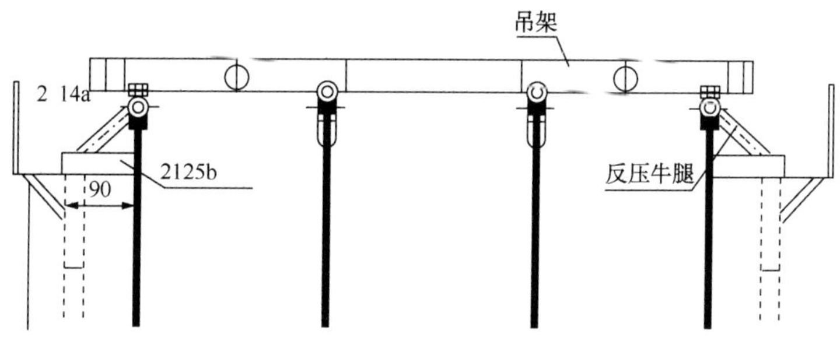


图 15　反压牛腿安装立面图

进行充水,充水压力控制在 0.2~0.35MPa(图 17)。充水时应设置压力表控制充水压力,以防止充水过多导致气囊爆裂(图 18)。

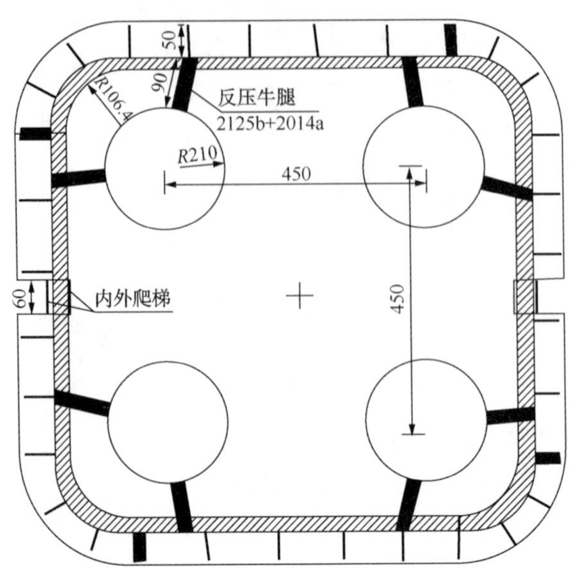


图 16　反压牛腿安装平面图(尺寸单位:cm)

图 17　高压清洗机充水

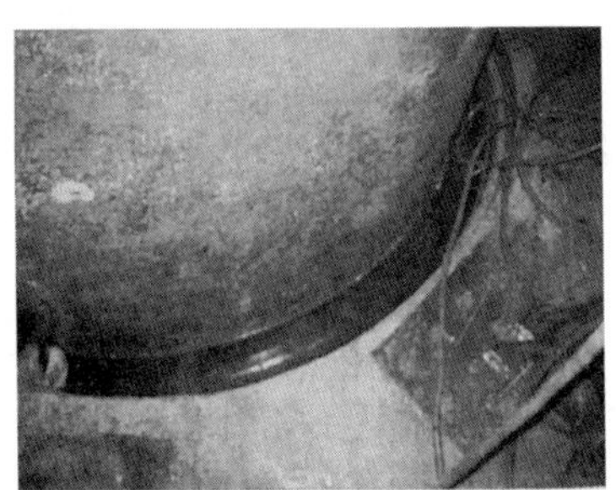

图 18　胶囊充水后效果

②套箱内抽水、砂浆二次封堵间隙:在气囊止水完成后,应利用 4 台抽水泵在 1h 内将套箱内的水抽干,提供干燥的作业环境。抽水时应选择好时机,在水到达最低潮时完成抽水,随后用事先拌制好的膨胀砂浆将钢护筒与底板之间的间隙封堵,确保套箱内不漏水。速凝砂浆设置后状态如图 19 所示。

(2)套箱底板预埋件与钢护筒焊接

①在完成砂浆封堵后,应立即利用预先下放的连接钢板将钢护筒与混凝土底部上的预埋件进行焊接连接(图 20)。由于连接板的数量较多,需要投入多台焊接机和多名焊工同时进行焊接。焊接过程中应严格控制焊缝的质量。焊接完成后的状态如图 21 所示。

②调位千斤顶、吊架拆除:钢护筒与底板预埋件焊接固定后,可拆除平面调位千斤顶、钢护筒顶上的反压牛腿、吊架,套箱的质量由钢护筒与底板的连接钢板传递给钢护筒,完成受力体系转换。

5.2.5　承台钢筋混凝土施工

混凝土套箱安装完毕后,提供了干燥的工作条件,承台的钢筋混凝土施工可按照常规工艺进行。其中需要注意的是,为防止混凝土套箱侧板在承台混凝土的侧压力下开裂,应在混凝土套箱侧板内壁粘贴止水条的位置粘贴 2cm 厚的泡沫板(图 22);为防止海水从泡沫板进入已浇筑的承台混凝土内,应在距套箱侧板顶面 5cm 位置的内壁四周粘贴 3cm×2cm 的遇水膨胀止水条。该设施应在承台钢筋捆扎完毕后进行,以防止在钢筋捆扎过程中被损坏。泡沫板、止水条粘贴完毕后的示意图如图 23 所示。

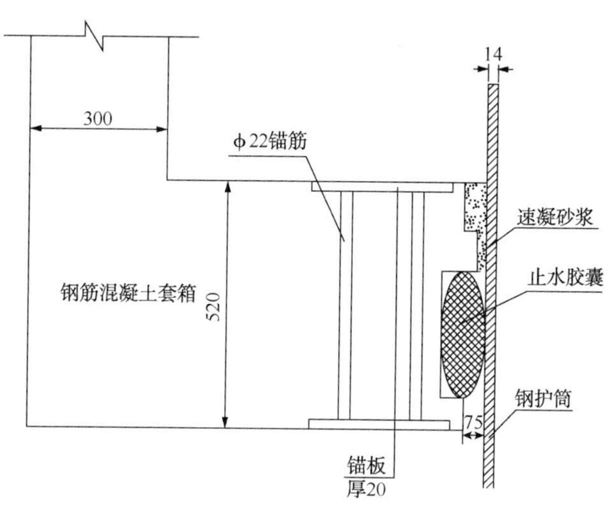


图 19　速凝砂浆设置后状态(尺寸单位:mm)

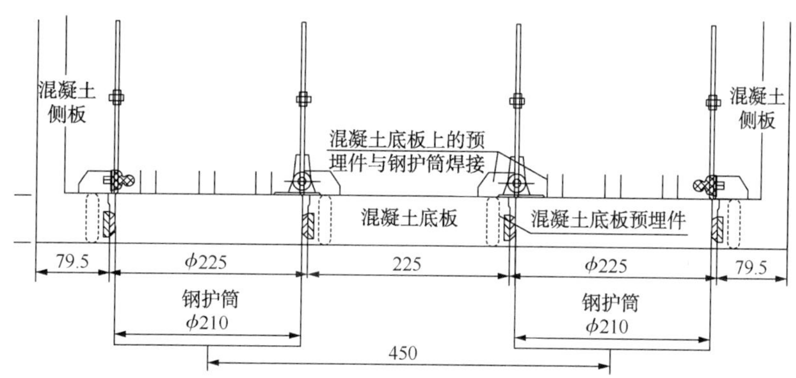


图 20　钢护筒与底板预埋件焊接立面图(尺寸单位:cm)

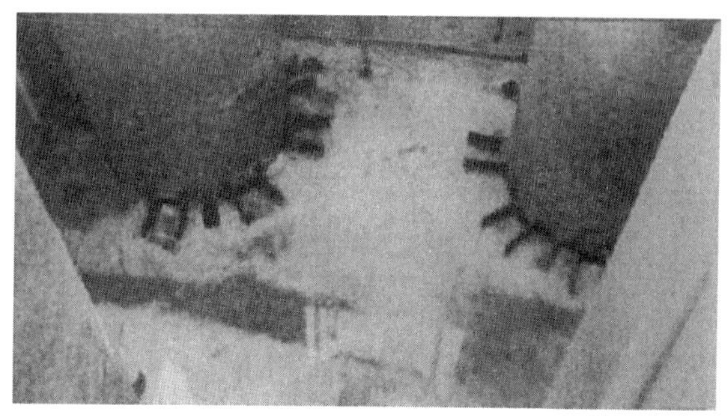

图 21　钢护筒与底板预埋件焊接完成后状态

图 22　套箱侧板粘贴泡沫板

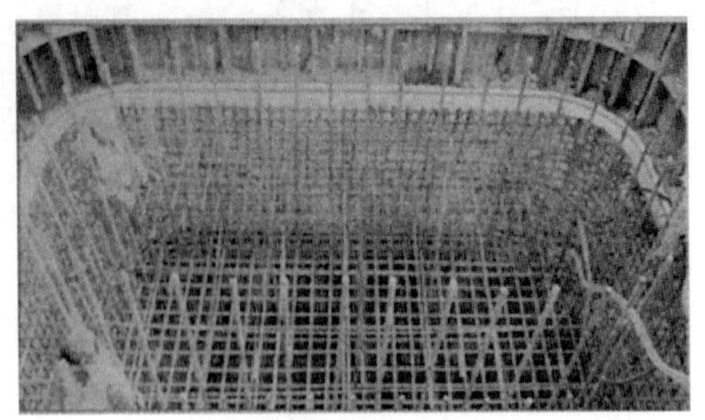

图 23　泡沫板、止水条粘贴完毕

5.2.6　防浪板拆除及套箱侧板顶部修复

(1)防浪板拆除

考虑到承台表面需要进行防腐涂装以及墩身施工,防浪板拆除应安排在首节墩身施工完毕后,不能拆除部分可按整体或分块拆除的方式进行,在拆除的过程中做好成品保护工作。

(2)套箱侧板顶部修复

在防浪板拆除后,选择低潮水位,施工人员上到承台顶面,割除防浪板的连接螺栓,对螺杆位置处的混凝土进行表面处理,之后再凿开处回填与承台同强度等级的混凝土砂浆并收抹平整,防止海水腐蚀混凝土套箱钢筋。

## 6　材料与设备

### 6.1　材料投入

本工法投入的材料主要包括:钢质防浪板、套箱钢筋和混凝土、各种预埋和连接的钢构件、型钢吊架和吊杆、止水气囊、遇水膨胀止水条、泡沫板、速凝砂浆,具体的型号和用量由实际工程确定,充水气囊壳委托大型橡胶制品厂进行加工。

### 6.2　设备投入

海上施工时本工法投入的主要船机设备如表 1 所示。

**本工法投入的主要船机设备表**　　表 1

| 编号 | 机械设备名称 | 型号 | 单位 | 数量 | 用　途 |
|---|---|---|---|---|---|
| 1 | 混凝土拌和站(船) | $120m^3/h$ | 套 | 1 | 混凝土供应 |
| 2 | 浮吊 | 200t | 艘 | 1 | 套箱下放 |
| 3 | 运输船 | 800t | 艘 | 3 | 材料运输 |
| 4 | 多功能作业船 | 2000t | 艘 | 1 | 现场施工 |
| 5 | 起锚艇 | 700HP | 艘 | 2 | 起抛锚作业 |
| 6 | 交通船 | 184kW | 艘 | 2 | 海上交通 |
| 7 | 吊车 | 25t | 辆 | 1 | 防浪板安拆 |
| 8 | 龙门吊 | 30t | 台 | 1 | 套箱预制场 |
| 9 | 发焊机 | 300kW | 台 | 2 | 电能供应 |

续上表

| 编号 | 机械设备名称 | 型号 | 单位 | 数量 | 用　途 |
|---|---|---|---|---|---|
| 10 | 手摇千斤顶 | 10t | 个 | 8 | 平面位置调整 |
| 11 | 电焊机 | 27kW | 台 | 4 | 连接板焊接 |
| 12 | 高压清洗机 |  | 台 | 2 | 胶囊充水 |

## 7　质量控制

(1)防浪板的制作标准可按照临时结构物进行,其强度、刚度应满足施工需要,并应满足完全密封的要求。

(2)混凝土套箱模板拆除满足混凝土浇筑时强度和刚度的要求,其制作精度应与承台结构容许的误差一致,另外还需要确保混凝土套箱的外观质量良好。

(3)混凝土套箱的预制应按照《公路桥涵施工技术规范》(JTJ 041—2000)执行,混凝土配比应满足《海港工程混凝土结构防腐蚀技术规范》(JTJ 275—2000)。

(4)连接板的焊缝应满足《建筑钢结构焊接规程》(JGJ 81—2002)的相关要求。

(5)气囊的应用为整个工法的关键,气囊必须进行相关的试压后才能投入使用;气囊与套箱底板、钢护筒接触位置必须保证平滑;安装前应做好相关的处理。

(6)套箱顶部侧板与承台之间的遇水膨胀止水条是确保结构物耐久性的关键,止水条应选用大型厂家合格的产品,同时施工过程应精细。

## 8　安全措施

(1)在过程中应严格遵守起重吊装、安全用电、海上施工船舶和人员安全规定等相应的法规、标准、规程,以确保安全。

(2)做好天气预警工作,大风(7级以上)、大雾时应停止相应作业,做好预防台风方预案,合理安排施工进度。遭遇台风时,在防浪板底部开设连通孔,使套箱内外水头一致,一确保套箱安全。

(3)抓住有利施工时机,连续快速进行施工,以避开一些不可预见的风险,确保施工的顺利进行。

(4)做好船舶的管理工作,防止船撞套箱。

## 9　环保措施

本工法施工过程中,主要的污染源在于施工垃圾和施工设备废油的排放。施工垃圾应收集并集中处理,不可直接抛弃在海中;设备废油应设置相应的收集措施,禁止排入海中。

## 10　资源节约

本工法资源的节约主要体现在以下两个方面:

(1)混凝土套箱侧板形成了承台侧边的保护套,避免进行承台侧面的防腐涂装施工,节省了该工序的施工和材料费用。

(2)利用本工法进行海上承台施工的工作效率较采用常规的钢套箱方案提高很多,节省了大量的船机费用。

## 11 效益分析

### 11.1 经济效益分析

青岛海湾大桥第六合同段非通航孔桥承台合计 82 座,承台几何尺寸为 7.7m×7.7m×3.0m,承台顶高程为+0.3m,底高程为-2.7m,海床面高程约为-5.5m,全部采用水下无封底混凝土套箱进行施工。对采用常规的钢吊箱进行海上承台施工和采用水下无封底混凝土套箱进行海上承台施工,经测算就施工材料费用而言,采用混凝土套箱工艺的投入略比钢吊箱工艺的投入要高,采用混凝土套箱工艺的优势主要体现在施工效率极高,可节省工期,从而节省大量的船机费用,对比分析如下。

(1)采用常规的钢吊箱施工单座承台和墩身的周期(表 2)

**常规钢吊箱施工单座承台和墩身的周期表**(单位:d) 表 2

| 钢吊箱安装 | 1 | 承台钢筋绑扎 | 2 |
|---|---|---|---|
| 平面位置调整 | 0.5 | 混凝土浇筑 | 1 |
| 水下封底混凝土准备及灌注 | 2 | 承台混凝土等强 | 4 |
| 封底混凝土等强 | 4 | 墩身施工 | 15 |
| 破桩头、清理 | 1.5 | 承台侧面和顶面、墩身防腐涂装 | 11 |
| 承台模板安装 | 2 | 钢吊箱拆除 | 2 |
| 合计 | 46(不计天气因素) | | |

(2)采用水下无封底混凝土套箱施工单座承台和墩身的周期(表 3)

**水下无封底混凝土套箱施工单座承台和墩身的周期表**(单位:d) 表 3

| 混凝土套箱安装 | 1 | 承台钢筋绑扎 | 2 |
|---|---|---|---|
| 平面位置调整 | 0.5 | 混凝土浇筑 | 1 |
| 设置反压 | 0.5 | 承台混凝土等强 | 4 |
| 止水 | 0.5 | 墩身施工 | 15 |
| 焊接底板连接板 | 1 | 承台顶面、墩身防腐涂装 | 7 |
| 破桩头、清理 | 1.5 | 防浪板拆除 | 1 |
| 合计 | 35(不计天气因素) | | |

(3)经济效益估算

从表 2 和表 3 可以看出,单座承台墩身可节省施工时间 46−35=11(天),整个合同段合计承台 82 座,按照开展 10 个工作面进行施工,钢吊箱工艺需要 82÷10×35=287(天),混凝土套箱工艺需要:82÷10×46=378(天),两者差值:378−287=91(天),节省工期约 3 个月。上部 60m 预置梁整体架设,施工单位每月架梁施工船队的设备和油耗需要投入的费用,保守估计约 600 万元,因此可节省将近 600×3=1 800(万元)。另外,节省的涂装费用约:7.7×7.7×3×100×82(元)≈146(万元)。

## 11.2 社会效益分析

(1)本工法避免了在环境恶劣的海洋环境中进行水下封底混凝土施工作业,规避了水下封底混凝土失效(如漏水、握裹力不足)等风险,同时由于工艺简单,可实现工厂化的标准施工,极大减少了常规工艺所需在海上进行的多项繁琐工序,便于海上施工安全管理,确保施工人员的安全。总的来说本工法在体现科技创新带来生产率显著提高的同时,体现了安全第一,以人为本的理念,对创建和谐社会有较大的贡献。

(2)本工法在青岛海湾大桥成功实施,取得了显著的成果,极大缩短了海湾大桥的建设工期,有利于大桥早日建成,为加快胶州半岛城市群体的发展起到了很大的促进作用。

## 12 应用实例

青岛海湾大桥第六合同段自 2008 年 3 月开始准备,2008 年 4~7 月短短 4 个月时间内安全、优质地完成了 40 多个承台的施工,施工过程中工法的关键技术"气囊止水"应用效果很好,施工效率很高,均达到完全止水效果。

青岛海湾大桥第四合同段、青岛海湾大桥第五合同段,应用本工法全面展开青岛海湾大桥海中区非通航孔桥承台的施工,施工效果显著。

# 一、国家级奖励

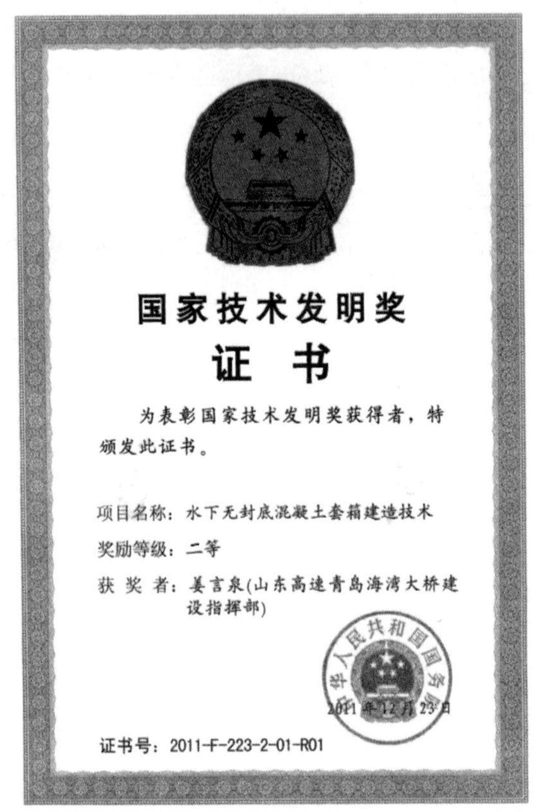

国家技术发明奖

证书

为表彰国家技术发明奖获得者，特颁发此证书。

项目名称：水下无封底混凝土套箱建造技术

奖励等级：二等

获奖者：姜言泉(山东高速青岛海湾大桥建设指挥部)

2011年12月23日

证书号：2011-F-223-2-01-R01

**2011 年度国家技术发明二等奖。该奖项由中华人民共和国国务院颁发。**

该技术首次综合解决了跨海大桥非通航孔桥水下承台施工、耐久性和防撞问题，规避了海中承台施工的风险，优化了资源配置，缩短了施工周期，降低工程成本。混凝土套箱为承台提供永久性保护，大幅度提高了承台的耐腐蚀性能和抗船舶撞击的能力；采用胶囊止水和剪力键传力取代了混凝土封底功能，提出并应用弹性力吸收层技术，成功解决了混凝土套箱的开裂难题；避免了在环境恶劣的海洋环境中进行水下封底混凝土施工作业，规避了水下封底混凝土失效的风险，同时由于工艺简单，可以实现工厂化的标准施工，减少了常规工艺所需海上进行的多项繁琐工序，便于海上施工安全管理。该技术是一项拥有完全知识产权的原创技术，填补了国内外桥梁水下基础施工技术的空白。

# 二、省部级奖励

证　书

为表彰你单位在促进建设事业科学技术进步中做出的突出贡献，特颁发二〇〇九年“中国建研院CABR杯”华夏建设科学技术奖励证书，以资鼓励。

获奖项目：基于IFC标准的建筑工程4D施工管理系统的研究和应用

获奖单位：山东高速青岛公路有限公司

奖励等级：一等奖

奖励年度：2009年

证 书 号：2009-1-0204

二〇〇九年十二月

### 2009年住房和城乡建设部华夏科学技术一等奖

该奖励由中华人民共和国住房和城乡建设部颁发，该技术基于IFC标准的建筑工程4D施工管理系统是国家“十五”重点科技攻关计划“建筑业信息化关键技术研究与示范”之专题“基于IFC标准的4D施工管理原型系统研究与示范应用”的研究成果。作为我国第一个具有自主知识产权的4D施工管理系统，其研究发展了4D模型理论，不仅覆盖了国外同类系统的主要功能，而且扩展了管理功能和应用范围。与国外同类系统相比，该系统在支持基于IFC标准的数据集成与交换、建立4D++扩展模型及其信息集成机制、实现以WBS为核心的4D集成化施工管理和建立基于网络的4D可视化平台等方面具有创新性。该系统的研制成功和实际应用属国内首创，填补了国内空白，达到了国际先进水平。

### 2010年住房和城乡建设部华夏科学技术一等奖

该奖励由中华人民共和国住房和城乡建设部颁发，青岛海湾大桥建设工程项目管理信息系统是大型BOT项目实施阶段管理模式与信息系统支持技术的结合应用。通过对BOT项目管理模式的深入研究，构建BOT项目实施阶段先进的管理模式，结合信息系统支持技术的应用，开发出适用于大桥建设的管理信息系统，推动大桥建设管理目标的实现。经住建部专家评审鉴定，本系统在系统集成及综合应用方面，达到国内领先水平，在可视化施工进度管理上达到了国际先进水平，并具有自主知识产权。

证　书

为表彰你单位在促进建设事业科学技术进步中做出的突出贡献，特颁发二〇一〇年“中国建研院CABR杯”华夏建设科学技术奖励证书，以资鼓励。

获奖项目：青岛海湾大桥建设工程项目管理信息系统

获奖单位：山东高速青岛公路有限公司

奖励等级：一等奖

奖励年度：2010年

证 书 号：2010-1-0601

二〇一〇年十二月

中国公路学会科学技术奖(特等)

该技术首次综合解决了跨海大桥非通航孔桥水下承台施工、耐久性和防撞问题，规避了海中承台施工的风险，优化了资源配置，缩短了施工周期，降低工程成本。混凝土套箱为承台提供永久性保护，大幅度提高了承台的耐腐蚀性能和抗船舶撞击的能力；采用胶囊止水和剪力键传力取代了混凝土封底功能，提出并应用弹性力吸收层技术，成功解决了混凝土套箱的开裂难题；避免了在环境恶劣的海洋环境中进行水下封底混凝土施工作业，规避了水下封底混凝土失效的风险，同时由于工艺简单，可以实现工厂化的标准施工，减少了常规工艺所需海上进行的多项繁琐工序，便于海上施工安全管理。该技术是一项拥有完全知识产权的原创技术，填补了国内外桥梁水下基础施工技术的空白。

中国公路学会科学技术奖(二等奖)

该奖励由中国公路学会颁发，该技术针对工程施工降温的实际需求，提出采用螺旋提升冷却器控制水泥的入罐温度，通过片冰制冷和冷却水拌和技术，大幅度降低混凝土的入模温度，并运营无线传输技术对混凝土结构内部温度实时监控，有效地保证了混凝土工程质量。

中国公路学会
科学技术奖证书

为表彰中国公路学会科学技术奖获得者，特颁发此证书。

项目名称：斜拉桥索塔新型锚固体系研究

奖励等级：二等

获 奖 者：山东高速青岛公路有限公司

中国公路学会
2012年12月

证书号：A12-2-003-001

### 中国公路学会科学技术奖(二等)

该奖励由中国公路学会颁发，钢锚板式钢-混组合索塔锚固体系，具有构造简单、传力明确、受力可靠、施工简便及后期检查维护方便等优势。已经成功应用于青岛海湾大桥红岛航道桥，为同类工程设计、建设提供了强有力的技术支持，对补充和完善斜拉桥索塔锚固设计理论、指导工程施工等，提升了桥梁建设水平。

### 中国公路学会科学技术奖(二等)

该奖励由中国公路学会颁发，该技术建立了海水冻融和侵蚀耦合作用下混凝土材料劣化模型，提出了混凝土冻融和侵蚀后的室内外评估关联模型，构建了桥梁在冻融和侵蚀现场环境下的评估体系，提出了冻融损伤现场评估的无损检测方法。

中国公路学会
科学技术奖证书

为表彰中国公路学会科学技术奖获得者，特颁发此证书。

项目名称：冰冻海域桥梁下部结构耐久性研究

奖励等级：二等

获 奖 者：山东高速青岛公路有限公司

中国公路学会
2012年12月

证书号：A12-2-034-001

测绘科技进步奖（二等奖）

该奖励由中国测绘学会颁发，青岛海湾大桥测量系统综合运用了VRS虚拟参考网络技术、高精度自动化后处理技术、现代通信技术、多种GPS定位技术和WEB网络发布等先进技术，是一个高标准、高精度、多功能的GPS连续参考网站系统，是青岛基础空间信息共享框架的重要组成部分。

中国公路学会科学技术奖（三等奖）

该奖励由中国公路学会颁发，借鉴国内外对钢套箱围堰和沉井的施工经验和教训，研制了可循环利用钢套箱围堰。可循环利用钢套箱围堰具有施工快捷、操作方便、质量易于控制、可周转使用等优点。

山东省科学技术奖

证　书

为表彰山东省科学技术奖获得者，特颁发此证书。

项目名称：海上独柱塔自锚式悬索桥设计与建造关键技术

获奖等级：壹等

获 奖 者：山东高速青岛公路有限公司（第壹位）

类　　别：科技进步奖

2012年11月22日

证书号：JB2012-1-10-D01

## 山东省科学技术奖(一等)

该奖励由山东省人民政府颁发，提出了结构与景观完美融合的新型桥梁结构，并解决了这一新型结构抗风及扭转、主缆钢锚箱锚固等关键部位的设计参数及细部构造问题。首次在海上采用大节段吊装法施工自锚式悬索桥，提出通过设置船首约束装置及控制舱内蓄排水速率等技术，采用上部双壁防撞、下部单壁阻水的单双壁结合的无底钢套箱结构和多点群顶同步下放技术，利用旋挖钻机采用分级扩钻施工方法成功实现海上复杂地质条件下直径 2.5m，桩长 88m 桩基施工。

## 2014 年度山东省科技进步奖(一等)

该奖励由山东省人民政府颁发，在冰冻海域跨海大桥耐久性设计、结构联合防护及管养决策等方面取得多项重大技术突破，创新了海水冻融-氯盐侵蚀作用下桥梁耐久性设计，采用抗冻耐蚀混凝土-透水模板布涂层联合防护体系，建立了冰冻海域跨海大桥百年寿命耐久性保障技术体系，全面提高了桥梁建造品质，为冰冻海域桥梁耐久性设计提供了理论依据。

山东省科学技术奖

证　书

为表彰山东省科学技术奖获得者，特颁发此证书。

项目名称：青岛海湾大桥耐久性保障技术

获奖等级：壹等

获 奖 者：山东高速青岛公路有限公司（第壹位）

类　　别：科技进步奖

2015年01月13日

证书号：JB2014-1-17-D01

山东省科学技术奖

证　书

为表彰山东省科学技术奖获得者，特颁发此证书。

项目名称：青岛海湾大桥高精度卫星三维定位测量控制系统

奖励等级：贰等

获 奖 者：山东高速集团青岛高速公路有限公司（第贰位）

类　　别：科技进步奖

2008年04月01日

证书号：JB2007-2-79-2

**山东省科学技术奖(二等)**

该奖励由山东省人民政府颁发，青岛海湾大桥测量系统综合运用了VRS虚拟参考网络技术、高精度自动化后处理技术、现代通信技术、多种GPS定位技术和WEB网络发布等先进技术，是一个高标准、高精度、多功能的GPS连续参考网站系统，是青岛基础空间信息共享框架的重要组成部分。

**山东省科学技术奖(三等)**

该奖励由山东省人民政府颁发，优化前、后鼻梁与主梁连接方式，在滑移模架两端设置了箱型结构的平衡C型梁，满足纵移过孔时的高差和平曲线需要，减小前、后鼻梁的受力，保证了曲线过孔时平稳、安全。

山东省科学技术奖

证　书

为表彰山东省科学技术奖获得者，特颁发此证书。

项目名称：大跨径、小半径曲线滑移模架施工技术

获奖等级：叁等

获 奖 者：山东高速青岛公路有限公司（第壹位）

类　　别：科技进步奖

2011年12月07日

证书号：JB2011-3-78-1

山东省科学技术奖

证　书

为表彰山东省科学技术奖获得者，特颁发此证书。

项目名称：青岛海湾大桥耐腐蚀混凝土及配套技术研究

获奖等级：叁等

获 奖 者：山东高速青岛公路有限公司（第壹位）

类　　别：科技进步奖

2011年12月07日

证书号：JB2011-3-73-1

**山东省科学技术奖(三等)**

该奖励由山东省人民政府颁发，针对北方跨海桥梁所处的氯盐侵蚀与冻融循环协同作用的服役环境，通过采用低水胶比、大掺量矿物掺合料以及适当引气的技术路线，研制成功了兼备高抗渗、抗冻、抗盐冻的耐腐蚀混凝土，提出了相应的质量控制体系。利用透水模板布技术，保证了表层混凝土以及涂层质量，将混凝土表面涂装龄期由28天缩短为18天，显著提高了施工效率，降低了施工成本。

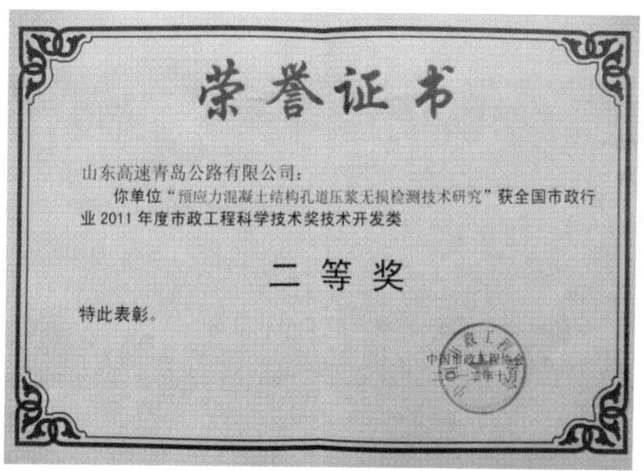

荣誉证书

山东高速青岛公路有限公司：

你单位"预应力混凝土结构孔道压浆无损检测技术研究"获全国市政行业2011年度市政工程科学技术奖技术开发类

二等奖

特此表彰。

中国市政工程协会
二〇一二年十月

**市政工程科学技术奖技术开发类二等奖**

该奖项由中国市政科技协会颁发。该项目在总结归纳现有相关检测技术的基础上，提出了"一种基于频率传递特性的桥梁预应力管道灌浆密实度检测"方法，通过有效组合全长波速法、全长衰减法与冲击回波等效波速法，研制了预应力混凝土梁多功能检测仪，弥补了冲击弹性波在频域内难以确认缺陷处反射信号、难以准确判断孔道压浆质量缺陷的不足，提高了测试的准确性和科学性。该仪器还可用于预应力锚索（锚杆）张拉力度的测试。

荣誉证书

山东高速青岛公路有限公司：

在青岛海湾大桥建设中，荣获2009年度"青岛海湾大桥"立功竞赛一等奖，特发此证，以资鼓励。

山东省总工会　青岛市劳动竞赛委员会　山东高速青岛海湾大桥建设指挥部
二〇一〇年三月

青岛海湾大桥立功竞赛一等奖，由山东省总工会、青岛市劳动竞赛委员会、山东高速青岛海湾大桥建设指挥部联合颁发。

全国优秀质量管理小组，由中国质量协会、中华全国总工会、共青团中央、中国科学技术协会、中华全国妇女联合会颁发。

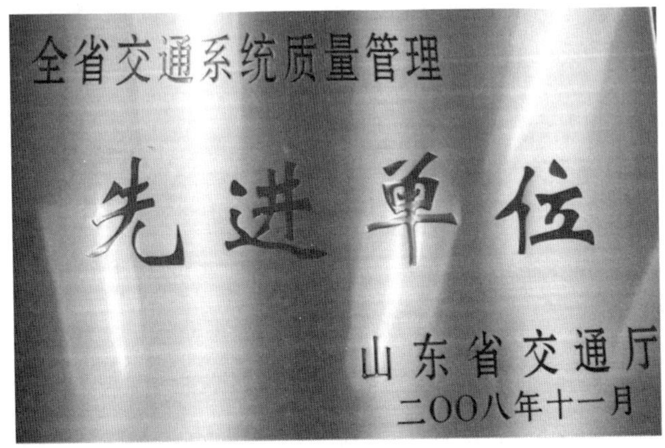


全省交通系统质量管理先进单位，由山东省交通厅颁发。

“构建 4D 施工管理系统以推进工程管理”获山东省企业管理现代化创新成果二等奖，由山东省企业管理现代化创新成果委员会颁发。

山东高速青岛公路有限公司研制并成功应用无封底的混凝土套箱工艺、采用旋挖钻机钻孔灌注桩施工、抽调部分管理和技术人员组成红岛青岛黄岛工作站直接深入现场等三项获中国企业新纪录，由中国企业联合会和中国企业家协会颁发。

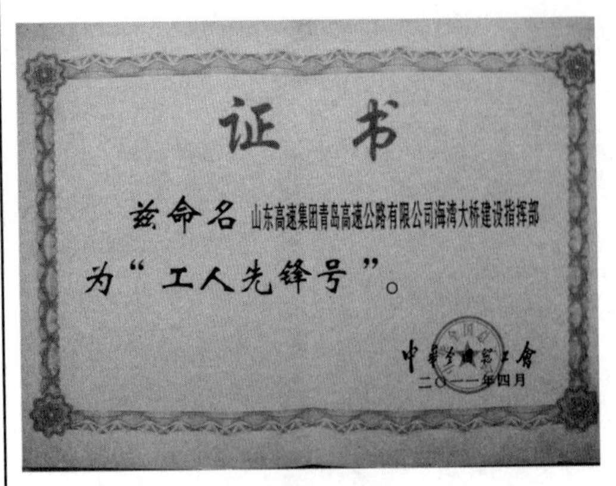

证书

兹命名 山东高速集团青岛高速公路有限公司海湾大桥建设指挥部 为“工人先锋号”。

中华全国总工会
二〇一一年四月

2011年山东高速青岛公路有限公司海湾大桥建设指挥部获“工人先锋号”荣誉称号，由中华全国总工会颁发。

山东高速青岛海湾大桥建设指挥部：

在2009年度全国“安康杯”竞赛活动中荣获优胜班组

中华全国总工会　国家安全生产监督管理总局
二〇一〇年一月

山东高速青岛海湾大桥建设指挥部在2009年度全国“安康杯”竞赛活动中荣获“优胜班组”，该奖项由中华全国总工会、国家安全生产监督管理总局颁发。

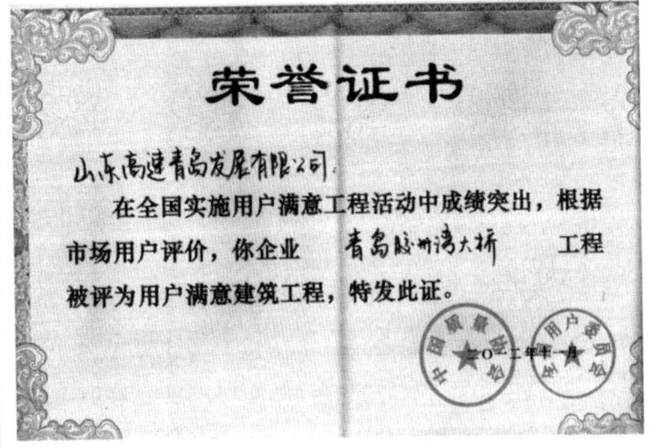

荣誉证书

山东高速青岛发展有限公司：

在全国实施用户满意工程活动中成绩突出，根据市场用户评价，你企业 青岛胶州湾大桥 工程 被评为用户满意建筑工程，特发此证。

青岛胶州湾大桥工程被评为“用户满意建筑工程”，该奖项由中国质量协会、全国用户委员会颁发。

# 三、市 级 奖 励

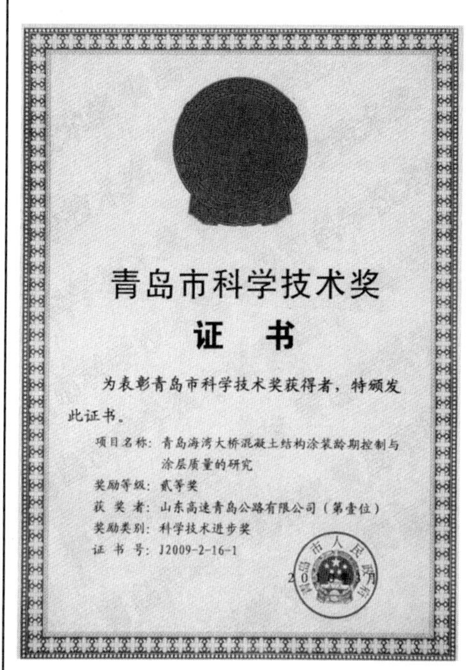

青岛市科学技术奖

证　书

为表彰青岛市科学技术奖获得者，特颁发此证书。

项目名称：青岛海湾大桥混凝土结构涂装龄期控制与涂层质量的研究

奖励等级：贰等奖

获 奖 者：山东高速青岛公路有限公司（第壹位）

奖励类别：科学技术进步奖

证 书 号：J2009-2-16-1

**青岛市科学技术奖(二等奖)**

该奖项由青岛市人民政府颁发，该技术使混凝土进行防腐涂层施工的龄期缩短10d，为混凝土与防腐工程节约了施工时间，也节约了人力、物力，同时还加快了后续工程的进度。

山东高速青岛公路有限公司在组织开展青岛市职工“我为节能减排做贡献”活动中，成绩突出，被评为“我为节能减排做贡献优秀组织单位”，该奖项由青岛市总工会颁发。

荣誉证书

山东高速青岛公路有限公司：

在组织开展青岛市职工“我为节能减排做贡献”活动中，成绩突出，被评为“我为节能减排做贡献优秀组织单位”。

青岛市总工会

2008年12月

# 四、工法专利证书

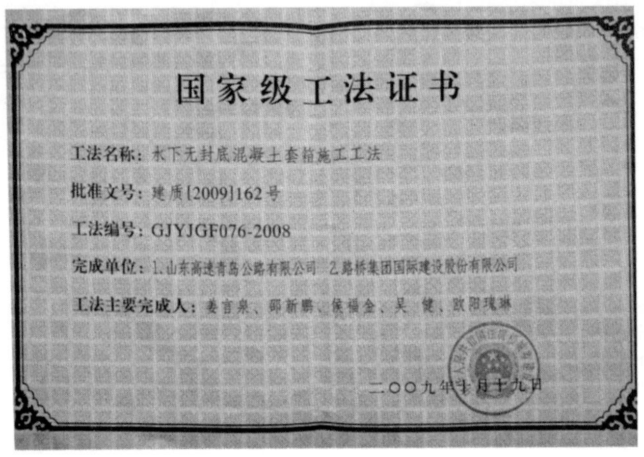

国家级工法证书

工法名称：水下无封底混凝土套箱施工工法

批准文号：建质[2009]162号

工法编号：GJYJGF076-2008

完成单位：1.山东高速青岛公路有限公司 2.路桥集团国际建设股份有限公司

工法主要完成人：姜言泉、邵新鹏、侯福金、吴 健、欧阳瑰琳

二〇〇九年十月十九日

**国家级工法证书，由中华人民共和国住房和城乡建设部颁发。**

该技术首次综合解决了跨海大桥非通航孔桥水下承台施工、耐久性和防撞问题，规避了海中承台施工的风险，优化了资源配置，缩短了施工周期，降低工程成本。混凝土套箱为承台提供永久性保护，大幅度提高了承台的耐腐蚀性能和抗船舶撞击的能力；采用胶囊止水和剪力键传力取代了混凝土封底功能，提出并应用弹性力吸收层技术，成功解决了混凝土套箱的开裂难题；避免了在环境恶劣的海洋环境中进行水下封底混凝土施工作业，规避了水下封底混凝土失效的风险，同时由于工艺简单，可以实现工厂化的标准施工，减少了常规工艺所需海上进行的多项繁琐工序，便于海上施工安全管理。该技术是一项拥有完全知识产权的原创技术，填补了国内外桥梁水下基础施工技术的空白。

证书

2008年度公路工程工法

工法编号：GGG（鲁）C2054-2008

工法名称：水下无封底混凝土套箱施工工法

工法完成单位：山东高速青岛公路有限公司

路桥集团国际建设股份有限公司

工法完成人：姜言泉、邵新鹏、侯福金、吴键、欧阳瑰琳

公路工程工法证书，由中国公路行业建设协会颁发。

中华人民共和国国家版权局

计算机软件著作权登记证书

软件名称：“青岛海湾大桥”建设工程项目管理信息系统V1.0

著作权人：山东高速青岛公路有限公司；易建科技（北京）有限公司

开发完成日期：2009年03月31日

首次发表日期：2009年03月31日

权利取得方式：原始取得

权利范围：全部权利

登记号：2010SR022890

根据《计算机软件保护条例》和《计算机软件著作权登记办法》的规定，经中国版权保护中心审核，对以上事项予以登记。

2010年05月17日

**中华人民共和国软件著作权登记证书，由中华人民共和国国家版权局颁发。**

系统具有自主知识产权，采用开放式架构设计，以合同管理为主线，投资控制为目的，在统一的平台上完成了工程项目管理子系统、4D形象进度子系统、视频监控子系统、施工船舶调度子系统的集成；实现了合同、进度管理与4D系统的数据同步；实现了项目建设方协同办公、施工现场可视化实时监控和资源协调调度。该系统规范了大桥项目管理行为，促进了管理业务标准化、规范化和流程化，提高了管理效率、决策的科学性和准确性，在青岛海湾大桥项目中应用效果显著，具有良好的示范作用。

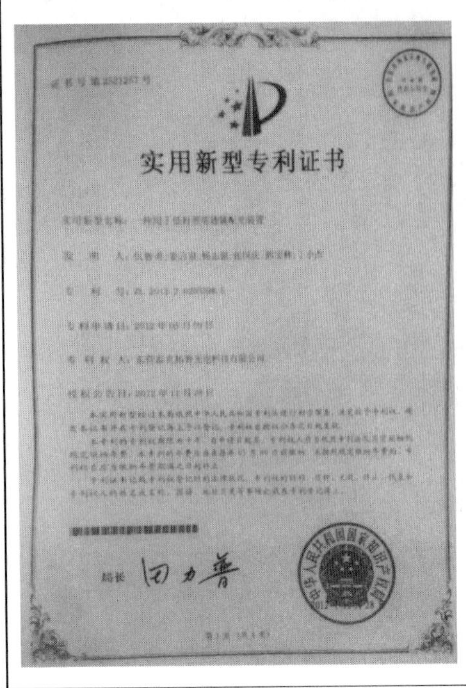

实用新型专利证书

局长 田力普

**实用新型专利证书，由中华人民共和国知识产权局颁发。**

本实用新型提供一种用于低杆照明透镜配光装置，灯具本体上方固定有透镜支架，透镜固定于透镜支架上，LED光源安装于透镜下方的铝基板上，透明PC面罩固定于灯具本体上；灯具本体内部装有驱动固定框，下方安装有电源盒和支架，透镜底部为3个以上不同形状不同方面的折射曲面，上部为透镜外表表面曲面，具有结构简单合理，照射效果好，不占用空地，节约成本，维修方便的优点。

**发明专利证书，由中华人民共和国知识产权局颁发。**

该技术首次综合解决了跨海大桥非通航孔桥水下承台施工、耐久性和防撞问题，规避了海中承台施工的风险，优化了资源配置，缩短了施工周期，降低工程成本。混凝土套箱为承台提供永久性保护，大幅度提高了承台的耐腐蚀性能和抗船舶撞击的能力；采用胶囊止水和剪力键传力取代了混凝土封底功能，提出并应用弹性力吸收层技术，成功解决了混凝土套箱的开裂难题；避免了在环境恶劣的海洋环境中进行水下封底混凝土施工作业，规避了水下封底混凝土失效的风险，同时由于工艺简单，可以实现工厂化的标准施工，减少了常规工艺所需海上进行的多项繁琐工序，便于海上施工安全管理。该技术是一项拥有完全知识产权的原创技术，填补了国内外桥梁水下基础施工技术的空白。

证书号第601854号

发明专利证书

发明名称：水下无封底混凝土套箱及其应用方法

发明人：姜言泉；徐庆军；李不明；侯福金；蔡建军；季辉
王兆兴；王广洋；赵建铭；吴继福；王秀芬
蔺支宝；范效滨

专利号：ZL 2007 1 0113358.5

专利申请日：2007年10月19日

专利权人：山东高速青岛公路有限公司

授权公告日：2010年2月24日

本发明经过本局依照中华人民共和国专利法进行审查，决定授予专利权，颁发本证书并在专利登记簿上予以登记。专利权自授权公告之日起生效。

本专利的专利权期限为二十年，自申请日起算。专利权人应当依照专利法及其实施细则规定缴纳年费。本专利的年费应当在每年10月19日前缴纳。未按照规定缴纳年费的，专利权自应当缴纳年费期满之日起终止。

专利证书记载专利权登记时的法律状况。专利权的转移、质押、无效、终止、恢复和专利权人的姓名或名称、国籍、地址变更等事项记载在专利登记簿上。

局长 田力普

2010年2月24日

第1页（共1页）

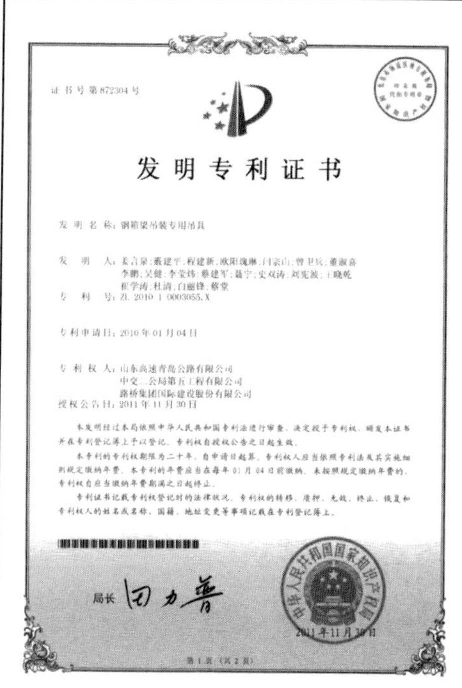

证书号第872304号

发明专利证书

发明名称：钢箱梁吊装专用吊具

发　明　人：姜言泉；翟建平；程建新；欧阳瑰琳；闫宗山；曾卫兵；董淑喜
李鹏；吴健；李莹炜；蔡建军；聂宁；史双涛；刘宪波；王晓乾
崔学涛；杜清；白丽锋；蔡堂

专　利　号：ZL 2010 1 0003055.X

专利申请日：2010年01月04日

专利权人：山东高速青岛公路有限公司
中交二公局第五工程有限公司
路桥集团国际建设股份有限公司

授权公告日：2011年11月30日

本发明经过本局依照中华人民共和国专利法进行审查，决定授予专利权，颁发本证书并在专利登记簿上予以登记。专利权自授权公告之日起生效。

本专利的专利权期限为二十年，自申请日起算。专利权人应当依照专利法及其实施细则规定缴纳年费。本专利的年费应当在每年01月04日前缴纳。未按照规定缴纳年费的，专利权自应当缴纳年费期满之日起终止。

专利证书记载专利权登记时的法律状况。专利权的转移、质押、无效、终止、恢复和专利权人的姓名或名称、国籍、地址变更等事项记载在专利登记簿上。

局长　田力普

2011年11月30日

第1页（共2页）

**发明专利证书，由中华人民共和国知识产权局颁发。**

在主梁向中心两侧对称设置有平衡梁与托底梁，平衡梁中部通过销轴与主梁上部中间位置相连，托底梁上部通过法兰与主梁下部固连，平衡梁与托梁的两端分别通过索具与上方的4个吊钩相连，在平衡梁与托梁外侧的主梁两端上表面对称设置若干组法兰安装盘，在主梁两端的法兰盘上通过螺栓分别对称安装有上扁担梁和下扁担梁。

**实用新型专利证书，由中华人民共和国知识产权局颁发。**

该技术首次综合解决了跨海大桥非通航孔桥水下承台施工、耐久性和防撞问题，规避了海中承台施工的风险，优化了资源配置，缩短了施工周期，降低工程成本。混凝土套箱为承台提供永久性保护，大幅度提高了承台的耐腐蚀性能和抗船舶撞击的能力；采用胶囊止水和剪力键传力取代了混凝土封底功能，提出并应用弹性力吸收层技术，成功解决了混凝土套箱的开裂难题；避免了在环境恶劣的海洋环境中进行水下封底混凝土施工作业，规避了水下封底混凝土失效的风险，同时由于工艺简单，可以实现工厂化的标准施工，减少了常规工艺所需海上进行的多项繁琐工序，便于海上施工安全管理。该技术是一项拥有完全知识产权的原创技术，填补了国内外桥梁水下基础施工技术的空白。

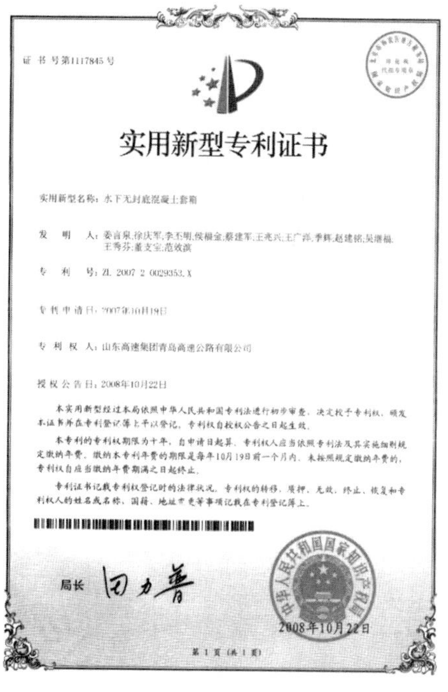

证书号第1117845号

实用新型专利证书

实用新型名称：水下无封底混凝土套箱

发　明　人：姜言泉；徐庆军；李丕明；侯福金；蔡建军；王兆兴；王广洋；季辉；赵建铭；吴继福
王秀芬；董支宝；范效滨

专　利　号：ZL 2007 2 0029353.X

专利申请日：2007年10月19日

专利权人：山东高速集团青岛高速公路有限公司

授权公告日：2008年10月22日

本实用新型经过本局依照中华人民共和国专利法进行初步审查，决定授予专利权，颁发本证书并在专利登记簿上予以登记。专利权自授权公告之日起生效。

本专利的专利权期限为十年，自申请日起算。专利权人应当依照专利法及其实施细则规定缴纳年费。缴纳本专利年费的期限是每年10月19日前一个月内。未按照规定缴纳年费的，专利权自应当缴纳年费期满之日起终止。

专利证书记载专利权登记时的法律状况。专利权的转移、质押、无效、终止、恢复和专利权人的姓名或名称、国籍、地址变更等事项记载在专利登记簿上。

局长　田力普

2008年10月22日

第1页（共1页）

证书号第1573796号

实用新型专利证书

实用新型名称：超大块段钢箱梁吊装专用吊具

发　明　人：姜言泉；蔺建平；程建新；欧阳规琳；闫宗山；曾卫兵；董淑喜
李鹏；吴健；李莹炜；蔡建军；聂宁；史双涛；刘宪波；王晓乾
崔学涛；杜清；白丽锋；蔡堂

专　利　号：ZL 2010 2 0002673.8

专利申请日：2010年01月04日

专 利 权 人：山东高速青岛公路有限公司
中交二公局第五工程有限公司
路桥集团国际建设股份有限公司

授权公告日：2010年11月03日

本实用新型经过本局依照中华人民共和国专利法进行初步审查，决定授予专利权，颁发本证书并在专利登记簿上予以登记。专利权自授权公告之日起生效。

本专利的专利权期限为十年，自申请日起算。专利权人应当依照专利法及其实施细则规定缴纳年费。本专利的年费应当在每年01月04日前缴纳。未按照规定缴纳年费的，专利权自应当缴纳年费期满之日起终止。

专利证书记载专利权登记时的法律状况。专利权的转移、质押、无效、终止、恢复和专利权人的姓名或名称、国籍、地址变更等事项记载在专利登记簿上。

局长　田力普

2010年11月03日

第1页（共2页）

**实用新型专利证书，由中华人民共和国知识产权局颁发。**

在主梁向中心两侧对称设置有平衡梁与托底梁，平衡梁中部通过销轴与主梁上部中间位置相连，托底梁上部通过法兰与主梁下部固连，平衡梁与托梁的两端分别通过索具与上方的4个吊钩相连，在平衡梁与托梁外侧的主梁两端上表面对称设置若干组法兰安装盘，在主梁两端的法兰盘上通过螺栓分别对称安装有上扁担梁和下扁担梁。

**实用新型专利证书，由中华人民共和国知识产权局颁发。**

所述开启式防撞护栏，由护栏主体和活动门组成，其中护栏主体包括立柱、横梁、混凝土底座，立柱通过锚固螺栓与混凝土底座连接在一起，多根横梁由上而下地连接在立柱的一侧；活动门包括连接梁、支撑梁、连接板和连接销，连接梁的长度不大于左右相邻的两横梁的间距，连接梁的根数与横梁相同，连接梁与支撑梁垂直地焊接在一起，连接梁的两端焊接有连接板，连接板与护栏主体的横梁通过连接销连接在一起，拔下一侧的连接销，活动门即可绕另一侧的连接销旋转而开启。克服了现有安全护栏没有开启功能的缺陷，活动门可方便开启，使维修工作顺利进行，活动门正常关闭时，其防护能力等同于标准段护栏，消除了安全隐患。

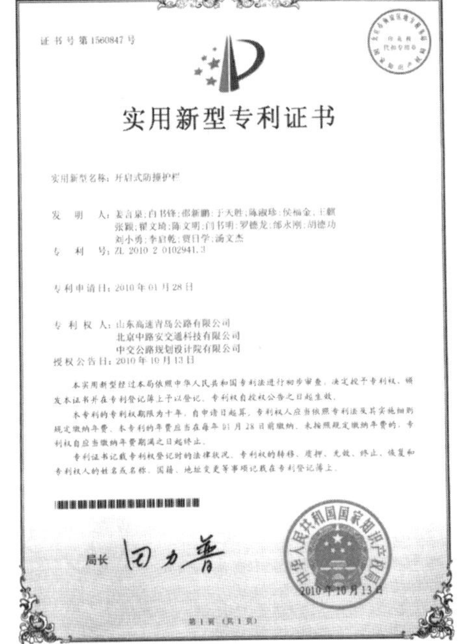

证书号第1560847号

实用新型专利证书

实用新型名称：开启式防撞护栏

发　明　人：姜言泉；白书锋；郝新鹏；于天胜；陈淑珍；侯福金；王麒
张颖；翟文琦；陈文明；闫书明；罗德龙；郝永刚；胡德功
刘小勇；李启乾；贾日学；汤文杰

专　利　号：ZL 2010 2 0102941.3

专利申请日：2010年01月28日

专 利 权 人：山东高速青岛公路有限公司
北京中路安交通科技有限公司
中交公路规划设计院有限公司

授权公告日：2010年10月13日

本实用新型经过本局依照中华人民共和国专利法进行初步审查，决定授予专利权，颁发本证书并在专利登记簿上予以登记。专利权自授权公告之日起生效。

本专利的专利权期限为十年，自申请日起算。专利权人应当依照专利法及其实施细则规定缴纳年费。本专利的年费应当在每年01月28日前缴纳。未按照规定缴纳年费的，专利权自应当缴纳年费期满之日起终止。

专利证书记载专利权登记时的法律状况。专利权的转移、质押、无效、终止、恢复和专利权人的姓名或名称、国籍、地址变更等事项记载在专利登记簿上。

局长　田力普

2010年10月13日

第1页（共1页）